社会主义核心价值观融入主题班会教程

薛运强　崔邦军　孔　杰　主编

北京理工大学出版社
BEIJING INSTITUTE OF TECHNOLOGY PRESS

版权专有　侵权必究

图书在版编目(CIP)数据

社会主义核心价值观融入主题班会教程 / 薛运强, 崔邦军, 孔杰主编. — 北京：北京理工大学出版社, 2021.8
　ISBN 978-7-5763-0206-6

　Ⅰ.①社⋯　Ⅱ.①薛⋯②崔⋯③孔⋯　Ⅲ.①大学生-社会主义核心价值观-中国-高等学校-教材　Ⅳ.①D641

中国版本图书馆 CIP 数据核字(2021)第 166859 号

出版发行 /	北京理工大学出版社有限责任公司
社　　址 /	北京市海淀区中关村南大街5号
邮　　编 /	100081
电　　话 /	(010)68914775(总编室)
	(010)82562903(教材售后服务热线)
	(010)68944723(其他图书服务热线)
网　　址 /	http://www.bitpress.com.cn
经　　销 /	全国各地新华书店
印　　刷 /	三河市天利华印刷装订有限公司
开　　本 /	787毫米×1092毫米　1/16
印　　张 /	19.5
字　　数 /	497千字
版　　次 /	2021年8月第1版　2021年8月第1次印刷
定　　价 /	45.00元

责任编辑 / 时京京
文案编辑 / 时京京
责任校对 / 刘亚男
责任印制 / 施胜娟

图书出现印装质量问题,请拨打售后服务热线,本社负责调换

编 委 会

主　编：薛运强　　　崔邦军　　　孔　杰

副主编：方元浩　　　尹锐敏　　　欧阳春灿
　　　　杨思思　　　杨　萌　　　余正隆

参　编：王博林　　　杨怡环　　　刘　杨　　　陆圆伊
　　　　欧阳露洁　　孙煜斐　　　邱　云　　　潘正辉
　　　　邰彦瑄　　　陈　樾　　　陈　样　　　陈琴敏
　　　　罗　媛　　　周　洁　　　曹　睿　　　姚　伟
　　　　王亚莉　　　亢昌源　　　姚文俊　　　吴　茜
　　　　李彬彬　　　李　曌　　　赖雅丽　　　罗　芸
　　　　刘忠雨　　　张　娟　　　陈长蓉　　　吴　迪
　　　　欧阳婧雯　　杨雪冬　　　王　晶　　　杨　淼
　　　　陈　涛　　　杨冰清　　　罗　洁　　　梁　宁
　　　　吴厚润　　　张董胜男　　杨　兰　　　赵通福
　　　　张睿贤　　　李丹丹　　　贺念念　　　韦召兰
　　　　韩其华　　　李　琼　　　张　丽　　　牟高蕾
　　　　吴　润

前 言

社会主义核心价值观是立国之基、民族之魂。社会主义核心价值观其实就是一种德，既是个人的德，也是一种大德，是国家的德、社会的德。党的十九大报告指出："社会主义核心价值观是当代中国精神的集中体现，凝结着全体人民共同的价值追求。"富强、民主、文明、和谐是国家层面的价值要求，自由、平等、公正、法治是社会层面的价值要求，爱国、敬业、诚信、友善是公民层面的价值要求。社会主义核心价值观把涉及国家、社会、公民的价值要求融为一体，明确回答了我国要建设什么样的国家、建设什么样的社会和培育什么样的公民的重大问题。

教育引导是培育和践行社会主义核心价值观的基本途径。教育是塑造灵魂、塑造生命和塑造人的工作，任何教育都内在地具有价值观引领的作用。将社会主义核心价值观贯穿于国民教育全过程，融入教育教学各方面，体现了新时代中国特色社会主义教育的本质要求，也是从价值观角度回答了培养什么人、怎样培养人、为谁培养人这个根本问题。习近平总书记在谈到学习和弘扬社会主义核心价值观时指出："要从娃娃抓起、从学校抓起，做到进教材、进课堂、进头脑。"2014年，习近平总书记在与北京师范大学师生座谈时明确要求："要用好课堂讲坛，用好校园阵地，用自己的行动倡导社会主义核心价值观，用自己的学识、阅历、经验点燃学生对真善美的向往。"

主题班会是高校开展思想政治教育的主阵地和重要形式，是促进学生自我教育、自我管理的有效途径，它具有思想引领、价值导向、班级凝聚、自我教育等育人功能。《中共中央国务院关于进一步加强和改进大学生思想政治教育的意见》中指出："要着力加强班级集体建设，组织开展丰富多彩的主题班会等活动，发挥团结学生、组织学生、教育学生的职能。"面对大学生多元化需求和个性化教育，高校主题班会更加接地气，更加注重学生诉求和期盼，有利于发挥学生的主体作用，引导学生通过独立思考树立正确的价值观。因此，将社会主义核心价值观融入主题班会，是落实"三全育人""课程思政"的具体行动和有效举措。

本书立足于立德树人根本任务，以社会主义核心价值观为主线，按照教育规律、学生特点、社会热点、历史现象等归类设计，创造性地将社会主义核心价值观24字内容划分为六大主题班会课程体系（"富强—民主、文明—和谐、自由—平等、公正—法治、爱国—敬业、诚信—友善"），旨在提供科学有效的教学形式和方法，为高校育人提供一个理论范式。

本书以科学性、先进性、适用性为原则，严格把控课程体系、课程大纲、课程内容；以提升参与度和体验感为目的，创新主题班会形式；寻找契合社会主义核心价值观的主题方向，作为主题班会的方向；着力于学生多样化需求和个性化发展，通过设计、体验、内化等课堂互学，深入挖掘和延展主题班会的深度和广度，使社会主义核心价值观成为大学生共同的价值追求。

教程坚持育人为本、德育为先，围绕立德树人的根本任务，把社会主义核心价值观落实到教育教学和管理服务各环节，形成课堂教学、社会实践、校园文化、网络教育多位一体的育人格局和高校育人理念。本书将社会主义核心价值观教育贯穿于主题班会课程，构建系统化、规范化、科学化的课程体系，让课程既"传递知识"，又担负起培育社会主义核心价值观的重要使命。既"导学习""导生活"，又"导思想""导心理""导价值"。在高校主题班会课程建设中，将社会主义核心价值观融入课程选题、课程内容、课堂活动、视频录制、互动讨论等教学各环节，在实现课程资源共享的同时，快速、高效地传播社会主义核心价值观，将其转化为学生的情感认同和行为习惯，使学生成为社会主义核心价值观的践行者，真正内化于心、外化于行，最终使广大师生真正成为社会主义核心价值观的坚定信仰者、积极传播者和模范践行者。

本书由薛运强、崔邦军、孔杰担任主编，方元浩、尹锐敏、欧阳春灿、杨思思、杨萌、余正隆担任副主编，多位长期从事学生思想政治教育工作的同志参与编写。他们都是从事思想政治教育、学生日常管理的一线工作者，长期工作在学生中间，熟悉青年学生成长规律。这一切为本书的写作奠定了坚实的基础。在本书写作过程中，还参考了大量的国内外著作、教材等文献，在此对其作者一并表示感谢。

由于编者水平有限，加之时间仓促，书中难免存在一些不足和缺陷，敬请各位读者提出宝贵意见，以便我们再版时及时修正。

目 录

第一部分　富强·民主

    主题一　疫情之下彰显中国之治 …………………………………………（3）

    主题二　新时代大学生如何坚定文化自信 ………………………………（8）

    主题三　如何弘扬中华优秀传统文化 ……………………………………（13）

    主题四　从"四史"学习中坚定"四个自信" ……………………………（17）

    主题五　青春风华正茂，参军无上光荣 …………………………………（22）

    主题六　评奖评优那些事 …………………………………………………（27）

    主题七　我制定，我执行 …………………………………………………（31）

    主题八　自我教育，自我管理，自我服务，自我监督 …………………（36）

    主题九　我的班委我组建 …………………………………………………（40）

    主题十　身边的榜样——脱贫攻坚中的故事 ……………………………（46）

第二部分　文明·和谐

    主题一　争做文明学生，共建和谐校园 …………………………………（53）

    主题二　厉行节约，反对浪费，从我做起 ………………………………（59）

    主题三　珍爱生命，远离烟草 ……………………………………………（65）

    主题四　文明上网，共同做网络文明传播者 ……………………………（70）

    主题五　严禁酗酒，从我做起 ……………………………………………（76）

    主题六　加强自我识别能力，远离网络电信诈骗 ………………………（80）

    主题七　拒绝暴力，防止伤害 ……………………………………………（85）

    主题八　文明离校，快乐毕业 ……………………………………………（90）

    主题九　全民消防，生命至上 ……………………………………………（95）

    主题十　珍爱生命，严防溺水 …………………………………………（101）

第三部分　自由·平等

    主题一　树立正确的恋爱观 ……………………………………………（107）

    主题二　我的宿舍我的家 ………………………………………………（112）

    主题三　树立正确的消费观，远离校园贷 ……………………………（117）

主题四　建立和谐师生关系 ………………………………………………… (122)
　　主题五　共建团结、互助、和谐的班集体 ………………………………… (127)
　　主题六　大学生人际关系 …………………………………………………… (132)
　　主题七　我和辅导员之间的故事 …………………………………………… (138)
　　主题八　新时代大学生如何当好学生干部 ………………………………… (142)
　　主题九　心理健康，人人关注 ……………………………………………… (145)
　　主题十　爱心呵护生命，行动抵御艾滋 …………………………………… (150)

第四部分　公正·法治

　　主题一　双学分综合素质培养体系 ………………………………………… (157)
　　主题二　资助那些事 ………………………………………………………… (162)
　　主题三　学生奖励体系 ……………………………………………………… (167)
　　主题四　学法、知法、懂法、用法 ………………………………………… (172)
　　主题五　民法典，你知道多少？ …………………………………………… (176)
　　主题六　如何正确认识校纪校规——学习《学生手册》 ………………… (181)
　　主题七　交通安全，时刻铭记 ……………………………………………… (185)
　　主题八　珍爱生命，远离毒品 ……………………………………………… (189)
　　主题九　平安假期，快乐成长 ……………………………………………… (193)
　　主题十　做一个正直的人 …………………………………………………… (197)

第五部分　爱国·敬业

　　主题一　树立正确的爱国观 ………………………………………………… (203)
　　主题二　爱国·爱校·爱家 ………………………………………………… (207)
　　主题三　升旗礼仪 …………………………………………………………… (211)
　　主题四　校徽·校歌·校训 ………………………………………………… (215)
　　主题五　铭记一二·九，峥嵘自少年 ……………………………………… (220)
　　主题六　树立正确的劳动观 ………………………………………………… (225)
　　主题七　职业生涯规划 ……………………………………………………… (229)
　　主题八　树立正确的就业择业观 …………………………………………… (234)
　　主题九　应聘宝典 …………………………………………………………… (239)
　　主题十　创业也是一种选择 ………………………………………………… (245)

第六部分　诚信·友善

　　主题一　人无信不立 ………………………………………………………… (252)
　　主题二　考之以诚，答之以信 ……………………………………………… (256)

主题三　诚信之人际关系 ……………………………………………………（260）
　　主题四　学生档案那些事 ……………………………………………………（264）
　　主题五　百善孝为先 …………………………………………………………（268）
　　主题六　助学贷款莫失信 ……………………………………………………（274）
　　主题七　知恩于心，感恩于行 ………………………………………………（279）
　　主题八　三人行，必有我师焉 ………………………………………………（283）
　　主题九　明礼知耻，崇德向善 ………………………………………………（288）
　　主题十　我是志愿者——社会实践我参与 …………………………………（295）

参考文献 ………………………………………………………………………………（299）

第一部分

富强·民主

党的十八大提出,倡导富强、民主、文明、和谐,倡导自由、平等、公正、法治,倡导爱国、敬业、诚信、友善,积极培育和践行社会主义核心价值观。富强、民主、文明、和谐是国家层面的价值目标,自由、平等、公正、法治是社会层面的价值取向,爱国、敬业、诚信、友善是公民个人层面的价值准则,这24个字是社会主义核心价值观的基本内容。

富强即国富民强,是社会主义现代化国家经济建设的应然状态,是中华民族梦寐以求的美好夙愿,也是国家繁荣昌盛、人民幸福安康的物质基础。民主是人类社会的美好诉求。我们追求的民主是人民民主,其实质和核心是人民当家作主,它是社会主义的生命,也是创造人民美好幸福生活的政治保障。

本部分结合当代大学生成长成才规律,选取十个班会主题,通过展示党的十八大以来祖国各个方面取得的伟大成就和历史性贡献,让青年学生坚定中国特色社会主义的道路自信、理论自信、制度自信、文化自信。通过大学生活中的评奖评优,班级建设,学生自我教育、自我管理、自我服务等活动,帮助学生树立当家作主的意识,培养社会责任感和使命感,自觉践行社会主义核心价值观;通过开展这些活动,激励广大同学以国家富强、人民幸福为己任,胸怀理想,志存高远,投身中国特色社会主义伟大实践,并为之奋斗终身。

主题一　疫情之下彰显中国之治

班会模块	富强·民主
适用学期	第一、三、五学期
班会形式	课堂讲授/分组讨论/典型案例

一、班会背景

2020年春节前夕，一场没有硝烟的战争不期而至。突如其来的新型冠状病毒肺炎疫情，成为中国共产党和中国人民共同面临的一场"大考"。这次新型冠状病毒肺炎疫情是新中国成立以来传播速度最快、感染范围最广、防控难度最大的一次重大突发公共卫生事件。

这是一次危机，也是一次"大考"。

在疫情面前，党和人民用自己的坚毅、勇气、奉献、团结交出了令人敬佩和满意的答卷。在疫情之下彰显出的中国力量令全体中国人民骄傲、自豪，也令全世界为之瞩目。大学生作为青年一代，是国家与民族的未来，在共同经历了这场"大考"后也获得了成长，心中的种子已悄然种下，中国精神和中国力量必将在他们身上得到继承与发扬。

二、学习目标

（1）通过抗疫英雄人物的事迹，寻找隐藏在抗疫过程中的中国力量，了解各行各业的人们在疫情中的辛勤付出和无私奉献精神，增强学生对爱岗敬业的认同感；

（2）通过对中国之治的深入挖掘，激励学生树立正确的人生观、价值观，激发学生的爱国爱党意识，使学生积极践行社会主义核心价值观。

三、前期准备

（1）搜集素材，如背景音乐《团结就是力量》《我和我的祖国》《我爱你中国》等；

（2）搜集梁启超《少年中国说》原文，发给学生提前学习；

（3）提前让学生回忆自己在2020年疫情中的经历和感悟，做好发言准备。

四、班会过程

【问题导入】

2020年年初，到处都是欢歌笑语、车水马龙，洋溢着新春的喜悦。春节，是中国人民一年中最重要的节日。正当人们沉浸在团聚的快乐中时，突然，平地一声惊雷，炸响在中国的大地上。同学们还记得那个时间，发生了什么事情吗？

（一）疫情中我们看到了什么

1. 平地惊雷

2020年春节前夕，一场突如其来的新型冠状病毒疫情爆发，如天空中的乌云，黑沉沉地压在人们的心头，让人猝不及防。病毒如一把利剑，刺向人们欢快的胸膛，感染者开始出现发烧、咳嗽、胸闷、气短等症状。84岁高龄的钟南山院士逆风而行，挂帅出征，紧急奔赴武汉。他提醒人们：新型冠状病毒出现人传人情况，能不去武汉就不要去；外出要戴口罩，因为通过飞沫可以传播；不必惊慌，更不要传谣，相信科学，尊重医学。

这个春节，人们对口罩的需求远远超过了对红包的渴望。街道上空荡荡，马路上静悄悄，人们惶恐不安，各家各户大门紧闭。街道上响起疫情宣传广播，一遍又一遍地播放："请大家少聚集，勤洗手，多通风，戴口罩。"

2. 迅速反应，八方驰援

疫情来势汹汹，1月20日至23日的短短三天里，确诊人数已增长4倍，武汉更是处于这场风暴的中心。正值春运的关口，为了避免病毒扩散至全国各省，中共中央果断决定：自2020年1月23日10时起，全武汉市公交、地铁、轮渡、长途客运暂停运营；机场、火车站离汉通道暂时关闭。武汉正式进入封城阶段。

很快，处于风暴之眼的武汉像被按下了暂停键一样，整座城市迎来了前所未有的寂静，晚上9:00静得像凌晨3:00。面对爆发的疫情，许多平凡人做出了不平凡的举动。他们的爱心插上翅膀长出脚，向英雄的武汉汇聚。无数志愿者齐心协力走上一线——社区值守、路口协查、物资运输……他们用实际行动来共抗疫情，共筑防线，守护家园。

3. 神兵天降，壮士出征

疫情凶险，武汉医疗资源已不堪重负。在危难关头，解放军率先出征，乘风破浪。除夕夜，空军出动3架服役多年的伊尔-76运输机，分别从上海、重庆、西安起飞，将第一批军队医疗人员450名和医疗物资运送到武汉。2月13日，11架空军运输机抵达武汉天河机场，这是我国国产运-20大型运输机首次参加非战争军事行动。

疫情持续蔓延，病患人数不断上升，武汉医疗资源几近枯竭。在这紧要关头，党和政府果断做出决策——短期内建成大型野战医院。工程由中建三局牵头，武汉建工、武汉市政、汉阳市政等企业参建。在武汉知音湖畔5万平方米的滩涂坡地上，7 500名建设者向全体国人和倍受煎熬的武汉市民立下军令状——"十天，建成一所可容纳1 000张床位的救命医院"。

这似乎是不可能完成的任务，但中国速度再一次让世界震惊：

1月23日10时，火神山医院开始进行基础施工；2月2日，火神山医院交付使用。

1月25日16时，雷神山项目启动；2月6日，雷神山医院开始验收并逐步移交。

在24小时"云监工"的注视下，火神山医院、雷神山医院拔地而起——这是与疫情赛跑的"中国速度",这是与死神抢夺生命的"中国力量"。

4. 白衣执甲,赤子仁心

在"健康所系,性命相托"的使命召唤下,无数医护人员踊跃请战,毫不犹豫地投入这场没有硝烟的战斗中。隔离病房内,医护人员像高速旋转的陀螺一样紧张地工作。他们被密不透风的防护服包裹着,加上护目镜、口罩的束缚,稍一行动就汗流浃背。筋疲力尽的时候,几乎站着都能睡着。

在此期间,一份份"请战书"出现在人们的视野里,在困难面前,涌现出一群群最美逆行者。印有一个个红手印的请战书表明了医护人员的决心:自愿请战,不辱使命,不计报酬,无论生死!

5. 众志成城,匹夫有责

在战场的另一边,尘世间的故事还在继续。那个春节,为了响应国家号召,一向看重血缘亲情的中国人民放弃了走亲访友,老老实实蹲守家中,誓将病毒闷到断气。因此,网友们纷纷晒出了自己在家中的花式娱乐方式。哪怕在最艰苦的日子里,人民依然对祖国充满了信心,以乐观的心态一点点驱散病毒带来的阴霾。

4月4日上午10点是全国默哀时刻,各行各业的人们停住脚步,为逝去的同胞默哀。中华民族从来都是勇敢的民族,这些逝去的英雄将永远屹立于民族精神的丰碑上,铸刻在每一名中华儿女的心中。4月8日,武汉正式解封。这座英雄的城市经历了史无前例的77天。

(二)每一个人都了不起

(1) 国士无双——钟南山:17年前,他是抵御"非典"的国之利刃;如今,84岁的他是抵御"新冠肺炎"的国之战士。当新冠肺炎出现的时候,他让所有人都待在安全的地区,自己却连夜只身前往武汉。当所有人都在密切关注疫情的时候,他一次又一次地告诉大家准确的消息。

(2) 渐冻院长——张定宇:时任湖北省武汉市金银潭医院党委副书记、院长。疫情发生后,武汉最大的专科传染病医院金银潭医院,因为最早集中收治不明肺炎患者,成为这场全民抗"疫"之战最先打响的地方,院长张定宇很快成为舆论关注的焦点。他带领600多名医护人员,不间断地奋战在抗击疫情的最前沿。他顾不上被病毒感染而住院的妻子,已经令人敬佩。令人意想不到的是,他身患渐冻症,行动不便,步履蹒跚,却始终坚持与生命赛跑。这一切,让无数网友为之动容。

(3) 换党员上——张文宏:1月29日这天,上海医疗救治专家组组长、华山医院感染科主任张文宏,在接受媒体采访时说了一段话:"这一次我做了一个决定,所有从年底到现在为止的医生,全部换掉,全部换岗。换成谁?换成科室里所有的共产党员。共产党员在宣誓的时候不是说吗,把人民的利益放在第一位,迎着困难上。所以我开了个党小组会议:'共产党员的口号你平时喊喊可以,但这个时候,我不管你有什么想法,对不起,现在你马上给我上去,不管你同意或不同意,都得上去。是心理上为了信仰上去也好,是因为党的约束上去也好，没有讨价还价，必须得上去。'"一席话，振聋发聩。

（4）河南退伍老兵："武汉加油，你的老兵送菜来了！"1月24日，大年三十晚上，一辆满载冬瓜、香菜、芹菜的货车驶入武汉火神山医院工地。来自河南沈丘白集镇田营行政村的王国辉不顾驾车疲劳，帮着工地后勤部门的负责人把车上的5吨蔬菜卸下。王国辉曾在武汉服役17年，听说疫情后，赶紧装上自家的蔬菜，连夜驾车"逆行"送往武汉。

（5）汶川医疗救援队：驰援武汉的医疗救援队中，有一支138名队员的特殊队伍——汶川医疗救援队。除了医务工作者的使命之外，他们还有一个深埋于内心的情结："2008年汶川地震，全国各地的救援队来支援我们四川的时候义无反顾，这次的疫情也是一样，所有医院都愿意派出自己的救援队。报名的人太多太多了，全是自愿的。也算一个报恩吧。"

（6）全国基层工作人员："为民服务无小事"是刻印在每一名基层工作人员心中的话。为了打赢这场疫情阻击战，保障人民群众的生命安全，基层干部们用责任之心、谨慎之心，带头驻于一线，起到了模范表率作用。他们用赤子之心恪尽职守，践行着为党和人民服务的初心与使命。

（三）疫情之下彰显中国力量

1. 党的强大领导力

这次新冠肺炎疫情中，党中央对疫情形势的判断是准确的，各项工作部署是及时的，采取的举措是有力有效的。疫情防控工作取得的成效，再次彰显了中国共产党的领导和中国特色社会主义制度的显著优势。这是制度之优，更是国家治理能力的展示。在疫情面前，中国交出了世所罕见、令人敬佩和满意的答卷，全方位彰显了国家治理之中国答卷的世界形象。

整个防控疫情过程中，大到一个城市，小到一个乡村、一个小区，中国共产党的组织能力、执行能力和老百姓的觉悟都值得称赞。在这样一个有着广袤的国土和14亿人口的国家，能有这样高的组织应对效率，堪称奇迹。只有在中国共产党领导下，只有在社会主义的中国才能做到、才能实现。

就连世卫组织总干事谭德塞在发布会上都说："我一生中从未见过这样的动员。"

2. 中国特色社会主义制度的优势

习近平总书记指出："防控工作取得的成效，再次彰显了中国共产党领导和中国特色社会主义制度的显著优势。要坚定必胜信念，咬紧牙关，继续毫不放松抓紧抓实抓细各项防控工作。"

中国特色社会主义制度是一切为了人民、人民当家作主的制度。习近平总书记多次强调"要始终把人民群众生命安全和身体健康放在第一位"，彰显了鲜明的人民立场和为民情怀。坚持全国一盘棋，调动各方面积极性，集中力量办大事，是社会主义优越性的重要体现，是我国国家制度和国家治理体系的又一显著优势。

取得疫情防控斗争的全面胜利，必须进一步发挥举国体制优势。习近平总书记指出：

"疫情防控不只是医药卫生问题，而是全方位的工作，是总体战，各项工作都要为打赢疫情防控阻击战提供支持。"因此，如果没有万众一心、集中力量办大事的制度优势，我们的疫情防控就不可能取得阶段性胜利。"

3. 守望相助的团结意识

中华文明之所以能够传承五千余年，就在于这个民族有一种"守望相助"的团结意识，"一方有难、八方支援"的互助精神。面对疫情，中国人民清楚地意识到，没有一个人能作壁上观，只有同舟共济、紧密团结，才能战胜疫情。一个人的力量是有限的，但团结起来的力量则无比强大。

当湖北疫情爆发后，全国人民义无反顾、万众一心，全力支援湖北抗疫。在党中央的统一领导和部署下，全国共组织了 344 支医疗队、42 322 名医务人员驰援湖北，各省除派出医疗队、提供医疗物资外，还做出了"我们有，湖北就有，武汉就有""湖北缺少什么，只要我们有，全部供应"的部署，纷纷援助物资，共抗疫情。无论是山东的蔬菜、黑龙江的大米，还是内蒙古的牛奶、广西的水果，都先后多批次运抵湖北。这些事实无不彰显了"全国一家亲"的中华民族大团结的文化理念。

4. 公而无我的奉献精神

中华民族历来尊崇"大公无私"，追求"公而无我"。这种精神境界在此次抗疫过程中再次得到了升华。通过这次疫情我们可以看到，为了抗击疫情，多少人选择了"逆行"！无论是白衣天使出征，还是物资运输，抑或医院建设，他们是拿自己的健康乃至生命去奉献。

"为公德乃大"，做"无我"的奉献是一种"大德"。中国人很重视"德"，尤其是"大德"，为了国家和民族的利益，"无我"的奉献是一种至高的荣誉。

五、价值引领

习近平总书记强调："人民有信仰，民族有希望，国家有力量。"这场抗疫的胜利，是中国人民在国家至上、人民至上、生命至上的信仰中，团结一致，与疫情努力拼搏所创造的奇迹。在战疫情的行动中，处处都有中国的力量，让我们感到温暖，让我们感动，更充满希望。前人开辟的道路，为我辈青年奋斗指明了方向！

新冠肺炎疫情爆发后，在党中央集中统一领导下，各级党委和政府坚持把人民群众生命安全和身体健康放在第一位，按照"坚定信心、同舟共济、科学防治、精准施策"的总要求，全面开展疫情防控工作。经过艰苦努力，在较短的时间内，疫情形势出现积极变化，防控工作取得积极成效，显著提高了患者的治愈率，降低了病亡率。

中国抗疫精神为中国特色社会主义制度、中华民族伟大精神注入了既丰富厚重又生动深刻的内容，展现了中国作为负责任大国的担当，展现出新时代的中国力量和中国形象。中国共产党这一人民的"主心骨"，是中国人民勇于直面困难的精神靠山。我们要坚定永远跟党走的信心和决心，坚定走中国特色社会主义制度道路的自信。

主题二　新时代大学生如何坚定文化自信

班会模块	富强·民主
适用学期	第一、三、五学期
班会形式	课堂讲授/互动讨论

一、班会背景

习近平总书记在党的十九大报告中指出："文化是一个国家、一个民族的灵魂。"文化自信本质上是一种积极的文化心态、自觉的文化认同和坚定的文化信仰。中国特色社会主义的文化自信是巩固主流意识形态地位的重要武器、繁荣社会主义先进文化的重要条件、实现中华民族伟大复兴的重要基础。青年学生是社会主义事业的建设者和接班人，是社会主义文化强国建设的生力军。

当今世界文化交流日渐紧密，中西文化碰撞日趋激烈，青年学生在中西文化交流与对话中，必须具有文化使命感，能够运用马克思主义的立场、观点和方法，正确看待文化差异和文化认同。

大学生正处于人生发展的关键时期，也是文化自觉意识形成的关键时期。当前，部分大学生缺乏文化自觉和文化自信，外来文化及思潮的广泛传入导致当代大学生的文化底蕴和历史底蕴相对薄弱。民族文化自觉性和文化自信的缺失对一个民族来说是可怕的，它可以让一个民族失去传统，可以改变一个社会的主流文化。各种社会因素导致中国大学生对中国文化缺乏自信并盲目推崇外来文化，因此在学生中开展文化自信教育十分必要。

二、学习目标

（1）帮助新时代大学生树立正确的思想观念，深刻认识中国优秀传统文化、红色文化、社会主义先进文化，杜绝对西方外来文化的盲目认同；

（2）强化对民族传统文化的认知，弘扬红色文化，践行社会主义核心价值观，提升文化自觉意识，建立高度的文化自信。

三、前期准备

（1）通过网络等各种途径收集整理以"文化自信"为主题的资料；

（2）通过网络搜集和学习有关"文化自信"和"新时代大学生如何坚定文化自信"的文件，例如：《习近平总书记在庆祝中国共产党成立 95 周年大会上的重要讲话》；

(3) 准备与"文化自信"相关的视频——《大美中国，文化自信》；

(4) 准备课堂讨论案例《战狼2》的舆论热点，在学生中进行分组，提前做好发言准备，也可以让学生自己查找相关的案例，课上进行分享与交流。

四、班会过程

（一）"文化自信"的内涵和外延

在庆祝中国共产党成立95周年大会上的重要讲话中，习近平总书记指出："文化自信，是更基础、更广泛、更深厚的自信。"其语境更为庄严，观点更为鲜明，态度更为坚决，表明这既是文化理念，又是指导思想。

1. "文化自信"的含义

文化自信指的是一个国家、一个民族、一个政党对自身所拥有的文化价值的充分肯定和积极践行，以及在此基础上建立起来的对自身文化发展的坚定信心。

2. 文化与"文化自信"

习近平总书记指出："文化是一个国家、一个民族的灵魂。"无论哪一个国家、哪一个民族，如果不珍惜自己的思想文化，丢掉了思想文化这个灵魂，那么，这个国家、这个民族是立不起来的；中国优秀传统文化可以为治国理政提供有益启示，也可以为道德建设提供有益启发。我国今天的国家治理体系，是在我国历史传承、文化传统、经济社会发展的基础上长期发展、渐进改进、内生性演化的结果。

3. 五千年文化，一脉相承

中国有5 000年的文化传承，只有坚持从历史走向未来，从延续民族文化血脉中开拓前进，我们才能做好今天的事业。中国文明5 000年，一脉相承。没有文明的继承和发展，就没有文化的弘扬和繁荣，就没有中国的伟大复兴。正如习近平总书记2019年8月19日在敦煌研究院座谈时的讲话指出："中华文明5 000多年绵延不断、经久不衰，在长期演进过程中，形成了中国人看待世界、看待社会、看待人生的独特价值体系、文化内涵和精神品质，这是我们区别于其他国家和民族的根本特征，也铸就了中华民族博采众长的文化自信。"

（二）"文化自信"的强大底气

1. "文化自信"的深厚根基

我们的"文化自信"有其深厚根基，中国有5 000年的优秀传统文化，有在中国革命、建设、改革的伟大实践中孕育的红色革命文化和社会主义先进文化。对于优秀传统文化的继承和发展，夯实了我们文化建设的根基，奠定了我们文化自信的基础。

2. "文化自信"的强大底气

中华民族有博大精深的传统文化。中国5 000年的优秀传统文化增强了中国人的骨气和底气，是中国最深厚的文化软实力，是我们文化发展的母体，积淀着中华民族最深沉的精神追求。

我们有鲜明独特、奋发向上的红色革命文化。这是中国共产党领导人民进行的革命和建设过程中形成和发展的,以社会主义和共产主义为指向的,把马克思列宁主义与中国实际相结合、兼收并蓄古今中外的优秀文化成果而形成的文化总和。

我们还有承前启后、继往开来的社会主义先进文化。我们要牢牢把握社会主义先进文化的前进方向,紧紧围绕实现第二个百年目标和构建社会主义和谐社会的要求,弘扬以爱国主义为核心的民族精神和以改革创新为核心的时代精神,树立新的文化发展观,解放思想,实事求是,与时俱进,开拓创新,发展面向现代化、面向世界、面向未来的民族的科学的大众的社会主义文化。

我们的"文化自信"还源自文化的积淀、传承与创新、发展,源自当今中国特色社会主义的蓬勃生机,源自实现中华民族伟大复兴的光明前景。正如习近平总书记在纪念毛泽东同志诞辰120周年座谈会上深情地说:"站立在960万平方公里的广袤土地上,吸吮着中华民族漫长奋斗积累的文化养分,拥有13亿中国人民聚合的磅礴之力,我们走自己的路,具有无比广阔的舞台,具有无比深厚的历史底蕴,具有无比强大的前进定力。中国人民应该有这个信心,每一个中国人都应该有这个信心。"

的确,我们没有理由不自信!

(三)坚定"文化自信"的意义

1. "文化自信"的时代意义

将"文化自信"与"三个自信"有机结合在一起,既体现出习近平总书记对"文化自信"的高度重视,又极大地拓展了"三个自信"的广度和深度。

习近平总书记指出:"坚定文化自信,是事关国运兴衰、事关文化安全、事关民族精神独立性的大问题。"增强"文化自信"是增强道路自信、理论自信、制度自信的客观要求和必然逻辑,是支撑和形成道路自信、理论自信、制度自信的文化要素的整体呈现,是内在精神的支撑和稳定信念的支持,具有厚重的精神力量和独特的凝聚力、影响力。

2. 坚定"文化自信"是中华民族伟大复兴的必然要求

党的十九大报告指出:没有高度的文化自信,没有文化的繁荣兴盛,就没有中华民族伟大复兴。党的十八大以来,习近平总书记多次强调文化自信的重要作用,深刻阐明了文化自信对实现中华民族伟大复兴的重要意义。因此,回答文化自信如何可能、如何实现以及如何展开等问题,不只是深刻认识文化发展规律、推动社会主义文化繁荣兴盛的需要,更是当前学习贯彻落实习近平新时代中国特色社会主义思想的必然要求。

(四)新时代大学生如何坚定"文化自信"

1. 继承和弘扬中华优秀传统文化

"中华优秀传统文化代表着中华民族独特的精神标识,规定了我们最基本的文化身份。

中华传统文化素以其博大精深与源远流长著称于世,以伦理道德为本位是中华文化的突出特征,深刻塑造了中国人的精神世界及民族性格,构成了中国人的精神底色。'天不变,道亦不变',历史上中国人对本民族的文化充满着高度自信与认同。'灭人之国,必先去其史',抛弃传统、丢掉根本,就等于割断了自己的精神命脉。对传统文化的否定带来的是近代以来全盘西化的思潮以及中国主体性的失落,丧失了对自我身份的认同,在强大的西方面前,失去了自信,失去了界定自我与世界的话语权。"

2. 弘扬红色文化,坚定理想信念

党的十八大以来,习近平总书记对于红色文化做了一系列重要论述,在视察山西时强调:"要充分挖掘和利用丰富多彩的历史文化、红色文化资源加强文化建设,坚持不懈开展社会主义核心价值观宣传教育,深入挖掘优秀传统文化,引导广大干部群众提升道德情操、树立良好风尚、增强文化自信。"

3. 弘扬社会主义先进文化,提升综合素质

社会主义先进文化就是以马克思主义为指导,以培养有理想、有道德、有文化、有纪律的公民为根本任务,发展面向现代化、面向世界、面向未来的,民族的、科学的、大众的社会主义文化。当前,将社会主义先进文化推广到校园中,重视大学生人文素质的培养,对提高大学生政治素质、思想道德素质和科学文化素质,促进大学生的全面发展,具有重要意义。

【课堂讨论】

案例一:近日,电影《战狼2》成了舆论焦点,一位名为尹珊瑚的中央戏剧学院(简称"中戏")的教师称《战狼2》"无逻辑、无价值观、一文不值,作者心理变态"。但大部分网友都认为该老师很没素质,是在蹭热点。对此,中国作家协会委员刘信达发文,要求《战狼2》的导演吴京向骂他心理变态的中戏老师尹珊瑚道歉,还要停止《战狼2》的公映!但《战狼2》引发的是非还不止于此,最近,《三生三世十里桃花》的粉丝(简称4S粉丝)居然写信要求吴京道歉,原因是吴京的《战狼2》太火,影响了《三生三世十里桃花》的票房和口碑。

美国媒体为《战狼2》在中国市场的巨大票房收入所震惊,但部分评论将其归类为"民族主义的宣传"。美国《洛杉矶时报》称:"《战狼2》的剧情已经司空见惯,影片中有种东西支撑着他们的爱国热情,那就是'中国会为全世界人民的最高利益牺牲,而其他国家的人只会利用中国人'。"在评价《战狼2》时,几乎每家外媒都把它比作中国版《第一滴血》(主角为好莱坞演员史泰龙饰演的兰博),冷锋在他们眼里,就是"中国兰博"。

问题:对于以上事情,你怎么看?请从文化自信的角度阐述自己的看法。

学生根据自己提前查找到的相关案例,进行分享与交流。

五、价值引领

回顾我国5000多年的文明史,不难发现,文化兴盛始终是国家强盛的重要条件。中华民族要实现伟大复兴，既需要强大的物质力量，也需要强大的精神力量。

　　大学生只有充分了解中国的历史和文化，才能真正认识和理解中国的现实，在当今多元文化的背景之下，才能正确认识传统文化的选择和西方文化的影响。要坚持取其精华、去其糟粕，有意识地选择国家所倡导的主流文化和优良文化。在日常生活和学习中，大学生们除了要加强对专业技术和科学知识的学习外，还要加强对中国优秀文化的学习。建立正确的文化价值观，积极参与中西文化的交流，并在交流和对话的过程中建立文化自信和文化认同。

主题三　如何弘扬中华优秀传统文化

班会模块	富强·民主
适用学期	第一学期
班会形式	课堂讲授/互动讨论

一、班会背景

党的十八大报告指出，文化是民族的血脉，是人民的精神家园。把弘扬中华优秀传统文化、中华传统美德提到很高地位，并提出了"建设优秀传统文化传承体系，弘扬中华优秀传统文化"的重大任务。当今世界，文化在综合国力竞争中的地位和作用更加凸显。因此，我们维护国家文化安全的任务更加艰巨，增强国家文化软实力、中华文化国际影响力的要求更加紧迫。当代大学生应该了解中华优秀传统文化，坚定文化自信，做中华优秀传统文化的传播者。

二、学习目标

（1）让学生了解中华优秀传统文化，知道优秀传统文化的定义和内容；

（2）培养学生的爱国主义情怀，使其成为文明有礼的当代大学生；

（3）引导学生做一个继承和发扬中华优秀传统文化的人，激发学生的爱国之情。

三、前期准备

（1）学生在课前通过网上查阅、翻看书籍等途径了解中华优秀传统文化的内容，做到心中有内容、言中有感情、课堂有活力；

（2）提前将学生进行分组，在让他们课堂上开展讨论。

四、班会过程

【问题导入】

提问：你知道中华优秀传统文化有哪些吗？请列举一些。

（一）中华优秀传统文化的内涵

1. 中华传统文化的定义

中华传统文化就是通过文明演化而汇集成的一种反映中华民族特质和风貌的文化，是中华民族历史上各种思想文化、观念形态的总体特征。中国的传统文化以儒道互补为内核，基本内容是讲仁爱、重民本、崇正义、尚和合、求大同等；还有墨家、法家、名家等文化形态。中华民族文化源远流长，博大精深。

中国传统文化包括：琴棋书画、传统文学、传统节日、中国戏剧、中国建筑、汉字汉语、传统中医、民间工艺、中华武术、地域文化、衣冠服饰、古玩器物、神话传说、中国对联，等等。

2. 中华优秀传统文化的内容

讲仁爱：天下之人皆相爱，强不执弱，众不劫寡，富不侮贫，贵不傲贱，诈不欺愚。

重民本：民本，就是政治要"以民为本"。

守诚信：诚信是中华传统美德之一。信被列为孔子"四教"之一。人无信不立。

尚和合：人的立身之本和基本道德规范。

求大同："大道之行也，天下为公，选贤与能，讲信修睦。故人不独亲其亲，不独子其子，使老有所终，壮有所用，幼有所长，矜寡孤独废疾者皆有所养。男有分，女有归。货恶其弃于地也，不必藏于己；力恶其不出于身也，不必为己。是故谋闭而不兴，盗窃乱贼而不作，故外户而不闭，是谓大同。"

3. 中华优秀传统文化是我们民族的"根"和"魂"

中华民族在五千多年的文明发展进程中，创造了博大精深的文化。它积淀了中华民族最深层的精神追求，包含着中华民族最根本的精神基因，代表着中华民族最独特的精神标识，是中华民族生生不息、发展壮大的丰厚滋养。中华文化虽历经朝代更迭、外族入侵而绵延数千年不绝，成为世界文明史上唯一没有中断的文化，已经融入中华民族的血脉。

2012年习近平总书记在广东考察工作时讲话指出："我们决不可抛弃中华民族的优秀文化传统，恰恰相反，我们要很好传承和弘扬，因为这是我们民族的"根"和"魂"，丢了这个"根"和"魂"，就没有根基了。"

（二）中华优秀传统文化的历史意义和时代意义

中华传统文化是中华民族在5 000多年的社会实践中形成的思想理念、传统美德和人文精神的集合，体现出中华民族特有的思维方式和精神标识。它在历史上为推动民族进步和社会发展发挥过重要作用，时至今日依然具有显著的时代价值。我们要科学辨析传统文化中的精华与糟粕，实现优秀传统文化的创造性转化和创新性发展，从而为社会主义现代化建设提供精神滋养和智力支撑。

（1）传统文化有助于社会稳定的巩固。传统文化是在农业生产基础上形成的农业文明，它建构起以孝为本的伦理纲常、家国同构的政治结构以及物我不分的认知方式。在漫长的封建社会中，虽然不同朝代政权更迭，但由于农业生产的经济基础和传统文化始终保持一致性，使得以儒家思想为主导的文化传统与政治结构并没有发生根本变化。这对于社会的稳定和持续发展具有积极的意义。

（2）传统文化有助于培育以"德"为中心的个体价值取向。在以家庭为基础的社会认知中，传统文化注重人的德性的形成和培养。《论语》开篇"学而时习之，不亦说乎"，其中"学"与"习"指的就是对于德性的修养和践行。《大学》亦是如此："大学之道，在明明德，在亲民，在止于至善。"因此，"君子之德"作为个体道德的价值归宿，是传统文化中着重学习的内容。

（3）传统文化是实现社会主义现代化的思想基础和精神保障。现代化并非西化，也无固定模式，中国特色社会主义的现代化只能从中华民族的传统出发，在尊重和肯定中华传统文化的基础上探寻现代化可行之路。事实上，传统文化中的丰厚思想遗产，比如以德治国、民惟邦本、和而不同、重德重教、天下为公、革故鼎新等，正在经过创新转型成为我们治国理政的重要文化资源，成为推动现代化的强大动力。

（4）传统文化所孕育的民族精神是凝聚全国各族人民的价值纽带。兼容并蓄、融会贯通的传统文化是中华民族共同的精神财富，它可以凝聚社会各领域的力量，激发各民族成员的归属意识、认同意识和进取意识，形成推动社会发展的凝聚力和创造力。中华传统文化在历久弥新中培育了以爱国主义为核心的团结统一、爱好和平、勤劳勇敢、自强不息的民族精神，这种伟大精神是中华民族获取自尊和坚定自信的力量源泉，是中华民族生存发展壮大的精神支柱，是实现民族伟大复兴的最大价值共识，也是现代化进程中促进国家统一、维系民族团结、寻求价值和谐的终极文化基因。

（5）传统文化的思想智慧可以为当今社会发展提供有益帮助。中华传统文化是中华民族的身份标识，是华夏儿女保持族群认同和精神团结的文化符号。在经济全球化、政治多极化、文化多元化的时代背景中，我们既要保持民族文化底色，守住民族精神阵地，又要参与人类文明交流互鉴，为世界文明进步做出应有贡献。传统文化所关注的人与自然、人与人、人与自我的和谐关系，所追求的真善美的人生境界，表明它是一种道德践履之学、内圣外王之学、安身立命之学和人生智慧之学。其中蕴含的大思想大智慧，可以慰藉心灵、涵养德性、纯洁情感，为解决当代人的思想意识与价值困惑提供智慧。

（三）当代大学生如何弘扬中华优秀传统文化

（1）弘扬中华优秀传统文化，要用以爱国主义为核心的民族精神和以改革创新为核心的时代精神鼓舞斗志，注重整体利益、国家利益和民族利益。一些大学生在网络上将自己的用户名换成与爱国有关的名字或是标有爱心的图片；大学生们转发关于爱国的短信和诸如"中国人万众一心，团结起来"的标语；在海外的留学生们更是集结在一起，上街游行，表达对于自己祖国的热爱。这些事例充分表现了我们的大学生对社会、民族、国家的责任意识。

（2）弘扬中华优秀传统文化，应该积极继承优秀传统，推陈出新。习近平总书记指出："要加强对中华优秀传统文化的挖掘和阐发，努力实现中华传统美德的创造性转化、创新性发展，把跨越时空、超越国度、富有永恒魅力、具有当代价值的文化精神弘扬起来，把继承优秀传统文化又弘扬时代精神、立足本国又面向世界的当代中国文化创新成果传播出去。"

（3）弘扬中华优秀传统文化，要推崇"仁爱"原则，追求人际和谐。当今，我们一直在强调与倡导，要使社会成为一个和谐社会。人是社会的人，社会是人的社会。我们大学生作为年轻的一代、意气风发的一代，是践行这一主旨的先锋。同学之间要"推己及人"，关心他人；在人和人相处过程中，应当设身处地为对方考虑。强调社会和谐，讲求和睦相处，倡导团结互助，追求天人和谐、人际和谐、身心和谐。

（4）弘扬中华优秀传统文化，要讲求谦敬礼让，强调克骄防矜。中国自古就有"礼仪之邦"的美誉，谦敬礼让是中华民族优良的道德传统。在中国传统道德中，谦敬既是个人自身修养的美德，也是为人处世的道德要求。谦即自谦，虚以处己；敬即敬人，以礼待人。作为一名大学生，做到这一点特别重要，因为我们是接受高等教育的人，大家要求我们的标准更严格。

（5）弘扬中华优秀传统文化，要倡导言行一致，强调恪守诚信。在中国古人看来，诚是一种真实无妄、表里如一的品格，也是道德的根本，故"养心莫善于诚"；信是一种诚实不欺、遵守诺言的品格。诚信之德在于言必信，行必果，言行一致，表里如一，讲究信用，遵守诺言。在大学集体生活中，诚信对人际关系的磨合十分重要。

（6）弘扬中华优秀传统文化，要重视道德践履，强调修养的重要性。中华民族优良道德传统的重要内容有廉洁自律、宽厚待人、艰苦朴素、勤劳节俭、孝敬父母、尊老爱幼、尊师敬业，以及刚健有为、自强不息、舍生取义、见义勇为、奋发图强等，倡导道德主体要在完善自身中发挥自己的能动作用。

五、价值引领

作为当代大学生，应该成为中华优秀传统文化的继承者和传播者，大力弘扬以爱国主义为核心的民族精神和以改革创新为核心的时代精神，深入挖掘和阐发中华优秀传统文化讲仁爱、重民本、守诚信、崇正义、尚和合、求大同的时代价值，将社会主义核心价值观融于心、践于行。

主题四 从"四史"学习中坚定"四个自信"

班会模块	富强·民主
适用学期	第一、三、五学期
班会形式	课堂讲授/互动讨论

一、班会背景

"夫以铜为镜,可以正衣冠;以史为镜,可以知兴替;以人为镜,可以明得失。"从历史中汲取智慧和力量是中国共产党的优良传统。在中国特色社会主义进入新时代的历史方位下,加强"四史"教育与研究,有助于深化对"四史"的认识,增强"四个意识",坚定"四个自信"。"四史"是对党史、新中国史、改革开放史和社会主义发展史的统称。加强对高校学生的"四史"教育,对增强中国特色社会主义的"四个自信",对新时代进行伟大斗争、建设伟大工程、推进伟大事业、实现伟大梦想,对坚定中国特色社会主义共同理想具有重要的意义。

二、学习目标

(1) 通过"四史"的学习,深入了解中国共产党人的初心和使命,从社会主义建设事业从无到有的艰难探索中,深刻认识中国特色社会主义道路的历史必然性;

(2) 帮助新时代大学生树立"四个自信",加强对中国特色社会主义理论体系的学习,培养大学生以爱国主义为核心的民族精神和以改革创新为核心的时代精神;

(3) 强化大学生对中国特色社会主义显著的制度优势的认知,使大学生在中国特色社会主义创立、发展到完善的伟大飞跃的历史过程中做到坚持"四个自信",厚植大学生爱党爱国情怀。

三、前期准备

(1) 通过网络等途径收集整理有关"四史"的学习资料;

(2) 通过网络等途径了解和学习"四个自信"相关内容;

(3) 准备与"四史"学习有关的视频——《一大聚首 开天辟地》《协商建国 人民当家》《敞开国门 拓宽视野》。

四、班会过程

【视频导入】

观看视频:《一大聚首 开天辟地》(摘自共产党员网)。

视频展示了1921年中国共产党第一次全国代表大会在上海召开的历史过程。历史是最好的教科书，也是最好的清醒剂。学好党史、新中国史、改革开放史、社会主义发展史是牢记党的初心和使命的重要途径，是一门重要的必修课。要充分认识到，开展"四史"学习教育是把握历史规律的必然要求，是坚守初心使命的重要途径，是推动事业发展的有效方法。通过学习教育，从历史中汲取精神力量、汲取经验智慧、汲取坚守人民立场的定力。

（一）"四史"的内涵

1. 党史

中国共产党百年历史，可以划分为四个历史时期：从1921年7月中国共产党建立至1949年10月中华人民共和国成立，是新民主主义革命时期；从1949年10月至1978年12月党的十一届三中全会召开，是社会主义革命和建设时期；从1978年12月至2012年11月党的十八大召开，是改革开放和社会主义现代化建设新时期；从2012年11月至今，是中国特色社会主义新时代。在这四个历史时期，中国共产党完成和推进了四件大事，铸就了中国共产党百年辉煌。

2. 新中国史

新中国成立后，党团结带领人民建立起社会主义基本制度，开展了大规模的社会主义建设，初步形成了完整的国家工业体系和国民经济体系，科学文化等各项事业也取得了显著进展。但在这个过程中，我们也曾在探索中走过弯路，遭受过巨大挫折。痛定思痛，深刻总结历史经验，我们在改革开放进程中最终走出了一条中国特色社会主义的成功之路。这条道路不是上天的馈赠，而是党带领中国人民在艰辛探索中开辟出的适合中国国情和长远发展的特色道路。统筹推进"五位一体"总体布局、协调推进"四个全面"战略布局，使党和国家事业取得了历史性成就。

3. 改革开放史

改革开放，是自十一届三中全会中国开始实行的对内改革、对外开放的政策，实质是在新的时代背景下为人民谋福祉，为民族谋复兴。中国共产党带领人民攻坚克难，以经济体制改革为牵引来推进文化教育、医疗卫生、住房市场等领域的体制改革，有效地提升了国家的综合实力。习近平总书记强调："改革开放是一项长期的、艰巨的、繁重的事业，必须一代又一代人接力干下去。"

党的十八大以来，中国共产党以巨大的政治勇气和智慧，提出了完善和发展中国特色社会主义制度、推进国家治理体系和治理能力现代化总目标，开启了全面深化改革、系统整体设计推进改革的新时代，开创了我国改革开放的新局面。

4. 社会主义发展史

中华人民共和国成立以来，我国积极探索社会主义建设道路。改革开放四十年来，社会主义不再是外来的理论知识，而是逐渐扎根于中国的土地、具有中国特色的社会主义。"四史"中，社会主义发展史是时间跨度最长的。学习社会主义发展史是为了了解社会主义的源头，了解中国特色社会主义发展的历程。只有追根溯源，才能更深入地理解中国如何历史地选择了社会主义道路，独立自主，走自己的路，从而倍加珍惜、始终坚持、不断发展中国特色社会主义。

社会主义五百年，经过了从空想到科学、从理论到实践、从一国实践到多国发展的过程。第一个时间段，空想社会主义产生和发展；第二个时间段，马克思、恩格斯创立科学社会主义理论体系；第三个时间段，列宁领导十月革命胜利并实践社会主义；第四个时间段，苏联模式逐步形成；第五个时间段，新中国成立后，我们党对社会主义的探索和实践；第六个时间段，我们党做出改革开放的历史性决策，开创和发展中国特色社会主义。

(二) 学习"四史"的意义

【视频导入】

观看视频：《协商建国 人民当家》（摘自共产党员网）。

1. 历史意义

党史、新中国史、改革开放史、社会主义发展史，是中国共产党自诞生以来领导中国人民，为了发展中国特色社会主义、实现中华民族伟大复兴的探索史、奋斗史、创业史和发展史，是取之不尽、用之不竭的精神富矿。深入学习这"四史"，对做到知史爱党、知史爱国，对做到常怀忧党之心、为党之责、强党之志，对进一步坚定中国特色社会主义道路自信、理论自信、制度自信、文化自信，都具有重大的现实意义和深远的历史意义。

2. 现实意义

学史明道。鸦片战争以后，中国沦为半殖民地半封建社会，中华民族陷入积贫积弱、任人宰割的黑暗境地。为了民族复兴，无数仁人志士进行了艰辛探索，尝试过各种救国救民的道路，但均以失败告终。直到诞生了中国共产党，中国革命面貌才焕然一新。这是中华民族和中国人民付出了无数生命和血的代价换来的不可动摇的历史结论，是中国人民的历史选择。只有中国特色社会主义才能发展中国，这是中国共产党带领中国人民经过改革开放四十多年实践得出的伟大结论，它集中体现了我们党对社会主义道路和社会主义建设规律的认识达到的新境界和人民群众对发展社会主义的新期待。

学史明责。中国共产党成立以来，不忘初心、牢记使命，始终保持革命精神和斗争精神，把马克思主义基本原理同中国具体实际和时代特征相结合，坚持发展和完善中国特色社会主义，对国家、民族和人民做出了巨大贡献。党团结带领全国各族人民完成了新民主主义革命，实现了民族独立、人民解放；完成了社会主义革命，确立了社会主义基本制度；进行了改革开放新的伟大革命，开创和发展了中国特色社会主义。这三件大事，从根本上改变了中国人民和中华民族的前途命运，决定了中国历史的发展方向。

学史明志。就是要通过学习党的历史，进一步明确和坚定革命志向，坚定理想，忠诚信仰。习近平总书记指出："在我们党90多年的历史中，一代又一代共产党人为了追求民族独立和人民解放，不惜流血牺牲，靠的就是一种信仰，为的就是一个理想。"所以，学习"四史"，首先要学习中共党史，因为党史贯穿于新中国史、改革开放史和中国社会主义发展史，是"四史"的核心和灵魂。

（三）从"四史"学习中坚定"四个自信"

【视频导入】

观看视频：《敞开国门 拓宽视野》（摘自共产党员网）。

（1）通过学习"四史"，能从思想上弄清楚、理解透中国共产党为什么"能"。因为有了中国共产党的领导，中华民族才历经磨难建立了新中国，正是在中国共产党领导下，选择了社会主义道路，确立了社会主义制度，做出了改革开放决策，才开创了中国特色社会主义，推动中国特色社会主义进入新时代。

（2）通过学习"四史"，能从思想上弄清楚、理解透马克思主义为什么"行"。习近平总书记在纪念马克思诞辰200周年大会上的讲话指出："实践证明，马克思主义的命运早已同中国共产党的命运、中国人民的命运、中华民族的命运紧紧连在一起，它的科学性和真理性在中国得到了充分检验，它的人民性和实践性在中国得到了充分贯彻，它的开放性和时代性在中国得到了充分彰显！"新中国成立70年来，中华民族迎来了从站起来、富起来到强起来的伟大飞跃，马克思主义在中国大地放射出灿烂光芒、结出丰硕果实，马克思主义中国化理论成果不断将马克思主义推向新的历史高度，生动诠释了马克思主义为什么"行"。

（3）通过学习"四史"，能从思想上弄清楚、理解透中国特色社会主义为什么"好"。社会主义制度在中国的建立与发展，是近代人类文明进程中的一件大事。正如习近平总书记指出的："中国特色社会主义，是科学社会主义理论逻辑和中国社会发展历史逻辑的辩证统一，是根植于中国大地、反映中国人民意愿、适应中国和时代发展进步要求的科学社会主义。"党百年奋斗、创造、积累中取得的伟大成就，就是开创了中国特色社会主义道路，并在推进这一伟大事业中孕育形成了道路、理论、制度、文化等要素。中国特色社会主义道路是实现中华民族从站起来、富起来到强起来的必由之路。

要回看走过的路、比较别人的路、远眺前行的路，深刻认识红色政权来之不易、新中国来之不易、中国特色社会主义来之不易，从"四史"学习中进一步坚定"四个自信"。

（四）新青年学"四史"担使命

1. 忆四史 历"辛"程

今日忆史，旨在思今。党史、新中国史、改革开放史、社会主义发展史主要讲的是中国共产党成立以来团结人民、实现人民解放和民族伟大复兴的历史。中国共产党领导人民，经过艰苦卓绝的斗争，建立了人民民主专政的国家政权。在这一历史时期涌现出无数豪情壮志的新青年，无论是陈独秀还是李大钊，抑或是默默付出的无名英雄们，他们的廉洁之风、修身之气，都贯穿始终。作为新时代青年，通过回顾四史更应明白，功名利禄只不过是身外之物，共产党人的道德品格才是立身之本！

2. 学四史 铸"心"魂

学史可以明志，"四史"教育不是一般的历史教学，而是以历史为基础的政治教育，旨在帮助新时代青年树立崇高理想,为国家发展和民族振兴贡献力量。中国共产党带领人民推翻了帝国主义、封建主义和官僚资本主义的统治,为中国人民谋得了幸福。当代新青年在四史学习中应当深刻认识到,历史和人民为何选择了中国特色社会主义道路,更应当增强自己的使命担当,争做德才兼备、引领时代的有"心"青年。

3. 悟四史 做"新"人

今日思今,唯在树人。如今的"90后""00后"深受全球信息一体化的影响,自我意识、平等意识、人权意识显著增强,却容易在互相激荡的信息化社会中迷失自我。"四史"教育不是简单的历史教育,而是在教育中潜移默化地增强新时代青年的制度自信和文化自信,在"四史"教育中立德树人。如今,我们正处于国家最好的时代,作为新青年,我们肩负着实现中华民族伟大复兴的历史使命,更应当顺应历史的发展潮流,增强自己的使命感,争做新时代社会主义事业的合格建设者和可靠接班人。

五、价值引领

高校学生应该深入学习"四史",这对于我们做到知史爱党、知史爱国,做到常怀忧党之心、为党之责、强党之志,进一步坚定中国特色社会主义道路自信、理论自信、制度自信、文化自信,具有重大的现实意义和深远的历史意义。

作为高校学生,只有认真学习"四史",才能从中华民族由弱到强的曲折转变中,更加清醒地认识到红色政权来之不易、新中国来之不易;只有深入学习"四史",才能在社会主义建设事业从无到有的艰难探索中,更加深刻地领会到改革发展成就来之不易、中国特色社会主义来之不易。"心有所信,方能行远",学好历史的意义不仅仅在于总结过去,更在于昭示未来。站在新的历史起点上,只有认真学好"四史",才能坚定"四个自信";只有筑牢"四个自信",才能在实现中华民族伟大复兴的新征程中努力奋斗,再谱新篇章。

主题五　青春风华正茂，参军无上光荣

班会模块	富强·民主
适用学期	每学期征兵季
班会形式	课堂讲授

一、班会背景

党的十八大以来，以习近平同志为核心的党中央，着眼于实现中国梦强军梦，制定新形势下一系列军事战略方针，全力推进国防和军队现代化，全力推进建设世界一流人民军队，发展形成了习近平强军思想。没有一个巩固的国防，没有一支强大的军队，实现中国梦就没有保障；强军梦作为强国梦的战略支撑，使得人才强军成为时代的要求。因此，在新时代征集在校大学生参军，不仅对于中华民族伟大复兴中国梦的实现有着重要的现实意义，也为青年学子成长成才提供了更为广阔的舞台。探索研究影响高校大学生参军意愿的因素，有针对性地鼓励更多的优秀青年参与到强军梦的伟大实践中去，是当前高校思想政治教育的重要任务。

二、学习目标

（1）深入贯彻习近平强军思想，落实全国及全省一年两次征兵准备工作的相关会议精神，要切实做好大学生应征入伍动员工作，为部队输送高质量兵员；

（2）要营造参军氛围，鼓励适龄学子踊跃参军报国，扩大征兵动员的影响力和辐射面，激发学生参军入伍的热情，为实现党在新时代的强军目标、实现中华民族伟大复兴的中国梦矢志奋斗。

三、前期准备

（1）搜集当前大学生应征入伍的基本条件和流程，以及优待政策；

（2）在班上做调查（男女比例、应征意向、学业情况等）。

四、班会过程

（一）为什么要入伍

1. 一副素质过硬的强健体魄

"身体是事业的本钱"，健康的体魄是一个人成事立业的基础。火热军营中的队列、体能、战术等科目，是力与美的完美体现，是爆发力和持久力的有机结合。部队严格的训练，能练就阳刚的气质、敏捷的反应、矫健的身型和结实的肌肉。一名合格的士兵能够做到站一个小时岿然不动，坐几小时笔挺如松，跑几千米感觉不累，加班一通宵依然精神抖擞。几年下来，一个弱不禁风的地方青年也能磨炼成一名身体强健、精神抖擞、英姿勃发的合格军人。

2. 一批感情深厚的亲密战友

"战友战友亲如兄弟，革命把我们召唤在一起……"，歌声唱出了战友之间的真挚感情、深厚友谊。部队是个大家庭，战友来自四面八方、五湖四海，从素不相识到同吃一锅饭、同住一间房，同站一班岗，几年来的摸爬滚打、朝夕相处、同甘共苦，培养了兄弟一般深厚的感情。

3. 一段丰富宝贵的人生经历

绿色军营学习、训练、生活等丰富的阅历能够培养和造就军人独立生活能力、吃苦耐劳精神、感恩担当品质，成为让人受益终生的立身之根、做人之道、成业之本。训练演习时的相互帮助、面对挫折时的相互鼓励，可以培育团结协作、热情待人的个人品德；站岗执勤时的尽职尽责、滔滔洪水中的并肩作战，可以培养爱岗敬业、勇于担当的职业道德；尊干爱兵的优良传统、日常养成的礼节礼貌，可以培塑感恩父母、尊重家人的家庭美德；抗洪大堤上百姓感激的泪水、震后废墟里群众期盼的眼神，可以强化甘于奉献、勇于牺牲的社会公德。

4. 一份社会认可的工作履历

与同龄人相比，当过兵的人纪律性强、责任心强、能吃大苦、肯干累活、为人踏实、值得信任。退伍军人就业时，军旅生涯被视为地方政府和企事业单位十分认可的工作经历。退役后符合条件的，可以依据规定给予就业安置、就业培训；对于自主创业的还可以得到国家在补贴、贷款、减免税等多方面的政策扶持；进入国家企事业单位工作的，军龄能够计算到工龄中，工资、福利和其他待遇不低于本单位同等条件人员的平均水平；公务员招考、村干部录用、普通高校招生和企事业单位竞聘时，在同等条件下，退役军人具有明显的政策优势。

5. 一份弥足珍贵的学习机会

当兵即入学，退伍就毕业。军营是一所"大学校"，不仅学习军事，还非常注重文化知识学习和社会技能培训。部队每年都要组织官兵进行八一电大、法律自考、报考士官学校等学历升级活动，几年下来，很多战士都能拿到国家承认的大专或本科文凭；每年都要组织计算机、英文等级考试，退伍离队时，相当一部分战士都能拿到国家承认的计算机等级证书；每年都要选送士兵到院校、厂家集训队等培训单位学习驾驶、炊事、修理、卫生救护等"军地两用"技能。他们掌握了一技之长，在服务部队的同时，也为将来走向社会打下专业和实践基础。

6. 一次改变命运的难得机遇

当过兵的人有一个明显优点：具有较强的独立生活能力。衣服、被子脏了得自己洗，每月的工资津贴必须计划好怎么花，遇到困难要自己应对处置……几年下来，一个从小过着衣来伸手、饭来张口的生活，喜欢"非主流"的90后，也会转变成一个在任何环境中都有较强适应能力的人，一个在父母眼中长不大、不放心的孩子，也会在部队的磨炼中慢慢成熟。

7. 一个提升能力的成长平台

每个人都有自己的志向，或报效国家，或干事立业。无论哪种志向的实现，都需要通过自己的不懈努力，参军入伍就是实现自己理想的绝佳途径。当兵之后，人生轨迹会随之改变。有的可以通过当国防生、考军校、直接提干等途径成为一名军官，转业后还能成为国家公务员、企事业单位干部；有的可以被选取为士官，成为部队建设的中坚力量。很多农村娃、待业青年从此领取了工资，连找对象都吃香了很多；有的通过部队几年的培养锻炼，退伍后成为乡村干部、企业老板、致富带头人，甚至直接考取国家公务员。

8. 一份全家受惠的政策荣誉

一人当兵，全家光荣。国家为保障军人权益，专门出台了相关政策，即使以后退伍转业回地方，也比其他人有就业优势和政策优惠。同时，医院、火车站、汽车站都设置了军人窗口，车站还设立军人候车室，国家旅游景点、部分城市市区公交车对军人免票，等等，这些都是国家为军人及军属提供的便利、优惠。

（二）参军入伍基本条件

1. 身体条件

身高：特勤人：①坦克乘员，160～178cm；②潜水员，168～185cm；③潜艇及水面舰艇人员，160～182cm；④空降兵，168cm以上；⑤空军航空兵第34师专机服务队女服务员，164～172cm；⑥特种部队条件兵（含海军陆战队队员）、驻香港澳门部队条件兵，170cm以上；⑦北京卫戍区仪仗队队员，180cm以上；

视力：①大学生双眼裸眼视力不低于4.5；②经准分子手术后半年以上，双眼视力均达到4.8以上，无并发症，眼底检查正常；

体重标准：男性不超标准体重（身高－110）的30%，不低于15%；女性不超20%，不低于15%；

瘢痕体质，面颈部长径超过3cm，或者其他部位影响功能的，不合格；

面颈部文身，着军队体能服裸露部位超过3cm，其他部位超10cm，文唇、男性文眉、文眼线，不合格；

重度腋臭，不合格；轻度，条件兵不合格；

2. 年龄和学历条件

男兵：在校生，17～22周岁；应届毕业生，17～24周岁。

女兵：在校生及应届毕业生，17～22周岁。

若名额稀少,学历要求自然水涨船高:

普通高中应届毕业生。不包括中专、职高、技校,也不包括往届生;

普通全日制高校在校生及应届毕业生。不包括成人教育、网络大学等。

3. 政治考核条件

征集服现役的公民必须热爱中国共产党,热爱社会主义祖国,热爱人民军队,遵纪守法,品德优良,决心为抵抗侵略、保卫祖国、保卫人民的和平劳动而英勇奋斗。征兵政治审查的内容包括:应征公民的年龄、户籍、职业、政治面貌、宗教信仰、文化程度、现实表现以及家庭主要成员和主要社会关系成员的政治情况等。

具有下列情形之一的公民,不得征集服现役:

(1) 因散布有政治性问题的言论,撰写、编著、制作、发表、出版、传播有危害国家安全或者其他政治性问题的文章、著作、音像制品,编造或者传播有政治性问题的手机、互联网信息,参加法律禁止的政治性组织等,受过处罚的;

(2) 组织、参加、支持民族分裂、暴力恐怖、宗教极端等非法组织的;

(3) 组织、参加邪教、有害气功组织以及黑社会性质的组织,或者参与相关活动的;

(4) 曾被刑事处罚、行政拘留或者收容教养的,涉嫌违法犯罪正在被调查处理或者被侦查、起诉、审判的;

(5) 被开除公职、责令辞职、开除学籍,或者被开除党籍、留党察看、开除团籍的;

(6) 与国(境)外政治背景复杂的组织或者人员联系,政治上可疑,被有关部门记录在案的;

(7) 有涉及淫秽、暴力和非法组织标志等文身的;

(8) 家庭成员、主要社会关系成员有危害国家安全行为,受到刑事处罚或者正在被侦查、起诉、审判的,组织、参加、支持民族分裂、暴力恐怖、宗教极端等非法组织的,是邪教、有害气功组织或者黑社会性质的组织成员的;

(9) 其他不符合征集服现役政治条件的。

(三) 参军入伍基本流程

征集程序:网上登记→初检初审→体检政考→走访调查→预定新兵→张榜公示→批准入伍(凭入伍通知书办理保留学籍、代补代偿等相关业务)

有应征意向的男性大学生(含在校生、应届毕业生)可登录"全国征兵网"(www.gfbzb.gov.cn),填写个人基本信息。

报名成功后,自行下载打印《大学生预征对象登记表》。

有应征意向的男性大学生(含在校生、应届毕业生)可登录"全国征兵网"(www.gfbzb.gov.cn),填写个人基本信息。报名成功后,自行下载打印《大学生预征对象登记表》。

注意事项:报名完成后,填写学费补偿代偿表。

（四）优惠政策

升学优惠：扩大"退役大学生士兵"专项研究生计划招生规模（2021年起增加至8 000人）；高职高专学生，在部队荣立三等功以上，免试入读普通本科（2022年及以后退役并取得大专文凭，根据个人意愿免试入读普通本科或成人本科）；大学生退役后，符合学校规定可转入其他专业；大学生士兵学籍保留至退役后两年内；高职高专在校生入伍经历可作为毕业实习经历，毕业班学生入伍凭相关证明可免毕业设计和实习；在校生（含新生）退役后，免修军事技能和公共体育。

职业发展：参加直招士官和定向培养士官报名；毕业生可报考军校；毕业生转士官，在校经历可视为入伍经历，首次选取士官跨等级高定士官（大专中士一级）；优秀士兵可保送入学；现役士兵可报考士官学校；服役满12年，荣立二等功（战时三等），安排工作；政法干警，20%招录；基层公务员事业单位招录服役五年以上退役士兵；毕业生退役一年内视为应届毕业生；退役后从事个体经营，三年内免营业税、个人所得税；退役一年内免费参加职业教育和技能培训；服役视为基层经历；自主创业，可获小额低息担保贷款；"24365"校招退役大学生士兵专区；地方支持，"大学生村官"等。

学费补偿：义务兵家庭优待金、学费补偿代偿、一次性奖励和高原补贴、退役养老、医疗、职业年金和军官士官住房公积金等、自主就业一次性补助经费。一般地区义务兵总收入为15万元（大中城市入伍和高原服役更高）。

优抚优待：光荣之家，退役军人优待证，荣立二等功载入地方志，公共区域免门票，出行优先服务，免费乘坐公交、电车、轻轨等，银行卡免年费、管理费、跨行转账费等。

五、价值引领

青年立志从军，响应国家号召，以青春之血筑起保家卫国的钢铁国防，是青年人生价值的最佳体现，是实现自我价值最光荣的途径，是实现中华民族伟大复兴中国梦的有力保证。

参军一时，光荣一生。青年大学生入伍是实现大学生个人成长进步的需要。部队是所大学校，军营是个大熔炉。接受部队的教育和锻炼，普通的青年学生将成为国家的栋梁之材。通过学习军事著作、接受革命教育，理论水平和工作能力将有质的飞跃，在部队培养的顽强作风和坚韧不拔的毅力将使自己终身受益。

主题六 评奖评优那些事

班会模块	富强·民主
适用学期	第一学期
班会形式	课堂讲授/互动讨论/案例分析

一、班会背景

大学生评奖评优是高校工作中一项常规工作，但学生关注度极高。通过评奖评优，可以充分发挥先进学生的模范带头作用。公平公正的评奖评优能够最大限度地使学生的付出和收获建立对等关系，激发学生学习的热情，促进学生积极自觉地提升自身综合素质，起到良好的树立标杆的正能量作用；相反，如果评奖评优失去公平、公正、公开，学生对评奖评优乃至整个学生工作的开展失去信任甚至灰心，将在很大程度上影响大学生健康成长。客观公正是顺利开展评奖评优工作的关键因素，如何发挥班级民主，公平、公正、公开地评选推荐，是高校学生工作的一项重要内容。

二、学习目标

（1）评奖评优是为了表彰和鼓励优秀学生的一种物质上和精神上的奖励，其主要目的是激励学生向先进学习，向标杆看齐，具有正面、积极的作用。评奖评优可以促进学生积极自觉地提升自身综合素质；

（2）评奖评优过程是民主的过程，体现公平、公正和公开的过程。要充分发挥评奖评优在教育过程中的作用，帮助学生树立正确的的世界观、人生观和价值观。

三、前期准备

（1）课前通过QQ、微信公众号等网络平台发布有关评奖评优制度的文件，供学生学习了解；

（2）组织学生分好讨论小组，针对评奖评优的目的、意义及如何参评，准备讨论材料。

四、班会过程

【案例导入】

新学年开始，评奖评优工作开始了，辅导员把评奖评优工作安排给班委负责。结果几天后，班里的同学向辅导员反映，班里面的先进个人和三好学生都是几个班干部内定的，没有问过同学们的意见，没有做到民主推荐和公平、公正、公开。

班长得知自己被投诉后，主动找到辅导员，表示很委屈，并表达了自己的想法。班长想让班干部能轮流着获得一次当优秀班干部和三好学生的机会，自己主动放弃申请，把机会让给其他班干部，并且表示班干部工作辛苦，为班级做了很多牺牲和奉献，班干部比其他同学更加有资格获得这些荣誉。他的这些想法和决定都得到其他班干部的一致认可和支持。

小组针对案例进行讨论：班长的做法是否有错？

辅导员总结：案例中班长的出发点是好的，但是违背了民主推荐和公平、公正、公开的评优原则，是不可取的，我们应该正确了解评奖评优政策，用好心办好事，让更多同学通过自己的努力得到大家的认可。

（一）正确认识评奖评优

评奖评优是贯彻全国教育大会精神的重要途径，落实立德树人根本任务，通过挖掘、宣传和表彰大学生先进典型，激励广大学生奋发向上，引导广大青年学生自觉成长为中国特色社会主义事业合格建设者和可靠接班人，自觉践行社会主义核心价值观，争做德智体美劳全面发展的时代新人。

（二）评奖评优相关要求（摘自《贵州电子信息职业技术学院先进集体、先进个人、学院奖学金奖励评定细则》）

1. 三好学生评审要求

三好学生按班级总人数的5%申报。被推荐参加评选的学生需具备良好的思想政治素质，学习态度端正，在班级起到模范带头作用；总评成绩（含素质养成及选修课）必须在班级排名前5%以内，评选当学年内无重修、无补考、无不及格科目、无违纪记录。如因学生个人原因未进行选修课程学习的，不能参加评选。

2. 优秀学生干部评审要求

优秀学生干部，每班评选2名。班干部需任职满1年，具备良好的思想政治素质，工作能力强，学习态度端正，在班级起到模范带头作用。评选当学年内无重修、无补考、无不及格科目、无违纪记录。如因学生个人原因未进行选修课程学习的，不能参加评选。

3. 学院奖学金评审要求

学院奖学金包括：学业奖学金、德育奖学金、技能奖学金和国防奖学金。

（1）学业奖学金按专业评选，评选标准为学生学习成绩（不包括素质养成成绩）排名，名额按以下比例：一等奖学金为同年级同专业人数的1%，二等奖学金为同年级同专业人数的2%，三等奖学金为同年级同专业人数的3%（四舍五入），按排名认定奖学金等级。推荐参加评选的学生在评选当学年内无重修、无补考、无不及格科目、无违纪记录。如因学生个人原因未进行选修课程学习的，不能参加评选。

（2）德育奖学金按专业评选，评选标准为学生综合素质学分排名，名额同学业奖学金。

被推荐参加评选的学生在评选当学年内无重修、无补考、无不及格科目、无违纪记录。评选当学年每学期获得综合素质学分须达到 24 分以上。综合素质学分认定要求：在评选要求学年时间段内获得并录入综合素质学分平台。

（3）技能奖学金的评审要求参见《贵州电子信息职业技术学院先进集体、先进个人、学院奖学金奖励评定细则》，凡满足条件的学生均可报送参评（获得证书时间范围需在评选学年时间段内）。

（4）国防奖学金由学生工作处根据贵州省征兵办下发的最终入伍学生名单评定。

4. 先进班集体评审要求

先进班集体为评选当学年班级月考评总成绩在全校排名前 15% 的班级，由学生工作处根据各班级考评成绩直接评选。先进班集体需具备良好的班风班貌，浓郁的学习氛围，政治坚定、团结协作的班委核心，班级成员积极向上，精神面貌佳，班级教室、宿舍卫生状况良好，在学校组织的各项评比活动中参与度高，表现优异。

（三）评选流程

辅导员组织各班级、各专业组建民主评议小组，人数大于班级人数的 10%，其中班干部人数不得大于小组成员人数的 50%。开展民主评选后，将评选材料及评议会议记录表等相关材料交到系部汇总。各系进行初审初评并公示后，将评选相关材料报送至学生处审核，所有附件均需报纸质材料一份和电子版材料一份。学生处根据各系报送材料进行审核，评选结果在全院公示 5 个工作日无异议后，将公示结果报学院审批，并对获奖的集体和个人进行表彰奖励。

（四）其他要求

（1）新生班级预科生不能参评；

（2）学生姓名必须与学籍系统中的姓名一致；

（3）各系（院）要切实履行好初审职责，包括对学生参评资格的审核和对评选材料内容的审核。在填写汇总表时，要避免出现审批表与汇总表姓名不一致、学生姓名与学籍系统不一致、推荐学生受处分且未解除等现象。

（4）在评选过程中，提供监督举报平台，切实做到民主推荐，公平、公正、公开。

五、价值引领

大学生正处在世界观、人生观、价值观形成的关键时期，看待和分析问题还不够全面和客观，辅导员是广大青年的人生导师和知心朋友，应该在生活上关心同学，在学习上帮助同学，在思想上引领同学，切实加强与学生的交流谈心。发挥主题班会、团课等平台的作用，多途径、全方位引导同学们认识到公平、公正、公开评优的重要性。

同时，引导学生摆正个人与集体、自身与同学的关系，增强学生的集体荣誉感，鼓励同学们积极参与班级事务管理、活动组织，形成民主监督的良好风气，从而建设积极、健康、阳光、透明、团结向上的班集体。

评奖评优工作是一把"双刃剑"。用得好，可以促进学生学习的积极性和主动性，充分发挥其激励、教育作用；用得不好，则不利于人才培养，使学生的全面发展受到束缚，积极性、主动性受到打击，对学风建设起反作用。如何合理使用手里的剑，在更大范围内激励学生奋发向上，促进学校学风建设，则显得尤为迫切。

主题七 我制定，我执行

班会模块	富强·民主
适用学期	第一学期
班会形式	课堂讲授/互动讨论

一、班会背景

当代大学生均为"95后"，他们是伴随着我国快速发展而成长起来的，拥有优越物质条件的优先体验者。他们见多识广，思想早熟，张扬自我，具备了浓厚的时代特性和网络原著民特质。过于"个性"便会缺乏集体观念。高职院校招生渠道多元，学生在思想观念、待人接物及自身素养等方面存在差异。高职学生层次不齐，学习动力不足，学习积极性较差，班风、学风在整体上难以形成与维持，从而对班级的精神状态产生影响；部分学生自我控制力差，约束力不强，行为比较自由，他们或是出于掌握一定的基本技能的目的，或是为了获得文凭，这样的目的性必然会影响班级班风建设。

"离娄之明，公输子之巧，不以规矩，不能成方圆"，对于班级建设管理来说，规矩就是班规，是用来规范同学们行为的规则和条文，好的班规对班级的良性发展至关重要。为了打造团结奋进的班集体，培养学生的法制意识和民主意识，帮助同学们树立自主管理意识、主人翁意识，提升学生自我教育和管理的能力，班规的制定和遵守至关重要。

二、学习目标

（1）引导班级学生围绕班规制定和执行分层次、分步骤进行有效讨论，发挥学生主观能动性，调动学生积极性，激发学生的参与意识；

（2）增强同学之间、师生之间的互信和深厚友谊，规范师生的言谈举止，打造团结奋进的班集体，培养学生的法制意识和民主意识；

（3）引导学生从学习、生活、工作三个方面提出合理班规，建设完善班规，激发学生的主人翁意识，自觉遵守班规并相互监督执行，建立团结奋进的班集体。

三、前期准备

（1）调研学生及班级状况，从学生学习、生活、工作等方面发现班级问题所在，寻找制定班规的必要性和紧迫性；

（2）召开学生骨干会议（班干部和积极分子），讨论班规制定。结合班级实际情况制定班规，让学生在宽松和谐的环境中自我净化、自我提高；

(3) 划分班委工作范围，拟写班会方案；

(4) 在班级进行宣传，鼓励同学们积极参与，划分活动小组，准备班规相关材料。

四、班会过程

【案例导入】

1764年的一天深夜，一场突如其来的大火笼罩在哈佛大学，校园内火光冲天，著名的哈佛楼顷刻之间化为灰烬。哈佛楼是一个图书珍藏馆，这里的图书都是哈佛牧师去世后捐赠给学校的。为了纪念哈佛先生，学校成立了珍藏馆，可这场大火却让图书馆成了永恒的记忆。为此，全校师生都扼腕叹息。

在众多人中，一个叫约翰的学生更是陷入无尽的纠结之中，因为发生在火灾前的那个下午的事情，让他进退两难。那时17岁的约翰刚考入哈佛大学，平日最痴迷的事情就是读书，几乎所有的课外时间都扎在图书馆里。这在当时学习氛围尚不浓厚的美利坚，非常难能可贵。书中的知识浩如烟海，约翰可谓如鱼得水，但唯一让他感到遗憾的是，图书馆有个硬性规定：只能在馆内阅读，而不能携带出馆，否则将受到严厉的处罚。

当日下午5点，闭馆的时间到了，可约翰被《基督教针对魔鬼、世俗与肉欲的战争》这本书的悬念深深地吸引了，他很想马上就知道故事的结局。于是，他偷偷地将书放在衣服兜里带了出来，晚上在宿舍里尽情地阅读。可是，他完全没有料到，图书馆居然遭遇火灾，所有图书都被焚烧成灰，只剩下他手里的这一本。

"我到底是把书交出来，还是藏起来？"约翰不停地问自己。经过一番思想斗争，他还是敲开了校长霍里厄克的办公室，羞愧地说："校长先生，我私自带出了哈佛牧师的一本书，请收回吧。"霍里厄克听到约翰的话，惊讶地站了起来，颤抖着双手接过图书，语气缓慢地说："谢谢你为学校保留了这份宝贵的遗产，你出去听候安排吧！"

学校其他领导听说此事后，都感到庆幸不已，甚至有人提议表扬约翰的品德。可是，两天后，令人大跌眼镜的是，学校张贴了一份告示，上面写道：约翰同学因违反学校规定，被勒令退学。勒令退学？这个消息对约翰来说无异于五雷轰顶。很多师生对此也表示难以接受，一再劝说校长："这可是哈佛牧师捐赠的所有书籍中仅存的一本了啊，再给他一次机会吧！"

霍里厄克校长表情凝重，对提出异议的人说："首先我要感谢约翰，他很诚实地把图书返还给学校，我赞赏他的态度，但我又不得不遗憾地说，我要开除约翰，因为他违反了校规，我要对学校的制度负责。"话语掷地有声，室内鸦雀无声。就这样，霍里厄克校长做事的态度和风格，成为哈佛世代传颂的佳话，他的话也成为哈佛的办学理念：让校规看守哈佛的一切，比让道德看守哈佛更安全有效。

更让人想不到的是，约翰被哈佛开除以后，为校长的话所折服，幡然醒悟，第二年又考入哥伦比亚大学,专攻法理学,并且成绩斐然。毕业后,约翰当了律师。美国独立战争开始后,他加入托马斯·杰斐逊的团队,成为他的私人助理,为杰斐逊起草《独立宣传》出谋划策,俨然是一部法理活字典。

【问题碰撞】

对于这个案例,你有什么思考和理解?

不以规矩,难成方圆,规则高于一切。正是对规则的恪守和捍卫,成就了哈佛大学的发展与壮大。人们的道德底线不一,但相同的是,头顶上都悬着一把叫作规则的刀,它时刻提醒我们注意自己的言行。

(一) 班规的内涵

1. 如果没有班规

教师让学生分组讨论:如果在班级里做什么都不会受到惩罚,都不会被批评责怪,你觉得班级里可能会出现什么情况?你自己可能会有哪些不好的行为?

讨论时间以3分钟为宜,讨论结束后请三至四位小组代表发言。根据学生的发言,继续让学生思考:从刚才的讨论中,你得到了什么启发?为了避免这种情况,我们应该怎么办呢?

讨论思路:建设完善班规有利于激发学生的主人翁意识,有利于建立团结奋进的班集体,形成良好的班风,为班级每位学生的发展构建良好的环境。

2. 班规的内涵

班规即班级规章制度,是用来规范同学们行为的规则和条文,主要涉及学习、纪律、出勤、卫生等方面,是学生自我管理的重要制度。根据班规所涉及的内容,把班规分为学习、生活、工作三个板块。

(二) 班规的作用

国有国法,校有校纪,班有班规。班规是班级共同遵守的规则,它对班级成员的行为进行规范和引导,让班级生活健康有序,使同学们在班里能愉快、安全地学习和活动。班规的作用有以下几点:

团结班级成员;

帮助班级获得荣誉;

形成班级良好学风;

维护班级秩序;

保障班级成员的利益;

推动班级发展;

促进班级成员全面发展。

(三) 班规的制定

(1) 制定班规前,教师先让学生思考:①如何制定班规;②制定班规的方式。

组织学生讨论：老师自己制定班规和学生制定班规的区别，以及两种班规的优势和劣势。

（2）班规制定原则：

①合法性原则：用班规管理班级是法治精神在班级管理中的体现，因此，班规的制定必须以法律法规为依据。

②教育性原则：管理只是手段，教育才是目的。班规的内容要尽可能全面；惩戒要适度，力求人性化；要有褒扬激励条款，发挥班干部的管理监督职能；要发挥班主任和任课教师的示范引领作用。

③民主性原则：我们的班规我们定，班规由老师和同学一起讨论后，民主表决确定。

小提示：班规的制定需要我们有比较全面和周详的考虑，它需要我们考虑学校生活的方方面面。

（3）班规制定的注意事项：

①班规的内容要尽量全面和详细，对班级同学的行为进行相对具体的规范。

②可以根据我们的班级目标提出相应的规则和要求。

③可以针对班级中存在的问题，提出班规的内容。

④班规中也可以提出对老师的要求，老师也是班级成员，也要遵守班规。

⑤要有纠正违反班规行为的办法。

⑥要有班规修订办法。

（4）制定班规的流程：

①提出班级目标，根据目标，分别提出学习、生活、工作三方面具体的要求和规范；

②讨论班级中存在的问题，并提出解决办法，在班规中添加条款进行规范，完善班规。

③对违反班规行为的惩罚机制进行讨论，确定合理的惩戒办法。

④全班投票表决，通过班规。

在班级活动中，辅导员始终把握着尺度。辅导员与全班同学共同讨论修改后的班规，最后一致通过并实施。

（四）班规的执行

1. 班规试用期

为避免所制定的班规可行性较差，可设定班规试用时间，为期 1 个月。如果此期间班级中没有不良表现或某种现象频繁发生，则此班规正式通过审核，即为本学年最终班规。班规制定后，应严格执行，用奖惩措施保证其实施。

2. 班规重执行

我们是班规的制定者，也应该是班规的守护者，大家一起制定的班规，是对班集体所有成员的要求，每个人都应该自觉遵守。班级是我们每一个人的班级，违反班规不仅是对自己的不负责，也是对班级的不负责，损害了班级成员的利益。

（1）契约精神：所谓"契约精神"是一种自由、平等、守信的精神。它要求契约缔结的双方平等地享有权利、平等地履行义务，无人有超出契约的特权，违背契约者要受到制裁。班规就是我们缔结的契约，每个人都要严格遵守。

（2）社会主义核心价值观：富强、民主、文明、和谐；自由、平等、公正、法治；爱国、敬业、诚信、友善。诚信即诚实守信，是人类社会千百年传承下来的道德传统，也是社会主义道德建设的重要内容，它强调诚实劳动、信守承诺、诚恳待人。

3. 修订班规

国家的法律制定以后，也需要与时俱进地进行修改，使它更加完善。班规也是一样，如果存在不合理的地方，我们也可以进行修改，但是修改也需要依照严格的程序进行。在班规修改之前，我们应该按照班规执行，毕竟班规是全班同学共同制定的，每个人都应该遵守，如果存在问题，要在制定之前提出来。在班规修改之前触犯班规，仍需要按班规进行惩罚。修订班规的情况：①当班级某些情况已经发生了变化，不再适用以前的班规条文时；②当发现班规中确实有不合理之处时；③当发现班规某些规定难以执行、实用性和可操作性不强时；④当发现班规内容有漏洞或不完善、需要补充时。

五、价值引领

通过班规制定可以有效提高学生的民主法治意识，提升学生的主人翁意识，加强班级凝聚力，增强学生的责任感和班集体荣誉感。

大学崇尚的是自由、开放，班规的制定不是对自由的扼杀，而是使班级的工作能够有序地进行，从而在班级中营造出一个良好的生活与学习的氛围。班规不是专制的工具，不是针对某些人而制定的。班级的管理，其主权在于学生而非班规。班规的制定是为了让班级变得公平，让同学们树立规则意识，养成尊重规则、遵守规则的习惯。

主题八 自我教育，自我管理，自我服务，自我监督

班会模块	富强、民主
适用学期	第一学期
班会形式	课堂讲授

一、班会背景

为全面贯彻落实全国高校思想政治会议精神，坚持立德树人，凸显思想政治教育的主体性和时代性，把"自我教育、自我管理、自我服务、自我监督"融入学生教育、管理和服务全过程，不断提高学生思想水平、政治觉悟、道德品质、文化素养，让学生成为德才兼备、全面发展的人才。

二、学习目标

（1）帮助同学们充分认识"四自"教育在提升综合素质中的重要意义；

（2）让学生了解"四自"的内容，合理运用到学习、生活当中；

（3）通过"四自"教育让学生做到生活自理、学习自主、行为自律、人格自尊，成为一名"有理想、有道德、有文化、有纪律"的时代新人。

三、前期准备

（1）收集"四自"教育相关指导文件：《普通高等学校学生管理规定》等；

（2）课前进行分组，组织学生学习"四自"教育相关知识，做好课堂发言准备。

四、班会过程

"四自"教育的核心内容是：自我教育、自我管理、自我服务、自我监督。这是在《普通高等学校学生管理规定》中提出来的中心思想，即要求高校鼓励和支持学生实行自我教育、自我管理、自我服务、自我监督，强化学生自我管理机制和行为规范；规定学校应建立健全学生代表大会制度，为学生开展活动提供必要条件。学生应自觉地开展自我教育、自我管理、自我服务、自我监督相关活动，学会认知、学会生存、学会做事、学会发展，成为生活自理、学习自主、行为自律、人格自尊的新时代青年。

（一）自我教育

1. **自我教育的含义**

自我教育是指学生经过适当指导，充分发挥自身积极性和提高思想品德的自主性、自觉性，能把社会、学校、家庭所期待的发展方向变为自己努力的目标。

2. **自我教育沿革**

中国自古以来重视自我修养，孔夫子强调立志，要求人们"择善而固执之"，意思是说：选择美好、正确的目标或者事情，执着地去追求，坚持不懈。这是修养的最高境界，也是自我教育的最高境界。所以，教育的制高点就是自我教育。人只有认识自己，才能战胜自己，而人们很难进行客观的自我认知，认识自己通常都依据他人的反馈而实现，就像人们通过照"镜子"来观察自己，发现自己的不足，从而进行自我引导、自我教育。

3. **自我教育的形式**

自主搭建自我教育平台，积极组织和参与校园或班级活动；积极加入学习型社团并参与建设；积极开展社会实践活动。

（二）自我管理

1. **自我管理的含义**

大学生个体或群体自觉地依据国家法律制度、社会道德规范、学校规章制度，运用自身的时间、资源、价值观等，实现自我认知、自我计划、自我激励、自我约束、自我控制，以促进自我发展的一系列管理活动。

2. **自我管理的方法**

当代大学生在进行自我管理的过程中，不仅对学习进行管理，还要对生活进行管理，要充分运用自身的时间、体力、资源、价值观等，来促进自我发展。因此，同学们可以从以下几个方面进行自我管理：心态管理、目标管理、时间管理、活动管理、健康管理和财务管理。

（1）心态管理。

这是学生进行自我管理的关键步骤，也是中心环节。有了一颗充满正能量的"心"，才能时时刻刻充满活力。

为了帮助大家更好地进行心态管理，在此列举了一些需要规避的不良心态：

傲慢自大，不可一世；鲁莽草率，任意行事；

自私自利，牺牲别人；懒惰怠慢，不思进取；

轻率寡信，过度承诺；急功近利，回避过失；

孤芳自赏，远离团队；缺少宽容，苛求他人。

有关心态管理的建议：

看到自己的优点；自我反省、总结；主动迎接挑战；设立目标，随时提示；客观面对现实、越挫越勇、阅读励志书籍；找人分担、与乐观者交往；从事有益的娱乐活动；多听音乐等。

（2）目标管理。

在目标管理过程中，大家需要对自己的学习、生活进行规划，根据自己的时间和能力去拟定目标，并且通过努力达到目标。在此过程中，根据自身情况可以微调目标。因此，拟定的目标一定要"接地气"，在自己力所能及的范围内。在拟定目标过程中，需要注意目标的可行性，并且尽量列举可视化的目标；在时间上要有期限，太长或太短都不适宜，并具有一定挑战性。

（3）时间管理。

这是目标管理在时间维度上的延展。要学会充分、合理地分配时间，有效地利用时间。

（4）活动管理。

大学生充分利用课余时间参与校内外的各项活动，是使自己快速成长的一种方式。通过实践完善自身，并在此过程中积累经验，为进入社会打好基础。

（5）健康管理。

这是对个人的健康因素进行全面管理的过程。健康管理旨在有效利用有限资源达到最大健康效果，分为心理健康管理和生理健康管理。同学们可以充分利用学校心理测评等方式来检测心理健康，通过体检来检测生理健康。一副良好的体格也是对一名优秀大学生的基本要求之一。

（6）财务管理。

作为一名大学生，财务管理也是非常重要的。如何防范自己落入"校园贷"陷阱？如何正确安排自己的生活费？在理财的过程中，同学们要学会先节流，减少不必要的花销，好钢用在刀刃上；再学会开源，积极参与勤工俭学、社会实践、企业实习等，以增加收入。

（三）自我服务

指大学生个体或群体在服务自身、服务他人的过程中增强自己的服务意识，提高综合素质，培养解决问题的能力，提升自己的思想境界，使自己不断走向成熟，从而适应社会发展。

1. 自我服务的内容

信息的获取：根据自身情况进行多样化、个性化的设计安排。科学合理地规划自己的学习和生活，就需要及时获取充足的信息。只有对个人、学校、专业等各方面信息有了解，才能更好地安排学业和生活。

各种事务的完成和解决：包括思想政治、学习、日常生活、社团活动、就业等方面，这是核心，是自我服务最基本层面。

更高层次的服务：自我提升是完成各项常规性活动后，追求自身能力提高和素质拓展方面的服务。这是学生今后独立面对社会的必然要求，所以需要获取这个层面的服务（锻炼、塑造各方面能力等）。

2. **自我服务的形式**

学生在学习和工作的过程中，经常会遇到许多问题，比如：对关系到自身发展的信息不关注，关注不及时，信息不通畅，导致错过许多自我发展的机会，留下遗憾。所以，需要为学生提供获取信息的多种渠道，便于学生了解更多信息。

同学们可以建立班级信息公示栏、班级 QQ 群、班委信息通知等平台，或开辟其他途径，以获取信息，创新信息来源；与此同时，提供班级活动、社团活动、党团活动等多平台服务，拓宽自我服务空间，打造 8 小时以外自我服务。最后，通过素质导师的指导、监督，建设一支能团结同学的班级干部队伍，举办周末讲坛、学习经验交流会、就业信息交流等，使学生掌握自我服务的方法与途径。通过活动的组织与策划，也能够提高学生能力、拓展学生素质。这种服务就是一种更高层次的服务（通过时机指导、经验交流、活动组织提升学生素质）。

所以，自我服务的意义主要在于，学生通过充分的自我服务，会更加独立、自主地规划自身的学习和生活，解决学习、生活中遇到的各种困难。

（四）自我监督

1. **自我监督的含义**

学生经过适当指导，能够充分发挥自身的积极性，提高塑造良好思想品德的自主性和自觉性，把社会、学校、家庭所期待的发展方向变为自己努力的目标。

2. **自我监督的途径**

学生参与到评奖评优、评助学金等活动的监督中，使各类奖助学金的评定、评优评先更加公平、公正、公开，充分发挥各类奖助学金和评优评先的导向性和激励功能；学生自主强化在全校公共区域、教室、食堂的文明礼仪、行为举止的引导和监督。对于公共区域、教室，实行各学院、各班级包片包干制度，加强文明、卫生方面的督查；遵守公民道德规范，遵守学校规章制度，树立风险防范和自我保护意识。

讨论：学完"四自"管理后，大家对于今后的学习、生活规划有什么设想？

五、价值引领

学生的"四自"教育是高校学生教育管理的一项重要内容。只有加强学生的自我教育、自我管理、自我服务、自我监督，才能造就一批"有理想，有道德，有文化，有纪律"的中国特色社会主义事业的建设者和接班人。我们作为新时代的青年，更是要立足于当下，充分利用"四自"教育的实施内容，从我做起，做到自我教育、自我管理、自我服务和自我监督，努力学习科学文化知识和技能，加强综合素质培养为今后的人生发展打好基础。

主题九 我的班委我组建

班会模块	富强·民主
适用学期	第一学期
班会形式	课堂讲授/分组讨论/民主选举

一、班会背景

班委对于一个班级有着举足轻重的作用，一个好的班委团队能够成为辅导员的得力助手，有助于高校各项工作的开展；一个好的班委团队能快速地凝聚班级力量，形成一股推动班级建设的动力；一个好的班委团队能够抵制不良风气，带动班级整体形成良好的班风学风；更重要的是，一个好的班委团队能够为这个班级的全体同学今后的发展奠定良好的基础。由此可见，班委的组建是辅导员工作的重心，在班级建设中发挥着举足轻重的作用。

二、学习目标

（1）通过班委的组建，帮助学生了解班干部的职责和班级建设的重要性；

（2）强化学生的班集体意识，全员参与，严格按照班会确定的班干部选举过程进行民主选举，组建让学生满意的班委队伍；

（3）通过组建班委达到对班委的高度认同，形成强大的班级凝聚力和良好班风。

三、前期准备

（一）班委竞选动员

提前发布竞选班委组成，班委主要由班长、考勤班长、团支书、组织委员、宣传委员、生活委员、学习委员、体育委员、劳动委员、治保委员、心理委员、文艺委员等组成。积极宣传班委的重要性和作用，鼓励学生积极参加竞选。班级同学可以根据自己的意愿、特长和实际能力，毛遂自荐。

（二）竞选规则

公平、公正、公开。参与竞选班委岗位的同学根据自己竞选的职务，在班会上发表竞选演讲，阐述为什么想当班委、自己的优势有哪些、竞选班委成功以后如何做。参与竞选的同学发言后，全班同学进行不记名投票，票多者当选。

（三）道具准备

准备投票箱或者投票纸、候选人选票，明确计票方法。

（四）提前确定唱票人、检票人

参与竞选的同学演讲结束后，由检票人给除竞选人以外的同学分发投票单；班上同学选择后将投票单放入投票箱；由唱票人进行唱票，检票人以画正字的形式来统计每个候选人的票数，根据票数确定班委名单。

四、班会过程

【课程导入】

大学里要不要竞选班委？我觉得参与竞选的同学可以给自己几秒钟，静下心来问自己："我为什么要竞选班委？"

不同的同学有不同的想法。你是否愿意参与进来？如果愿意，就来试试吧！

（一）班干部的收获

1. 增强组织能力

班干部在班集体活动中发挥了重要的作用。通过组织活动、引导同学，可以提升自己的组织能力和领导能力。经过四年的工作，在毕业之后进入社会时就会发现，自己已经积攒了许多经验。

2. 提升交往能力

班委作为辅导员和学生之间沟通的"桥梁"，不仅需要上传下达，而且需要把握和平衡两者之间的关系，这就形成了一门沟通的艺术。

3. 增强自信

做班干部对自信心的激发也有着强大的作用，尤其是在同学中强大的威信，让他们对自己的学业付出更多的精力。这让他们在学生群体中站稳脚跟，而且形成强大的自信心，让他们在未来的人生中具有更强大的竞争力。

4. 提升语言表达能力

班委还要与其他班委共同处理事务，在彼此的交流中，会互相学习、取长补短，使自己的语言表达能力不断得到提升。

（二）竞选岗位、职责和条件

班委成员的工作需透明公开，自觉接受全体同学的监督，敢于认真地开展批评与自我批评，勇于改正错误。班委首先要做到在其位、谋其职，积极参加学校、班级的活动，关心帮助同学；其次要严以律己，以身作则，自觉遵守班级纪律，不旷课，不早退；最后要率先垂范，积极配合院系、班级开展各项工作。团支书要积极执行团的决议，按期收取、缴纳团费，自觉遵守团的纪律。

1. 班长

职责：班长是全班同学的领头羊，肩负着带动全班同学发展进步的重要责任，必须在各方面严格要求自己，起到表率作用。班长要负责班级全面工作（无准假权限）。

（1）衔接辅导员与班级、各任课教师与班级的工作，做好上传下达；

（2）组织协调各班委的工作，监控各班委的工作进程；

（3）每两周组织班委成员召开一次班委会议；

（4）及时全面地传达学院各项政策，反馈班级同学的意见及建议；

（5）强化班级纪律，保证教学秩序，树立良好班风，维护集体荣誉；

（6）支持、督促和检查班干部的工作情况并起模范带头作用。

2. 考勤班长

职责：记录班上同学出勤情况。

（1）负责班级课堂考勤，及时掌握迟到、早退、缺席者的名单，每次点到结束后，及时将班级出勤情况反馈给班主任，并联系未出勤的同学，了解情况；

（2）在各种活动中负责记录参与学生的考勤；按照学院要求每周将班级出勤情况上报学生处；

（3）以身作则，在严格要求自身考勤的前提下，带动班级同学养成守时习惯。

3. 团支书

职责：团支书必须是共青团员或中共党员（预备党员），是团支部思想政治工作的第一负责人，按照学院关于团支部建设的要求认真部署，及时了解同学的思想动态，把握方向。

（1）负责同学的实事政治学习，使同学端正政治方向，树立正确的世界观、人生观和价值观；

（2）积极配合学院、系部的党员发展、培养工作，使同学在思想上积极向党组织靠拢，完成入党学习；

（3）做好党费、团费的收缴和上交工作，以及班级同学的信息统计工作；

（4）做好入团、入党工作流程的学习与传达工作。

4. 组织委员

职责：组织和配合团支书各项工作的开展。

（1）协助班长、团支书分发、收取、整理各种证件及资料，保存好学院下发的管理规定和文件；

（2）做好班级团员证注册、团员档案整理、团费收缴工作；

（3）协助班委、团支书进行马克思列宁主义学习，开展思想工作；

（4）负责班级班会情况的记录，并接受系团总支、院团总支、院团委的检查；

（5）组织班内社会实践活动；

（6）组织团内党内思想学习，开展推优工作，发展入党积极分子。

5. 宣传委员

职责：做好班集体的各项宣传工作。

（1）搞好班级的各项宣传活动，注意班级好人好事等动态，组织同学向校刊、校报、广播站、网站等投稿；

（2）协助其他班委在活动的组织过程中做好宣传工作，根据需要向学院推广班级好人好事、班级活动等，扩大班级知名度；

（3）做好宣传资料的收集、整理、上报及归档工作；

（4）积极协助其他班委工作的开展。

6. 生活委员

职责：开展班级同学生活方面的工作，管理班费。

（1）收取班费，存入银行，并妥善管理，等到需要时再取出；

（2）管理班费开支，班集体活动的开支可从班费中支出，做好每一笔班费的开支明细记录；

（3）每月向班级同学通报一次班费使用情况，每学期末要将本学期班费收支情况整理出来，并在班会上予以通报；

（4）配合班长做好本班的贫困生工作，包括建立档案、办理助学贷款、安排勤工岗位、做好各种奖助学金的发放工作；

（5）负责购买班级活动的必备物品，协助其他班委开展工作。

7. 学习委员

职责：做好班级学习方面的工作。

（1）做好各科任教师与班级同学之间的衔接工作；

（2）传达学院、系部、班级下发的各种考试、考证信息，整理和上交报考资料；

（3）查看班级课表，及时通知班级学生，避免出现教学事故；

（4）催促、收取作业，及时提交；

（5）对学院阶段性的教师测评，做好通知督促工作，确保人人参与测评，班级测评率达到100%；

（6）关注课堂纪律，对于在课堂上违规违纪的同学，要及时沟通提醒，严重的上报班主任；

（7）带领学习小组长，积极开展班级学习工作、学习竞赛，营造良好的学风。

8. 体育委员

职责：组织学生参加各类体育活动。

（1）配合体育老师开展体育教学活动，组织同学认真、按时、高质量地完成体育教学任务；

（2）积极组织同学开展各项体育活动，强健体魄；

（3）组织同学参加学校、班级举行的各项体育活动，负责运动会的报名和参赛工作；

（4）管理好班级体育器材。

9. 劳动委员

职责：做好班级劳作教育和清洁卫生方面的工作。

（1）检查宿舍卫生，召集宿舍长会议，提醒各宿舍保持卫生整洁；

（2）提醒同学上完课将自己的垃圾扔到垃圾桶，保持教室卫生；

（3）记录脏、乱、差的宿舍或个人，上报给班主任并进行通报；

（4）组织班级同学参加学院、系部安排的各项劳动相关的活动。

10. 治保委员（男女各一人）

职责：管理班级学生在寝室的生活。

（1）查寝（每天晚10点，核查班级宿舍人数，如有不在宿舍的同学，及时短信通知辅导员，并与学生取得联系）；

（2）做好本班学生宿舍的治安防范工作，严格按照"防火、防盗、防骗、防事故"的方针，积极配合宿管员维护好宿舍区的治安防范工作；

（3）随时参与学校整体治安防范工作；

（4）每周日、重大节假日返校当晚，及时清点宿舍人员，及时汇报辅导员，并与未按时返校的同学进行联系，了解情况并上报；

（5）关注学生晚归、夜不归宿的情况，发现问题及时访谈，并上报辅导员；

（6）配合生活委员、劳动委员督促学生搞好宿舍清洁卫生。

11. 心理委员

职责：对集体负责，关系集体，关心学生。

（1）定期参加学校组织的心理辅导培训，学习心理辅导知识；

（2）听取班上同学的心理倾诉，了解同学的心理状况，普及心理健康和心理卫生知识；

（3）每学期组织一次心理主题班会，引导同学们培养阳光积极的心态。

12. 文艺委员

职责：组织班上的同学参加各种文艺活动。

（1）密切关注班上同学在文艺活动方面的动向，积极组织开展班级文艺活动；

（2）以各种形式培养同学的文艺兴趣，丰富同学课外生活，提高艺术素养；

（3）宣传院系、班级文艺类活动，组织好报名工作；

（4）制订每学期班上的文艺活动计划，配合其他班委开展一系列活动。

（三）竞选过程

1. 竞选演讲

参与竞选班委岗位的同学，须在5分钟的时间内进行自我阐述，内容包括：自己为什么想当班委；对于竞选的岗位，自己有哪些优势；竞选班委成功后，如何带领所在的班级，等等。

2. 民主投票

竞选演讲结束后，全班同学进行不记名投票，唱票人收集选票。

3. 投票统计

唱票人当场进行统计，采用"正"字法，把各得票显示在黑板上。

4. 宣布结果

唱票人根据投票的实际情况，宣布班委名单。

（四）辅导员班级寄语

九月，是校园里最热闹的季节，因为你们的加入，带来了青春、灿烂、活力。九月，是校园最热情的季节，你们怀着希望与热情离开了父母，但是不会孤单，因为我们新班级的每一个成员都会成为你们的良师益友，开启对你们三年的陪伴。

大学之路不长，但成长之路很长，愿你们的大学生活充满快乐！好好把握青春，好好把握梦想，好好把握机遇，好好把握前程，我陪同学们一起成长。

五、价值引领

辅导员总结："这次主题班会的目的是选举班委，参加竞选的同学有勇气站在这个舞台上接受挑战，并有为大家服务的决心和胸怀，这本身就值得我们学习，我们应该把最热烈的掌声送给他们。虽然有的同学没有被选上，但是不要灰心，初入学校，你有为大家服务的决心，这本身就表明你很优秀。今后和班委一起共同努力，管理好我们的班集体。班委是大家自主选择的，今后同学们更要积极配合班干部的工作，并在班级工作中给予他们更多的帮助和支持。

组建一支班委队伍，无论是对班级建设，还是对辅导员工作的顺利开展都有重要的作用。通过民主讨论，学生自主选择一名自己信任的班委，班委领导班级的同学自主制定班规，进一步增强学生的责任意识，培养学生自觉自律的态度，让他们知道，作为一名高校大学生如何去管理自己。

班级是我们的家，看到同学们为了班级的建设如此的尽心尽力，老师感到由衷的高兴。不管今后我们的班级遇到什么困难，我相信，在我们大家的共同努力下，一定能够克服它们，让我们一起加油、努力！从今天开始，进入一个播种的季节，愿未来的三年里我们都有所收获。"

主题十　身边的榜样——脱贫攻坚中的故事

班会模块	富强·民主
适用学期	第二学期
班会形式	课堂讲授/互动讨论

一、班会背景

2020年是极不平凡的一年，我国如期完成了新时代脱贫攻坚目标任务，在现行标准下，农村贫困人口全部脱贫，贫困县全部摘帽，消除了绝对贫困和区域性整体贫困，近1亿贫困人口实现脱贫，取得了令全世界刮目相看的重大胜利。这是第一个百年奋斗目标要实现的关键节点，也是向第二个百年奋斗目标进军的坐标节点。面对突如其来的新冠肺炎疫情，各地区各部门坚决贯彻落实党中央、国务院决策部署，以非常之举应对非常之事，以更大的决心、更强的力度推进脱贫攻坚，克服新冠肺炎疫情影响，坚决夺取脱贫攻坚全面胜利，完成了对中华民族、对人类具有重大意义的伟业。通过脱贫攻坚中的故事，教育引导学生向先进典型学习，学习他们面对人生选择时表现出来的有追求、讲情怀、不怕苦的精神，弘扬中华民族扶贫济困的传统美德和友善互助的良好品德。

二、学习目标

（1）通过学习党的政策方针，了解脱贫攻坚的伟大成就及其重大意义；

（2）帮助同学们认识到关心、帮助别人的重要性，引导同学们关注贫困地区，关爱贫困群众，关心贫困学生；

（3）通过扶贫故事，教育引导学生向先进人物学习，学习他们面对人生选择时有追求、讲情怀、不怕苦的精神，学习他们驻村帮扶中作风扎实、苦干实干、爱民为民的精神，学习他们关键时刻顶得上、冲在前、不怕牺牲的精神，学习他们对党对家乡对社会心存感恩、甘于奉献、公而忘私的精神。

三、前期准备

（1）学生在课前进行分组，通过网上查阅、翻看书籍等途径了解扶贫政策相关知识，以便在课堂上讨论；

（2）引导学生挖掘身边的扶贫小故事。

四、班会过程

（一）播放脱贫攻坚纪录片

总结：2020年是极不平凡的一年，我们如期完成了新时代脱贫攻坚目标任务，现行标准下农村贫困人口全部脱贫，贫困县全部摘帽，消除了绝对贫困和区域性整体贫困，近1亿贫困人口实现脱贫，取得了令全世界刮目相看的重大胜利。

（二）展示身边的扶贫故事

1. 脱贫攻坚的伟大成就及其重大意义

（1）脱贫攻坚领域取得的重大成就，彰显了中国共产党领导和我国社会主义制度的独特优势。

一方面，党对脱贫攻坚全面领导的优势得到彰显。在党中央坚强有力的领导下，各地建立起脱贫攻坚党政一把手负责制，形成了省市县乡村五级书记一起抓的工作格局。另一方面，我国集中力量办大事的显著优势得到彰显。这一优势，为脱贫攻坚提供了坚实的人力资源保障。全国累计选派290多万名第一书记或驻村干部扎根一线，形成了大扶贫格局。

（2）脱贫攻坚的战场培养出了一批优秀干部。在危急关头，总有许多"最美逆行者"的身影无畏前行。突发的新冠肺炎疫情，让脱贫攻坚工作更加艰苦卓绝。在脱贫攻坚一线，党员、干部们明知条件艰苦，依然义无反顾；明知困难重重，依然奋勇直前。

（3）消除贫困是全人类共同的使命。中国的减贫经验和模式，开辟了发展中国家走向现代化的新途径，为世界各国提供了样本和参考。中国在脱贫攻坚领域展现出的责任与担当，赢得了世界的称赞。

2. 脱贫攻坚伟大成就背后的精神力量

（1）脱贫攻坚中的中国精神是百折不挠的愚公精神。

要想走出大山，就要自己想办法。重庆市巫山县竹贤乡四面环山，修路难如登天。为了摆脱贫困，下庄村党支部书记毛相林立下誓言："山凿一尺宽一尺，路修一丈长一丈。这辈人修不出路来，下辈人接着修，抠也要抠出一条路来。"

（2）脱贫攻坚中的中国精神是大公无私的奉献精神。

在脱贫攻坚的战场上，我们广大的党员干部吃苦耐劳、不怕牺牲，充分彰显了共产党人的使命担当。许多年轻的党员干部将自己的芳华青春奉献给了脱贫攻坚事业，用实际行动书写青春篇章。

（3）脱贫攻坚中的中国精神是紧跟时代的创新精神。

湖南省湘西土家族苗族自治州花垣县十八洞村在精准扶贫方略指引下，因地制宜发展特色养殖、特色旅游产业，开辟了一条独具特色的致富之路。

(4) 脱贫攻坚中的中国精神是求真务实的实干精神。

习近平总书记在深度贫困地区脱贫攻坚座谈会上的讲话中强调:"脱贫攻坚工作要实打实干,一切工作都要落实到为贫困群众解决实际问题上。"

(5) 脱贫攻坚中的中国精神是锲而不舍、驰而不息的钉钉子精神。

干事业好比钉钉子,要一锤一锤接着敲,才能把钉子钉实钉牢。改变贫困地区的落后面貌,必须坚持一个节点一个节点坚守、一个问题一个问题解决、一项工作一项工作推进。

(6) 脱贫攻坚中的中国精神是自力更生、敢闯敢干的奋斗精神。

扶贫开发最重要的是激发内生动力。幸福是奋斗出来的。对贫困地区来说,外力帮扶非常重要,但如果自身不努力、不作为,即使外力帮扶再大也是徒劳无功,必须用好外力、激发内力、形成合力。

3. 身边的榜样——脱贫攻坚中的故事

(1) 播放全国脱贫攻坚总结表彰大会片段。

习近平总书记在全国脱贫攻坚总结表彰大会上指出:"时代造就英雄,伟大来自平凡。在脱贫攻坚工作中,数百万扶贫干部倾力奉献、苦干实干,同贫困群众想在一起、过在一起、干在一起,将最美的年华无私奉献给了脱贫事业,涌现出许多感人肺腑的先进事迹。……在脱贫攻坚斗争中,1 800多名同志将生命定格在了脱贫攻坚征程上,生动诠释了共产党人的初心使命。"

(2) 感人事迹:为脱贫攻坚战役贡献青春力量——黄文秀。

(3) 感人事迹:一位副教授的"脱贫课"——高酿镇邦寨村"第一书记"王粟。

4. 学习先进典型,开启共同富裕新征程

引导学生讨论:先进人物具备什么优秀品质?从先进人物身上学习到什么精神?

(1) 坚定理想信念,牢记初心使命。

(2) 勇于担当,甘于奉献。

(三) 引导同学们分享身边的扶贫优秀事迹以及小故事

(四) 课外延伸

(1) 节目《扶贫路上》,讲述驻村第一书记黄文秀的感人故事。

(2) 贵州电子信息职业技术学院作品《脱贫前线》。该作品是全国唯一入围展映的专题纪录片作品,由学院艺术设计系龙光维老师指导,林炜昌、马蕴章两位老师策划,艺术设计系18级学生徐荣真导演,艺术设计系17级学生陈张云摄影完成。全片以客观的叙述视角、朴实的叙事手法,真实地记录了贵州电子信息职业技术学院驻邦寨村扶贫第一书记王粟同志的工作日常,还原了精准扶贫一线工作中的真实情况与人物内心思想,最终在颁奖晚会中脱颖而出,成功斩获"最具公益爱心影响力奖"和"最具社会影响力提名奖"两项主竞赛单元奖。

五、价值引领

习近平总书记指出:"消除贫困、改善民生、实现共同富裕,是社会主义的本质要求。"做好扶贫开发工作,支持困难群众脱贫致富,帮助他们排忧解难,使发展成果更多更公平惠及人民,是我们党坚持全心全意为人民服务根本宗旨的重要体现,也是党和政府的重大职责。正是有这样的理想抱负和职责担当,有这样一群人,黄文秀、吴应谱、樊贞子……他们用脚步丈量大地,用汗水温润热土,用生命为群众蹚出摆脱贫困之路。他们没有豪言壮语,只有默默奉献;他们从不畏惧困难,只因有坚定的信念。他们离开繁华都市扎根农村,在脱贫攻坚这条路上义无反顾、奉献青春。

作为新时代大学生,我们要向先进榜样学习,学习他们面对人生选择时有追求、讲情怀、不怕苦的精神,学习他们在驻村帮扶中作风扎实、苦干实干、爱民为民的精神,学习他们关键时刻顶得上、冲在前、不怕牺牲的奉献精神,学习他们对党对家乡对社会心存感恩、甘于奉献、公而忘私的精神。

第二部分
文明·和谐

　　文明是社会进步的重要标志,也是社会主义现代化国家的重要特征。它是社会主义现代化国家文化建设的应有状态,是对面向现代化、面向世界、面向未来的,民族的、科学的、大众的、社会主义文化的概括,是实现中华民族伟大复兴的重要支撑。和谐是中国传统文化的基本理念,集中体现了学有所教、劳有所得、病有所医、老有所养、住有所居的生动局面。它是社会主义现代化国家在社会建设领域的价值诉求,是经济社会和谐稳定、持续健康发展的重要保证。

　　本部分结合当前社会热点和广大青年学生关心的问题,选择了十个主题,把学生个人的文明行为同和谐社会统一起来,号召同学们学会勤俭,学会做人,学会自省,学会自律,拒绝投机取巧,远离自作聪明,做文明人,行文明事,共建和谐社会。

主题一　争做文明学生，共建和谐校园

班会模块	文明·和谐
适用学期	第一至第六学期
班会形式	课堂讲授/互动/自测自评

一、班会背景

"人无德不立"，育人的根本在于立德。习近平总书记在全国教育大会上指出培养什么人是教育的首要问题，并强调："要在加强品德修养上下功夫，教育引导学生培育和践行社会主义核心价值观，踏踏实实修好品德，成为有大爱大德大情怀的人。"当前，高校学生中不文明现象屡有发生，互相抄袭作业，简单 Baidu 或 Google 一个结果交给老师；考试作弊，手段繁多；情侣在教室内过分亲密，旁若无人；迟到、早退、逃课现象严重；在食堂浪费粮食，等等。这些不文明行为严重影响着文明校园建设，与当代文明和谐社会形成鲜明对比，与社会主义核心价值观严重不符。因此，开展"争做文明学生、共建和谐校园"教育活动，十分必要。

二、学习目标

（1）帮助同学们养成文明习惯，说文明话、做文明事；
（2）规范学生行为习惯，使学生形成自觉遵守和维护各项规章制度的意识，提高学生的思想道德素质和文明礼仪素养，共筑和谐校园。

三、前期准备

（1）提前让学生收集涉及校园文明行为的案例和图片，可以去网上查找，也可以收集身边发生的故事；
（2）在班级进行宣传，鼓舞同学们的积极性，让学生提前了解做文明学生相关内容，划分活动小组，准备材料和主题节目。

四、班会过程

（一）什么是和谐校园

1. 和谐校园的含义
和谐校园是一种以和衷共济、内和外顺、协调发展为核心的素质教育模式，是以校园为纽带的各种教育要素的全面、自由、协调、整体优化的育人氛围，和谐校园是一种办学理念、一种管理模式、一种人文环境。

2. 和谐校园的特征

和谐校园是一个符合人性与教育规律的生态系统，这一系统应当具有科学、民主、人文、开放四大特征。

——科学是和谐校园之基石。所谓"科学"，是指遵循学生身心发展的规律实施教育教学，使校园生活有张有弛、丰富多彩、生动活泼。

——民主是和谐校园之根本。所谓"民主"，是指在校园内，人与人之间的关系应当是平等的、互相尊重的，尤其是良好的师生关系，可以使学生的人格得到健康发展。

——人文是和谐校园之灵魂。教育的真谛是人文关怀、心灵沟通、生命互动、精神感召。所谓"人文"指的是学校文化的核心价值取向。

——开放是和谐校园之源泉。现代教育关注社会生活的变革，反映现代科技的发展，打破单一的课程观、僵化的教材观、机械的学习观，实现课内与课外、校内与校外、学校与家庭及社区的有机结合与多维互动。在这一过程中，师生的创造愿望得到尊重，创造活力得到激发，创造活动得到支持，创造才能得到发挥，创造成果得到肯定。

3. 建设和谐校园的意义

（1）建设和谐校园是建设和谐社会的需要。实现社会和谐、建设美好的社会，始终是人类孜孜以求的社会理想。学校是整个社会体系的重要组成部分，对培养整个国家和民族的人才具有重要的作用。学校应当在构建和谐社会进程中起骨干和带头作用，走在前面。

（2）建设和谐校园是落实以人为本的科学发展观的需要。以人为本，就是要关心人、尊重人、促进人的全面健康发展。要努力营造使师生、员工身心愉悦的物质和精神环境。建设和谐校园正是对以人为本的科学发展观的落实。

（3）建设和谐校园是培养高素质人才的需要。和谐能够凝聚人心，和谐可以团结力量，和谐可以促进事业发展。只有拥有和谐的环境氛围，学校的组织效能才能得到充分发挥，教师教书育人的积极性和学生学习的主动性才能得到提高，才能培养出合格的高素质人才。

（二）为什么要讲文明

1. 什么是文明

文明是营造和谐生活环境、建立良好人际关系的有效途径。文明是生活中的点点滴滴，是礼貌和尊重，是讲卫生、守纪律，是日常生活中良好的行为习惯。

文明是路上相遇时的微笑，是同学有困难时的热忱帮助，是平时与人相处时的热情，是见到师长时的问好，是不小心撞到别人时的一声"对不起"，是自觉将垃圾放入垃圾箱的举动，是看到有人随地吐痰时的主动制止……文明是一种品质，文明是一种涵养，文明是一种受人尊敬并被大家普遍推崇的行为。

2. 大学生为什么要讲文明

如果你失去了今天，你不算失败，因为明天会再来。

如果你失去了金钱，你不算失败，因为人生的价值不在钱袋。

如果你失去了文明，你将彻底失败，因为你已经失去了做人的真谛。

文明涵盖了人与人、人与社会、人与自然之间的关系。它的主要作用，一是追求个人道德完善，二是维护公众利益、公共秩序。

3. 文明的学生

文明的学生，一定是讲礼貌的人。他会说"谢谢"，会说"对不起"，而远离那些污言秽语；他懂得，要想别人尊重自己，自己首先要尊重别人，因为尊重他人与尊重自己同样重要。

文明的学生，一定是有着良好卫生习惯、爱护公共财物的人。他爱学校的一草一木，不会乱涂乱画；他会自觉维护校园环境，不会乱丢废纸废物、随地吐痰，因为他懂得，环境是大家的环境，把美好留给他人和自己。

文明的学生，一定是有社会责任感的人。他会同情、帮助弱者，在别人遇到困难时，他会伸出援助之手，因为他明白，给别人一份感动，自己收获的是一份心情。

文明的学生，一定是有爱心的人。他会尊敬师长、关爱同学，关心身边的人和事，不会与同学争吵；他懂得感恩，感恩父母长辈的养育，感恩老师的教导……

文明的学生，一定是有公德心的人。他不会在图书馆大声喧哗，也不会在公共场合吸烟。因为他明白，好的环境舒适了他人，也舒适了自己。

【课堂测试】

"文明人"自测：你是一个文明的人吗？

（1）升国旗时，你能肃立、行注目礼吗？　　A. 能　B. 有时能　C. 不能

（2）你平时说脏话吗？　　A. 不说　B. 很少说　C. 常说

（3）路上见到老师，你会主动问好吗？　　A. 会　B. 有时会　C. 不会

（4）你有过破坏公物、在桌上或墙壁上乱涂乱画的行为吗？　　A. 没有　B. 有过　C. 经常

（5）你能和同学友好相处、互相帮助吗？　　A. 是的　B. 很少　C. 不能

（6）你会在校园里乱扔垃圾吗？　　A. 不会　B. 偶尔　C. 经常

（7）看见校园里有垃圾，你会捡起来并扔进垃圾桶吗？　　A. 会　B. 有时会　C. 不会

（8）你能独立完成作业、不抄袭别人作业吗？　　A. 能　B. 有时能　C. 不能

（9）你能够做到上课不迟到、认真听讲、不讲话、不做小动作吗？　　A. 能　B. 有时能　C. 不能

（10）你在参加各种讲座、报告、典礼时，能准时到场并安静听讲吗？　　A. 能　B. 有时能　C. 不能

得分说明：选择"A"得3分，选择"B"得2分，选择"C"得1分。

分数为23～30分：你是个讲文明、懂礼貌的人。言谈举止文明，与老师、父母、同学相处融洽，人际关系好，是个受欢迎的人！

分数为16～22分：一般情况下，你是个文明的人，但有时可能没有认真对待一些事情，特别是一些小事，人际关系一般，是个比较受欢迎的人！

分数为10～15分：许多情况下，你是个不文明的人，人际关系一定很差，是个不受欢迎的人。

（三）如何做文明学生，建和谐校园

1. 举止文明

（1）遵守社会公德，维护公共秩序，不起哄，不无理取闹，不在公众场合大声喧哗。

（2）爱护公共财物和校园环境，不攀折花木，不践踏草坪，不乱扔果皮纸屑、烟头等垃圾，坚决杜绝"厕所文化""课桌文化""墙壁文化"，不张贴非法小广告。

（3）讲究卫生，养成良好的卫生习惯，不随地吐痰，不吸烟，不酗酒，不乱扔废弃物。

（4）注意文明礼貌用语，不说粗话脏话，不恶语伤人。

（5）树立正确的审美观念，着装整洁，仪表端庄，不穿拖鞋、背心进入教室等公共场所，在公共场所要保持安静、维护公共秩序和卫生。

（6）与异性交往时言行适度、举止得体，在公共场所无男女勾肩搭背现象。

2. 教室文明

（1）遵守纪律，不迟到，不早退，不旷课，不在课堂上睡觉。

（2）不在教室内吃零食，不将早餐、零食等带入教室，自觉保持教室整洁，营造良好的教学环境。

（3）教室内不玩手机、不打游戏、不听歌，不影响他人学习。

（4）积极配合老师，促进师生互动、教学相长，提高教学质量。

3. 宿舍文明

（1）遵守作息时间，按时就寝、起床。

（2）遵守公寓管理规定，尊重公寓管理人员的劳动。

（3）讲究宿舍格调，不乱涂乱刻乱画，不贴不健康字画。

（4）保持宿舍整洁，物品摆放有序，被子叠放整齐。

（5）保持宿舍安静，不大声喧哗。

（6）不在宿舍赌博、酗酒、抽烟、打麻将等。

（7）不使用大功率电器，不乱接寝室线路，不擅自在校外留宿，不留宿他人。

（8）无打架斗殴现象。

4. 就餐文明

（1）节约粮食，不铺张浪费，不随意丢弃饭菜，不乱扔垃圾，坚持"光盘"行动，饭后自觉将餐具放到指定回收处。

（2）维护就餐秩序，自觉排队，不拥挤，不插队，不吵闹，不代他人占座。

5. 网络文明

（1）不沉溺于网络游戏。

（2）不浏览不健康的东西。

（3）不复制传播反动及不健康的影像制品、刊物及计算机软件。

（4）不在网上散布、捏造和歪曲事实，不发表不良言论、传播负能量、散布谣言，不扰乱社会秩序和校园秩序、侮辱他人或捏造事实、诽谤他人。

6. 恋爱文明

（1）树立正确的恋爱观，保持健康的恋爱关系。

（2）正确处理好恋爱与学习、工作与生活之间的关系。

（3）在教室、寝室、食堂及学校的其他公共场合，与恋人之间的行为得体、高雅。

（四）争做文明学生倡议

《倡议书》

亲爱的老师们、同学们：

菁菁校园，学子圣地，碧树芳草，一花一木，靠我们全院师生共同呵护，才有其春意常在；灯火辉煌，莘莘学子，苦读不辍，优良学风，靠我们全院师生孜孜追求，才有其硕果累累；师生和睦，自尊自爱，孝敬父母，民族美德，靠我们全院师生言行相随，才使其蔚然成风。

校园是我们共同的家，和谐文明的校园要靠我们大家共同创造。为了加强校园精神文明建设，使学生树立爱校意识，遵纪守法，明礼诚信，养成健康文明的生活方式，我们将深入开展精神文明建设活动，摈弃不文明的行为和习惯，建设整洁、舒适、美好的校园环境。我们向全校同学发出如下倡议：

1. 在教室专心学习，杜绝大声喧哗、打游戏、吃东西等不文明现象；

2. 讲究诚信，以正确的心态对待考试，将考试舞弊行为驱逐出校园；

3. 注意公共卫生，不随地吐痰、乱扔垃圾、践踏草坪，不吸烟，不酗酒，不打架；

4. 科学上网，杜绝痴迷网络，合理利用时间，争做网络道德模范、文明使者、安全卫士；

5. 尊敬师长，团结同学，互相帮助，这些是我们应当具备的优良品德；

6. 按时上课，不迟到早退，不旷课，保证上课纪律是一名学生的基本素质；

7. 以校为家，爱护公共设施，不损坏公物，拒绝课桌文化；

8. 男女同学之间，自尊自爱，举止文明，言行得当，不在公共场合出现亲昵行为；

9. 排队就餐，提高效率，主动收拾餐具，创造良好的就餐环境；

10. 遵守公共规则，维护正常的校园秩序。

五、价值引领

和谐是事物的最佳状态,是一切美好事物的共同特点。一个国家有了和谐,人民才能安居乐业;一个家庭有了和谐,孩子才会幸福快乐;一个学校有了和谐,学生才会健康成长。有一句古话:"勿以善小而不为,勿以恶小而为之。"试想一下,当你走进我们这个洋溢着书香的校园时,不是被校园中迷人的风景所吸引,而是面对随处可见的垃圾、到处被践踏的草地和被攀折的树枝、穿着拖鞋满校园跑的同学、不排队打饭就餐的学生,你的心情会舒畅吗?做文明学生,我们的最终目的是构建和谐校园,构建让大家身心愉悦的文明校园。

主题二　厉行节约，反对浪费，从我做起

班会模块	文明·和谐
适用学期	第二、四、六学期
班会形式	课堂讲授/互动讨论

一、班会背景

艰苦奋斗、勤俭节约是中华民族的传统美德。修身、齐家、治国都离不开勤俭节约，诸葛亮把"静以修身，俭以养德"作为"修身"之道；朱子将"一粥一饭，当思来之不易；半丝半缕，恒念物力维艰"当作"齐家"的训言；毛泽东以"厉行节约，勤俭建国"作为"治国"的方针。虽然我国国力增强，人民生活改善，但当前社会上，盲目攀比、畸形消费、斗富摆阔、一掷千金的奢靡消费时有发生；过度包装、极度美化的蓄意浪费，"长明灯""长流水"的随意浪费等现象不胜枚举。

水、电、粮食与每个人的生活息息相关。针对学生在"三节"意识上缺乏的问题，需要切实加强引导和教育。要深入学习习近平总书记对制止餐饮浪费行为做出的重要指示精神，倡导"厉行节约、反对浪费、从我做起"，把生态文明建设和节能环保理念纳入高校教育教学体系，大力推进节约型校园建设，引导学生树立"节约光荣、浪费可耻"的意识，培养学生勤俭节约的美德。

二、学习目标

（1）加强学生节水、节电、节粮意识，认识厉行节约的重要性，培养学生从小事做起、从自身做起，逐步养成节约的习惯；

（2）引导学生持续开展"光盘行动"，将节粮行动落到实处，自觉营造"浪费可耻、节约光荣"的氛围；

（3）倡导学生发扬艰苦奋斗的中华优秀传统，形成崇尚节约、反对浪费的校园新风尚。

三、前期准备

（1）通过网络收集和学习有关节水、节电、节粮的文件，例如：《国家节水行动方案》；

（2）准备与厉行节约有关的视频，如《反对舌尖上的浪费》《一个滴水的水龙头，每天会浪费多少水》；

（3）准备名人节俭的典型故事，如周恩来总理勤俭节约的故事。将学生进行分组，各

小组对案例故事进行学习分享。

四、班会过程

(一) 厉行节约的内容

1. 节约用水

节约用水又称节水，是指通过行政、技术、经济等管理手段加强用水管理，调整用水结构，改进用水方式，科学、合理、有计划、有重点地用水，提高水的利用率，避免水资源浪费。

【扩展阅读】

每年的 3 月 22 日为"世界水日"，旨在唤起公众的节水意识，加强水资源保护。为满足人们日常生活、商业和农业对水资源的需求，联合国长期以来致力于解决因水资源需求上升而引起的全球性水危机。

2. 节约用电

节约用电是指在满足生产、生活所必需的用电条件下，减少电能的消耗，提高用户的电能利用率和减少供电网络的电能损耗。

节约电能，不仅能节约发电所需的一次能源，而且能促进科学与技术的进步。在不断采用新技术、新材料、新工艺、新设备的情况下，必然会促进工农业生产水平的提高，减少不必要的电能损失，为企业减少电费支出，降低成本，提高经济效益，从而使有限的电力创造更大的社会经济效益。

【扩展阅读】

地球一小时（Earth Hour）是世界自然基金会（WWF）为应对全球气候变化所提出的一项全球性节能活动，提倡于每年 3 月最后一个星期六的当地时间 20：30，家庭及商业用户关上不必要的电灯及耗电产品一小时，以此来表明他们对应对气候变化行动的支持。

3. 节约粮食

节约粮食是我们每个公民应尽的义务，而不是随着物质条件的富足，就觉得浪费得起、可以浪费。浪费是一种可耻的行为。2020 年 8 月 11 日，习近平总书记对制止餐饮浪费行为做出重要指示。他指出："餐饮浪费现象，触目惊心、令人痛心！'谁知盘中餐，粒粒皆辛苦。'尽管我国粮食生产连年丰收，对粮食安全还是始终要有危机意识，今年全球新冠肺炎疫情所带来的影响更是对粮食安全敲响了警钟。"

【扩展阅读】

世界粮食日（World Food Day，缩写为 WFD）定在每年的 10 月 16 日，是世界各国政府围绕发展粮食和农业生产举行纪念活动的日子。1979 年 11 月举行的第 20 届联合国粮食及农业组织（简称"联合国粮农组织"）大会决定，将每年的 10 月 16 日定为世界粮食日，旨在促使人们重视粮食生产。

（二）我国水、电、粮食资源现状

1. 水资源现状

我国目前水资源出现严重的危机，主要表现在两个方面：一是供水不足，淡水资源短缺；二是居民节水意识不强。

淡水资源就是我们通常所说的水资源，指陆地上的淡水资源。我国淡水资源总量为2.8万亿立方米，居世界第六位，但人均水量只相当于世界人均占有量的1/4。2019年4月，由国家发改委、水利部印发并实施的《国家节水行动方案》指出，水是事关国计民生的基础性自然资源和战略性经济资源，是生态环境的控制性要素。我国人多水少，水资源时空分布不均，供需矛盾突出，全社会节水意识不强、用水粗放、浪费严重，水资源利用效率与国际先进水平存在较大差距，水资源短缺已经成为生态文明建设和经济社会可持续发展的瓶颈。

2. 电资源现状

电力来自一次能源。一次能源按照可否再生分为两大类，一是非再生能源，指不能重复产生的天然能源，它随人类的利用而越来越少，如化石能源；二是可再生能源，指能够重复产生的天然能源，它不会随本身的转化或人类的利用而日益减少，如太阳能、水能、风能、地热能、海洋能、生物质能、潮汐能等。

3. 浪费粮食现状

【视频导入】

观看视频：《反对舌尖上的浪费》（摘自浙江新闻）

全球每年约1/3的粮食被损耗和浪费，总量约13亿吨。世界76.33亿人口中，至少还有8.2亿人面临饥饿，相当于世界上每9人中就有1人挨饿。目前，我国食物浪费现象仍然存在。2018年，中科院地理科学与资源研究所和世界自然基金会联合发布的一项报告披露，我国每年餐饮食物浪费量为1 700万吨至1 800万吨，相当于3 000万到5 000万人一年的口粮。调查显示，大型餐馆、游客群体、中小学生群体、公务聚餐等仍是餐饮食物浪费的"重灾区"。中国餐饮业人均食物浪费量为每人每餐93克，浪费率为11.7%，大型聚会浪费率达38%，学生盒饭有1/3被扔掉。这几年，随着大众消费势头越来越强劲，餐饮浪费呈现出一些新特点，比如节日、生日、婚丧嫁娶等明目下的聚会宴席，食物浪费量巨大。（数据来源：央视网消息）

【反思总结】

通过这些数据分析目前我国水、电、粮食等资源的现状和浪费情况，让学生反思和讨论：在学校、在家是否有浪费的情况？

（三）厉行节约，反对浪费，从我做起

1. 树立节约意识

水、电、粮食资源并不是取之不尽、用之不竭的，节约资源，我们要从身边的每一件事

做起，从生活中的点点滴滴做起。比如一滴水，微不足道，但是"滴水"在1个小时里可以浪费3.6千克水，1个月里可浪费2.6吨水。这些水足够供给一个人的生活所需。可见，一点一滴的浪费都是不允许的。"一粥一饭，当思来之不易；半丝半缕，恒念物力维艰。"厉行节约要从源头抓起，牢固树立勤俭节约的思想观念，增强节俭意识，常怀危机意识。（数据来源：百度百科）

2. 节约用水

（1）上厕所省水法：使用省水型马桶，或装置节制水流量的设备。如厕后，按半抽模式冲洗马桶，以节约用水。

（2）关紧水龙头：随手关紧水龙头，并且在每次出门前和临睡前仔细检查水龙头是否关好，有无漏水。

（3）以盆代替水流：许多人在洗脸时会将水龙头大开，水花四溅。这时，只需用脸盆先盛出需要的水量，或是控制水龙头开关至小水量即可。

（4）控制出水量：可以在厨房或浴室的水龙头上加装省水垫片或压力补偿装置。这些小小的装置可以在水流中混入一点空气，从而让出水量变小。

（5）洗涤水再利用：用淘米水洗碗筷，可降低洗洁精的污染，同时减少用水量；收集洗衣机排出的水来冲马桶；把洗蔬菜的用水留着用来浇花、洗车或冲厕所等。

（6）缩短冲凉时间：尽量缩短每天洗澡的时间，据说减少冲凉时间1分钟，就能节省9千克的水。在抹肥皂、洗头发时，应先把水龙头关掉。淋浴时，将冷水转热以前的水用水桶装起来，以便冲洗厕所。

（7）节水洗碗法：先用一张卫生纸把餐具上的油污擦去，然后再用一小滴洗洁精加一点热水洗一遍，最后再用适量的水冲洗干净即可。另外，多数人喜欢开着水龙头洗碗，可改用水盆装水清洗。

3. 节约用电

（1）出门随手关灯，做到"人走灯灭"。

（2）夏天空调温度设置不低于26摄氏度，冬天不高于22摄氏度，既省电又舒适。

（3）使用节能灯，可以节省70%~80%的电。原来使用60瓦白炽灯的地方，只需要10瓦左右的节能灯就足够了。

（4）控制开冰箱的次数。不要在短时间内频繁开关冰箱，也不要长时间打开冰箱。每次关冰箱一定要检查冰箱门是否关牢，避免白白损耗电。

（5）电视和电脑的音量也影响电的使用量，不妨把声音调轻一点，不仅保护了耳朵，还节约了电。

（6）使用太阳能热水器可以大大减少电的使用，充分利用了自然光。

（7）对不用的电器，把插头拔掉，电源关掉，这样可节电10%左右。一个插座上不要插很多插头。

4. 节约粮食

（1）珍惜粮食，适量定餐，避免剩餐，减少浪费。不攀比，以节约为荣、浪费为耻。

（2）吃饭时吃多少盛多少，不剩饭剩菜。看到浪费现象时，勇敢地制止，尽量减少浪费。

（3）做节约宣传员，向家人、亲戚、朋友宣传浪费的可怕，积极监督身边的亲人和朋友，及时制止浪费粮食的现象。

（4）不偏食，不挑食，到饭店吃饭时，点饭点菜不浪费。若有剩余的，要尽量带回家。

（5）每位学生都应做"光盘行动"的实践者，自觉营造节约粮食的社会氛围，创建文明校园。

【课堂讨论】

周恩来总理勤俭节约的故事，妇孺皆知，成为美谈。他一贯倡导勤俭建国、艰苦奋斗，要求"一切招待必须是国货，必须节约朴素，切忌铺张华丽、有失革命精神和艰苦奋斗的作风"。周恩来总理的饮食清淡，每餐一荤一素，吃剩的饭菜要留到下餐再吃，从不浪费一粒米、一片菜叶。国务院经常召开国务会议，会议过午还不能结束，食堂便做出工作餐。总理规定：工作餐标准是"四菜一汤"，饭后每人交钱交饭菜票，谁也不准例外。总理吃完饭，总会夹起一片菜叶把碗底一抹，把饭汤吃干净，最后才把菜叶吃掉。吃饭时，偶尔掉在桌上一颗饭粒，马上拾起来吃掉。有人对他如此节俭感到不解，总理说："这比人民群众吃得好多了！"三年困难时期，总理和全国人民同甘共苦，带头不吃猪肉、鸡蛋，不吃稻米饭。一次，炊事员对他说："您这么大年纪了，工作起来没黑天白日的，又吃不多，不要吃粗粮了！"总理说："不，一定要吃，吃着它，就不会忘记过去，就不会忘记人民哪！"（摘自中华网）

问题：学生分组讨论：从周总理身上学到了什么？

【倡议书】

让同学们参与到"一份倡议书"的宣传活动中，营造"厉行节约 反对浪费"的良好氛围，创建文明健康校园。

倡议书

尊敬的老师、亲爱的同学们：

勤俭节约是中华民族的传统美德。勤俭节约不仅是社会自身发展的需要，更是每个公民应尽的责任。然而，在我们的学校中，水、电、粮食、纸张等浪费现象时有发生，追求名牌、追求享受、过度消费等现象屡见不鲜。面对严峻的社会形势，广大师生应正确认识国情，增强节约资源的自觉性、主动性，大力营造"节约光荣、浪费可耻"的校园风尚。为此，结合我校实际情况，向全校师生发出如下倡议：

（1）转变思想，树立正确的价值观。崇尚节俭，合理消费，增强节约意识，身体力行，杜绝浪费行为。

（2）大力宣传。积极宣传节约典型事迹，弘扬节约风气。教职员工立足本职，从我做起，将勤俭节约的美德自觉落实到日常工作中去；广大学生互相提醒，互相监督，人人争做节俭风尚的传播者、实践者、示范者，努力营造厉行节约的校园氛围。

（3）落实行动，从自身做起，从身边事做起，从小事做起，自觉争当节约模范。

（4）杜绝长明灯、白昼灯。办公室、实验室、图书馆、教室、宿舍等，要做到晴天不开灯，人少时少开灯，人走灯灭；楼梯、走廊、厅堂、会议室、卫生间等公共场所，由专人负责开灯、关灯。

（5）杜绝在学生宿舍、办公室等处私自使用电炉、电暖气、电饭锅、热得快等大功率电器。

（6）珍惜水资源，自觉养成节水习惯。洗刷不用"长流水"，提倡使用容器洗手洗脸，洗涮拖把等不过量用水。

（7）自觉做到爱水、惜水、节水，严格做到人走水断流，提倡废水利用，爱护节水设施，用水后要拧紧水龙头，发现水龙头滴水要主动拧紧。

（8）按需用量打开水。开水原则上只用于饮用；剩下的开水次日可倒入相应的容器内，以便二次利用。

（9）加强用水设备的日常维护管理，严禁跑、冒、滴、漏，防止"长流水"现象的发生。

（10）自觉践行"光盘行动"，不剩饭，不剩菜。

五、价值引领

地球上的水是不断循环和变化的，但它并不是取之不尽、用之不竭的，而是最为宝贵和不可替代的自然资源。每个人都应怀有一份爱与感谢之心，要怀有对水的敬畏之心，从点滴做起，节水、爱水、珍惜水资源，保护水资源，保护我们生活的美好世界。生活无处不需要电，作为祖国未来的建设者，我们应当从现在起树立节约能源、保护环境的观念，养成节约用电的好习惯。民以食为天，手中有粮才能心中不慌。新冠疫情让我们了解到近年来的粮食供求关系，平时节约一粒米，在面对不可抗力时才能发挥粮食的重要作用。因此，厉行节约、反对浪费，对于国家粮食安全和人民生活具有重大战略意义。

主题三　珍爱生命，远离烟草

班会模块	文明·和谐
适用学期	第一至第六学期
班会形式	课堂讲授/互动讨论

一、班会背景

烟草的危害是当今世界上最严重的公共卫生问题之一，是人类健康所面临的危险因素。烟草是人类第二大死因，仅次于高血压。烟草的使用是占死亡率63%的心脏病、中风、癌症和肺气肿等非传染性疾病的最大诱发因素；目前在世界范围内，烟草导致的死亡率占成人死亡率的十分之一（每年造成约500万人死亡），吸烟者的平均寿命比不吸烟者缩短至少10年。近年来，我国大学生吸烟人数呈持续上升的趋势，我国25岁以下的青年烟民人数将激增到2亿，其中至少有5 000万人最终将死于与吸烟有关的疾病。

在我国，大学生吸烟情况非常普遍。由于大学阶段有些同学生活比较空闲，交往范围大，社会自由度高，导致大学生吸烟率增长。青年正是身体发育的时期，而吸烟对身体不利，烟草中的各种毒物对人体健康危害极大。吸烟者或在吸烟环境中生活的青年患气喘病、肺炎、支气管炎、中耳炎的比例较高。吸烟还会使学生记忆力减退，精神不振，学习成绩下降。显而易见，吸烟已经对人们的健康构成重大威胁。

二、学习目标

（1）让学生了解世界无烟日的由来，了解吸烟对自己、对他人、对环境的危害，从而对吸烟的危害有一个全面的认识；

（2）通过班会让目前有吸烟行为的学生引起重视，反思自己的行为，及时戒烟。让不吸烟的学生能自觉地宣传吸烟的危害，帮助身边的人戒烟；

（3）使学生能够积极地关爱自己和他人的身体健康，增强社会责任感。

三、前期准备

（1）收集烟草相关的知识和现实生活中"吸烟有害健康"的例子、图片、视频等；

（2）让学生提前准备好有关禁止吸烟的倡议书和宣传口号；

（3）提前完成学生分组，3~4人为一组。

四、班会过程

【视频导入】

请观看一段视频《一个镜头告诉你吸烟的危害》，并说出你的感想。（视频来自腾讯平台，通过视频导入直接引出主题"珍爱生命，远离烟草"。）

（一）香烟的"前世今生"

1. 烟草的起源与传播

早在公元前几世纪、甚至十几世纪的时候，印第安人就已经开始吸食烟草，当时的印第安人常会随身携带三件物品：水囊、弓箭和烟枪，他们将吸烟作为一种神圣的活动，常常与祭祀活动一起进行。

1492年10月12日，哥伦布率船队探险，航行到美洲圣萨尔瓦多岛。他和水手们看到当地印第安人吸烟，感到十分惊奇。随着通往美洲航道的开通，1496年，烟叶和烟草种子被带进了西班牙和葡萄牙，其后传播到欧洲和世界各地。大约在16世纪中期和后期，烟草开始传入中国。据历史学家吴晗考证，烟草传入中国的路线主要有两条，一是明朝万历年间（1573—1620），经由吕宋（今菲律宾）传至中国福建、广东、广西和台湾；二是约17世纪，经由日本、朝鲜传至中国东北各省。

关于吸烟的数据：中国是全球最大的烟草生产和消费国，63%的成年男性和4%的成年女性吸烟，总数超3.5亿人，并因此制造了5.4亿被动吸烟者，其中15岁以下儿童有1.8亿。据世卫组织统计，目前全球每年约有500万人因吸烟而死亡，烟草已成为继高血压之后的第二号"杀手"。在全球13亿烟民中，有6.5亿人会因为吸烟而过早死亡。

中国每天有2 000人因吸烟而死亡，如果目前的状况持续下去，到2050年，每天将有8 000人死于吸烟，每年将达300万。据WHO（世界卫生组织）统计，每年死于与吸烟有关疾病的人数高达400万，平均每秒钟就有一个人死于与吸烟有关疾病。

2. 世界无烟日

在1987年11月，世界卫生组织在日本东京举行的第6届吸烟与健康国际会议上建议，把每年的4月7日定为世界无烟日并从1988年开始执行。但从1989年开始，世界无烟日改为每年的5月31日，因为第二天是国际儿童节，希望下一代免受烟草危害。

（二）吸烟的危害

1. 香烟的组成

（1）尼古丁。

这是导致上瘾的成分；

每支烟含1~1.5毫克尼古丁，其中24%由吸烟者直接吸收，如同时间吸入60~70毫克，会引起死亡；

血压上升，心跳加速。

（2）焦油。

这是香烟中有机物质有氧燃烧的产物，也是香烟致癌的主要杀手；

包括一些烃类及烃的氧化物、硫化物和氮化物等混合物，还包括一些重金属，如铬、镉、砷等，这些物质是医学上证实了的Ⅰ类致癌物。

（3）一氧化碳。

一氧化碳减慢血液循环，令脂肪积聚、血管阻塞，增加患冠心病的概率；

长期吸入一氧化碳，会令血液中的氧含量下降，使人容易气速，降低运动能力，加速衰老。大量吸入可导致心脏、脑部等器官出现缺氧情况。

（4）一氧化氮。

一氧化氮是一种无色、无味的有毒气体，它对我们的消化道有很严重的损伤，会破坏消化道的功能。副作用就是，使血管出现扩张，这是非常危险的。

（5）氢氰酸、丙烯醛。

这些有毒物质吸食过量后，会引起头痛、头晕、胸闷、呼吸加深加快、血压升高、心悸、脉率加快，皮肤及黏膜呈鲜红色。

2. 吸烟对人体的危害

（1）神经性病变（失明），弱视、白内障、眼球震颤、眼部黄斑病变、黑色毛状舌、尼古丁口腔炎。

（2）引发鼻咽癌，增加患心脏病、心绞痛和中风的概率，导致肺炎、肺结核、肺癌。

（3）急性坏死溃疡性牙龈炎（牙周病）、牙齿损伤、口腔癌、喉癌、食道癌。

（4）可引致胃溃疡（白色部分为溃疡），甚至胃癌。引起骨质疏松症：骨质变得脆弱，大大增加骨折的可能性。增加患糖尿病的概率（糖尿病足）。

（5）影响胎儿发育，甚至引起流产。

（6）吸烟与不孕症。吸烟女性卵子的受精率大大减弱。吸烟女性与不吸烟女性相比，患不孕症的概率要高出2.7倍。

（7）抑郁，提早进入更年期（平均提早1.74年）。少量的尼古丁能促进大脑兴奋，但这兴奋是短暂的，兴奋过后是更疲劳。大量的尼古丁会直接损害脑细胞，使大脑机能衰退、注意力分散，出现失眠、头痛等症状。

（8）吸烟加速衰老。吸烟者有三个特征：眼角、下颚、颊部皱纹深而长，皮肤松懈；颜面呈灰色、橘红色或紫红色；面容憔悴。吸烟者容颜早衰老5~8年。

（9）吸烟对青少年危害尤甚。青少年正处于生长发育阶段，各个器官尚未发育成熟，对有害物质抵抗力不强，对致癌物质有易感性。吸烟后易出现咳嗽、吐痰、肺部感染，严重的出现气管痉挛、呼吸急促、头痛、头晕、浑身没劲，使思维变迟钝、记忆力减退、学习能力下降。

3. 二手烟的危害

（1）二手烟的定义。

二手烟是指当吸烟者吸烟时燃烧烟草所产生的烟雾。当空气受到烟草烟雾污染时，特别是处于密闭环境中，所有身处其中的人都会吸入这种烟雾，不管是吸烟者还是非吸烟者都会身受其害。

（2）二手烟的危害。

二手烟对身体的实时影响包括眼睛受到刺激、头痛、咳嗽、喉部疼痛、晕眩和恶心。即使一个人暴露在二手烟的环境中短短30分钟，也可以测量出其心脏的血液流量有所降低。至于长期影响，则是患上与吸烟有关疾病的概率，比吸烟者还要高。

（三）戒烟的方法。

1. 戒烟需要决心和毅力

很多人戒烟只是嘴上说说而已，也可能只是一时冲动才有的想法，这些戒烟者往往会半途而废。戒烟需要上升到意志层面，把它当成自己的目标，成为一种意志行为。而想在戒烟时更加有毅力，还应该找到戒烟的意义，比如说，为了自己的身体健康，为了家人的健康等。

2. 循序渐进地戒烟

下定决心戒烟以后，需要有最优的戒烟方案。很多人都有戒断反应，所以戒烟的过程要循序渐进，不可一蹴而就。每天可以减少抽烟的次数，一天比一天少，这样，既不会让人承受太大的压力，还能够缓解戒断反应带来的不适。

3. 抛开所有和烟有关的物品

把家里备用的香烟扔掉，也不要放烟灰缸和打火机。把这些和香烟有关的物品都抛在视野之外，避免看到它们时引起抽烟的欲望。

4. 转移自己的注意力

很多戒烟者刚开始戒烟的时候特别想抽烟，所以戒烟的过程会让他们觉得很痛苦，这个时候可以适当地转移注意力。比如说，心情烦躁郁闷时多参加一些户外运动，通过运动让身体放松。在户外还能够认识更多新朋友，多和朋友交谈，就不会把过多的注意力放在抽烟上面；当然，也可以买一些口香糖，想吸烟的时候嚼两颗，这样嘴巴就不会觉得寂寞了。

【观点碰撞】

假设你的家人或朋友决心戒烟，你有什么办法能帮他（她）戒烟？

学生分组讨论后，教师向学生介绍世界卫生组织提出的戒烟十大建议。

（四）发起倡议，喊出口号

1. 我们的戒烟榜样

成龙：世界级"禁烟"巨星。别看成龙大哥是世界级"禁烟"巨星，曾经的成龙可是一个老烟枪，戒烟后的成龙表示，吸烟害处非常多。他发现吸烟的人不仅牙齿发黑，而且手都会颤抖。自从戒烟之后，他不仅精神好、皮肤好，而且连打拳也感觉不累了。成龙更因为其健康形象而在2001年当选为"国际拒烟大使"。

成龙以过来的人身份语重心长地说："拒绝香烟的诀窍就是'根本不要开始'，一旦开始，会不知不觉地上瘾；一旦开始，就会纠缠一辈子。青少年们千万不要因为好奇、好玩，不小心上了瘾脱不了身。"

2. 关于禁止吸烟的一封倡议书

向全班学生发出"珍爱生命，远离烟草"的倡议。挑选部分写得不错的倡议书在班上朗读，让大家一起学习。

3. 喊出禁止吸烟口号

学生大声念出事先准备好的禁烟口号，并保证做到：珍爱生命，远离烟草，人人有责。

五、价值引领

在我们青少年的生活中，吸烟已经是屡见不鲜的事情了。世界卫生组织调查指出："烟草已经成为全球的第二大杀手。"对青少年来说，吸烟的危害远比想象中大得多，不仅会导致很多疾病，还会影响骨骼生长发育。这青少年正处于身体迅速成长发育的阶段，身体的各器官系统还没有发育成熟，对各种有毒物质的抵抗力不强，受烟雾的毒害也就更深，甚至可以导致早衰。吸烟还可能使青少年养成不良的生活习惯，诱发不良行为，甚至引发犯罪。

作为新时代的青年，我们不仅要劝自己的家长，身边的亲戚、朋友，尽量不抽烟或少抽烟，更要严格要求自己，拒吸第一支烟，做不吸烟的新一代。希望同学们对吸烟的危害有一定的认识，自觉树立戒烟意识，共同营造一个健康、清洁、禁烟的良好环境，并用我们的青春和热情，尽可能让我们身边的每个人都认识到吸烟对自己和社会环境的危害，自觉做到珍爱生命，远离烟草。

主题四　文明上网，共同做网络文明传播者

班会模块	文明·和谐
适用学期	第一、三、五学期
班会形式	课堂讲授/互动辩论/视频教学

一、班会背景

习近平总书记指出："网络空间是亿万民众共同的精神家园。网络空间天朗气清、生态良好，符合人民利益。网络空间乌烟瘴气、生态恶化，不符合人民利益。"营造一个风清气正的网络空间提升到人民利益的高度，充分体现了以人民为中心的发展思想。

在信息技术高速发展的今天，网络成为社会生活中必不可少的一部分，无论国家、单位还是家庭、个人都在普遍运用。互联网已经像水和电一样，成为生活的必要基础设施。大学生作为社会特别关注的群体与对象，其上网情况和上网环境受到高度关注。互联网给大众带来了前所未有的惊喜，它以丰富的内容、开阔的视野、快捷的方式给人们呈现出一个美丽而精彩的世界。但在这个世界里也充斥着无数的陷阱、诱惑和谎言等，每年都有许多学生因网络诈骗、网络赌博而学业荒废，甚至走上犯罪的道路。除此之外，在社会不良风气的大力冲击下，大学生的抵抗能力和自我控制能力较差。现今的商家抓住学生的特点，将网络世界设计得十分诱人，实际上处处都充满着暴力色彩，导致许多学生沉溺其中，无心学习，最终走上违法犯罪的道路。

当前，如何做到文明上网，做一个文明的网络传播者，已经成为每个大学生都必须学习和实践的课题。

二、学习目标

（1）帮助学生深刻认识互联网的利与弊；
（2）学会正确使用网络获取知识和信息；
（3）做到不沉溺于网络，并自觉抵制网络的不良影响；
（4）争做网络文明传播者。

三、前期准备

（1）提前制作关于学生上网时间和上网内容的调查问卷；
（2）针对"当代大学生该不该买电脑？"的辩题，课前安排学生准备好相关素材，便于

课堂上展开辩论；

（3）收集案例，比如"辣笔小球""小岛里的大海"、学生上课拍视频、学生发帖无端指责某教师等，在课堂上与学生共同讨论；

（4）课前下载视频《关于水军》《关于键盘侠》，在课堂上播放，组织学生思考：网络水军是否犯法？如何看待键盘侠？

四、班会过程

【问题导入】

教师提问：同学们童年的回忆有哪些？

（一）互联网改变了人们的生活方式

提问：大家是否还在读严肃的文学和诗歌？

20世纪80年代大学录取率为25%左右，90年代录取率为35%左右，2007年录取率为56%，2015年录取率为74.3%。大学从精英教育演变成大众教育。80、90年代的大学生聚会交友谈论的是文学、音乐，当代大学生谈论的是游戏、综艺和娱乐，不再谈论文学、音乐。在80、90年代的大学里充满了求知欲，大家都是在看书看报，寻找自我，寻找新的思想，研究前沿专业。如今的大学，已经发生很大的变化。在顶尖的大学里，学习氛围依旧浓厚，仍然可以看见课堂里大家抱着笔记本认真学习。但是，当代很多大学生都沉迷于网络游戏，荒废了学业。

1. 改变学生的社交习惯

如今的学生都是通过QQ、微信、微博、知乎、抖音等平台进行交流，每天都会第一时间打开各大平台进行信息浏览。如果断网一天，学生就会感到坐立不安、浑身难受，断网一个月就会感觉与世界脱节。很明显，我们离不开互联网，互联网改变了我们获取信息和交流的方式途径。与此同时，也有一些经不住诱惑的青年人因网络而自甘堕落。所以，对于当代大学生来说，如何正确科学地使用网络，已经成为人生的必修课。

2. 影响学生的认知方式

【开展辩论】"当代大学生该不该买电脑？"

正方：大学生需要通过网络获取资讯，接受新的知识，通过网络进行学习。落后的地区之所以落后，是因为信息闭塞；发达的地区之所以发达，是因为信息发达。互联网创造了人人公平获取信息的机会，所以对于当代大学生来说，应该买电脑。

反方：学习和获取资讯可以通过学校图书馆、教室的计算机获取，那里有着更高效的学习环境。自己买电脑，大部分只用于娱乐，或多或少会影响学习积极性和效率，所以，当代大学生不该买电脑。

【教师活动】发放课前制作完成的关于学生上网时间和上网内容的调查问卷。组织学生反思自己：把手机当成通信工具还是当成娱乐工具？

收集问卷并分析问卷结果。

教师总结：计算机和互联网是工具。人类之所以是智人，是因为会使用工具。人类学会使用火、学会打猎、学会耕作，新的工具使人类进步。人类发明了计算机和互联网这些伟大的工具，让人类从电气化时代迈入了信息化时代。但是，大部分学生仅局限于使用计算机的游戏、影音和娱乐等功能，很少有学生会真正花时间使用电脑查资料、学习知识、学习编程等。因此，是否有必要买电脑，要看使用者把它当作娱乐工具，还是学习工具。

（二）减少手机使用频率的措施

1. 手机使人成瘾的原因

第一，多信息占用多时间。没有互联网的时候，外界信息量很少，人们除了看电视以外，就只有看书，电视剧播出也有规定的时间段，所以人们有大把时间去做自己想做的事情。现在，互联网上的信息是无限的、零碎的、无边界的，甚至可以花一周的时间刷完720集的《火影忍者》，玩24小时的游戏，这些信息和娱乐占据了人们大部分时间。另外，人们平均入睡时间从晚上11点延长至凌晨1点，手机网络严重侵占了人们的睡眠和学习时间。

第二，信息"高刺激"上瘾。以前读完一本书、找小伙伴去河边摸一下午的鱼就能获得成就感，现在抖音15秒内给一个刺激，"王者荣耀"20分钟给一个刺激，"英雄联盟"40分钟给一个刺激，各种信息不断刺激学生玩手机，根本停不下来。

第三，多任务并行，易被打断。以前做作业就是做作业，现在一边做作业一边不自觉地看手机，反反复复地打断学习，甚至边刷抖音边学习、边追剧、边泡脚，人们不再专注于某一件事情。

2. 摆脱"手机瘾"的措施

第一，切换能量来源。手机使用上瘾、获得"短期快感"是"新鲜信息涌入的爽感"。回想上一次开心得连手机信息都忘看的时候，你在做什么。翻一下自己的收藏夹和计划，勇敢地迈出第一步，找到自己该做的事情并付诸实际行动。

第二，制订计划，设置目标。尝试一下，是连续玩8小时的游戏或刷8小时的抖音开心，还是制订计划，学习2小时、运动2小时、休息2小时、游戏2小时让自己更加充实和开心？

第三，对于特定的App，如抖音、微博、王者荣耀，设置每天的使用时长。无论如何都给自己一个心理暗示：今天的手机使用时间到了。

第四，设定手机使用截止时间。计划玩2个小时手机时，马上用语音助手设置提醒：2小时后进行学习，以便起到监督作用。

（三）上网的正确姿势

以前获取信息，需要通过杂志、报纸、电视等途径；现在，通过新闻App、微博、行业网站就可以实时了解世界动态。以前对不懂的知识，需要亲自去翻阅著作、请教老师；现在只需要百度查阅，网络上就会出现各种优质课程和学习文档。互联网不仅改变了我们的娱乐方式，更改变了我们获取信息的方式。

案例分析：

1. 做文明网民

案例一：2021年2月9日10时29分，犯罪嫌疑人仇某明在新浪微博上使用其个人注册账号"辣笔小球"，先后发布两条信息，贬低、嘲讽卫国戍边的英雄烈士。相关信息在微博等网络平台迅速扩散，造成恶劣社会影响。2月20日，仇某明被公安机关依法调查。2月25日，公安机关以涉嫌寻衅滋事罪提请检察机关批准将他逮捕。检察机关审查后认为，犯罪嫌疑人仇某明利用信息网络贬低、嘲讽英雄烈士，侵害英雄烈士的名誉、荣誉，社会影响恶劣，情节严重。根据《中华人民共和国刑法》第二百九十九条之一的规定，南京建邺区人民检察院依法以侵害英雄烈士名誉、荣誉罪对犯罪嫌疑人仇某明批准逮捕。

启示：国家荣誉、烈士名誉依法受到保护，任何妄议中央决策、诽谤烈士的行为，都是触犯刑法的行为。

案例二：2020年5月30日，微博网友"小岛里的大海"反映，广州市方圆实验小学一名教师涉嫌体罚学生。据广州白云公安31日通报：发帖人刘某承认，其女儿因遭体罚吐血、凌晨2时被老师威胁殴打、她送老师6万元等情节，系其为扩大影响而故意编造的谎言，照片展示的衣服"血迹"实为化妆品和水，其女儿目前精神状态良好。同时她也无法提供女儿哮喘的有关病历证明。警方表示，将配合教育部门对事件做进一步调查，追究其法律责任。

启示：在网络上发布不实消息，诽谤污蔑他人，故意捏造并散布虚构的事实，贬损他人人格，破坏他人名誉，情节严重的，构成诽谤罪。

案例三：某学生在上课时，拍摄对上课教师不尊重的视频，并上传到抖音，给教师的尊严和名誉带来负面影响。学院宣传部舆论监控平台发现后，对该生进行诫勉谈话，并勒令其删除有关视频。

启示：娱乐是建立在平等尊重的基础上的，娱乐不应该涉及侮辱他人和低俗的内容。

案例四：某学生在学院贴吧发帖，指责某教师上课经常接电话，区别对待学生，对成绩不好的同学态度恶劣，教学态度不认真。学院发现后，学院纪委对该教师上课班级的学生进行单独谈话调查，均未反映有类似现象。随后对发帖同学进行谈话。该同学表示，该老师上课比较严格，学生本人经常迟到，被该教师批评，因此对该教师比较有意见，在网上发帖抱怨。学院领导对其进行了诫勉谈话。

启示：对教师或者学校管理有意见的学生，可通过正规的途径进行反馈，比如：通过院长接待日、师生座谈会、教学信息员例会，或直接到办公室与辅导员及系领导进行表达。通过互联网途径进行反馈，不但问题不能得到及时解决，还会带来负面的影响。

教师总结：互联网不是法外之地，有歪曲事实、造谣、诽谤行为的人，需要承担法律责任。

2. 做文明网评员

【教师提问】网络水军是否犯法？

网络水军可能构成非法经营罪、编造和故意传播虚假信息罪。

【教师提问】如何看待键盘侠？如果你有了戴上它就可以隐身的魔戒，你会做什么？

网络匿名会激发人们幽暗的情绪，激发人们好辩的情绪，遇到相对立的观点就会进行语言攻击，从语言攻击演变成人身攻击。如果侮辱他人，可处10天以下拘留，情节特别严重的，可以构成侮辱和诽谤罪。人肉搜索构成侵犯公民个人信息罪，情节严重的可处以7年有期徒刑。

3. 文明上网基本原则

提倡正确导向，反对不良网风；

提倡遵纪守法，反对违规违纪；

提倡客观真实，反对虚假新闻；

提倡先进文化，反对落后文化；

提倡格调高雅，反对低级媚俗；

提倡公平守信，反对恶性竞争；

提倡科技创新，反对墨守成规；

提倡团结协作，反对损人利己。

4. 文明上网公约

自觉遵纪守法，倡导社会公德，促进绿色网络建设；

提倡先进文化，摒弃消极颓废，促进网络文明健康；

提倡自主创新，摒弃盗版剽窃，促进网络应用繁荣；

提倡互相尊重，摒弃造谣诽谤，促进网络和谐共处；

提倡诚实守信，摒弃弄虚作假，促进网络安全可信；

提倡社会关爱，摒弃低俗沉迷，促进少年健康成长；

提倡公平竞争，摒弃尔虞我诈，促进网络百花齐放；

提倡人人受益，消除数字鸿沟，促进信息资源共享。

五、价值引领

厉害的人会通过互联网让自己更厉害，不厉害的人会通过互联网让自己更堕落；同学们要学会正确地使用互联网获取知识、资讯和解决问题，互联网不止有游戏和娱乐；获取知识的愉悦和成就感，比感官刺激更加让人上瘾；网络的虚拟世界使人的生活空间极大地得到扩展，在网络教育中，不论是趋利，还是避害，真正的主人应该是自己；网络教育应该把重点放在如何培养大学生善于判断、选择网络信息的能力上。

当代大学生作为社会主义事业的建设者和接班人，要在互联网上要明辨是非，认清真伪，不能穿上马甲就可以胡作非为。互联网不是法外之地，任何人，只要有歪曲事实、造谣、犯罪行为，都需要承担法律责任。网络强国目标既是我国正在努力实现中华民族伟大复兴中国梦的重要组成部分，也是凝聚并激发网络治理各方主体努力奋斗和追求的内在动力。大学生要充分利用网络资源，争做网络文明传播者。

主题五　严禁酗酒，从我做起

班会模块	文明·和谐
适用学期	第一学期
班会形式	课堂讲授/互动讨论

一、班会背景

近年来，高校学生醉酒、酗酒现象日趋严重，酒后滋事造成人身伤害的事件也屡有发生，给学校和同学带来不良影响，甚至严重后果。人在醉酒后，神经受到刺激，导致行为失常、丧失理智，直接为酒所害（中毒），或间接为酒所害（醉酒滋事）。很多大学生人身伤害的案件都是因为当事人醉酒引起，或酒后自残，或失手将他人打伤、打死，醉酒醒来后追悔莫及。酗酒不仅伤害身体，而且影响前程。作为社会的特殊群体，大学生所具备的文化素质相对较高，但是由于自控能力较差，极易受到不良风气的影响。尤其是酗酒风气在校园中弥漫时，更应该正确认识酗酒的危害，杜绝酗酒。

二、学习目标

（1）让学生了解酗酒的危害；

（2）形成一道抵制酗酒的防火墙，真正做到不酗酒；

（3）学会醉酒后的急救方法。

三、前期准备

（1）通过书籍、网络和调查等方式了解酗酒的危害；

（2）收集学校学生涉及酗酒的案例及处分文件，在课堂上与学生互动讨论；

（3）前期做好备课，梳理好课堂思想，提前设计好相应的互动提问与解答。

四、班会过程

【问题导入】

教师提问：酒类饮品在生活中非常普遍，饮酒的人群可以说非常庞大。大家回忆一下，身边有没有朋友因为饮酒而发生一些囧事？请畅所欲言。

教师总结：看起来像水，喝起来辣嘴，肚子里闹鬼，走起路绊腿，半夜要找水，清醒了后悔。

(一) 酗酒的定义

酗酒是指过量饮酒且对酒精依赖达到一定程度，从而导致明显的精神紊乱或干扰了身体和精神健康，影响人际关系及其社会经济功能。医学界将酗酒定义为：一次喝5瓶或5瓶以上啤酒，或者血液中的酒精浓度达到或高于0.08%。

(二) 酗酒的危害

1. 严重影响身体健康

酒精中毒：据科学测定，饮下白酒约5分钟后，酒精就会进入血液，随血液在全身流动，人的组织器官和各个系统都会受到酒精的毒害。短时间大量饮酒，可导致酒精中毒。中毒后首先影响大脑皮质，使神经有一个短暂的兴奋期，胡言乱语；继之大脑皮质处于麻醉状态，言行失常，昏昏沉沉，不省人事。若进一步发展，生命中枢麻痹，则心跳、呼吸停止，以至死亡。

导致酒精中毒性精神病：当血液中的酒精浓度达到0.1%时，会使人感情冲动；达到0.2%~0.3%时，会使人行为失常；长期酗酒，会导致酒精中毒性精神病。

酒精是一级致癌物：在饮酒的过程中，身体会产生代谢产物——乙醛。乙醛是明确的致癌物。一是乙醛能直接与DNA结合，导致DNA突变，甚至导致染色体变异；二是乙醛可以杀死体内正常细胞，诱发慢性炎症和细胞复制，增加癌变概率。因此，世卫组织包括我国卫生部门已将含有酒精的饮料列为一级致癌物。

2. 破坏校园秩序

醉酒后，由于身不由己而行不知所往，容易使人变得野蛮、愚昧、粗暴，处于异常兴奋状态。人在这种失去理智的状态下很容易对周围的人进行谩骂、动手殴打，或者从事一些莫名其妙的破坏活动。

酗酒的大学生往往具有不良作风和习气。他们经常违反学校的规章制度，不按学校规定的时间作息，上课迟到、早退，不请假外出，酗酒滋事，以及在公共场所做出超出常规的举动。上述行为不但干扰了学校正常的教学秩序，而且极易引发纠纷和其他治安、刑事案件。

3. 荒废学业

醉酒的程度同智力恢复所需的时间大致成正比。一个经常醉酒、萎靡不振的人在工作和学习上也是心不在焉的，久而久之，就会荒废学业。

4. 酒后滋事，触犯法律

醉酒的人动辄摔倒、撞伤，甚至酒后开车，酿成大祸；酒后溺水身亡、自食恶果的悲剧也不乏其例。教训实在太深刻了。为此，我国有关法律规定，醉酒的人违法犯罪，应负相应的法律责任。

《中华人民共和国刑法》第十八条（第四款）：醉酒的人犯罪，应当负刑事责任。

《贵州省学校学生人身伤害事故预防与处理条例》第十八条：学生应当遵守法律法规、

学校的规章制度和纪律,服从学校的教育和管理,学习安全知识,增强自我保护意识,不得参加赌博、吸毒、酗酒、威胁勒索、打架斗殴等可能危及自身或者他人人身安全的活动。

(三)酗酒的治疗方法和戒酒的好处

1. 酗酒的治疗方法

个人强制治疗:主要靠个人意志戒酒。要想成功戒除酒瘾,需患者有极强意志力。

住院封闭治疗:多采用长期封闭住院治疗,医护人员强制控制。缺点是:出院后即饮,治疗费用高,易形成精神障碍。

西药治疗:医生多采用戒酒硫、镇静安眠药物等进行辅助治疗。需要提醒的是:由于西药副作用大,必须在专业医生的指导下使用,而且患者应该主动配合,否则会耽误酒依赖的治疗,更易形成药物依赖。

2. 戒酒的好处

对肝功能有益:戒酒带来的第一个好处就是,能够改善肝功能。戒酒之后,肝脏不会再受到酒精的影响,从而慢慢变好。

大脑变灵活:喝酒的时候,酒精会麻痹我们的大脑,这对大脑的伤害极大,会导致脑细胞降低。长此以往,会让我们变得迟钝,严重影响我们的判断力。

心情变好:很多人不开心的时候就会喝酒,喝酒之后会变得更加郁闷。大部分人饮酒之后会开始乱说话,甚至脾气变得暴躁,殴打他人。因此,戒酒可以改善我们的心情。

(四)醉酒后急救与注意事项

1. 醉酒后急救办法

如果醉酒严重,没有知觉,不省人事,要第一时间拨打120急救。

如果醉酒程度不重,头晕但清醒,可以考虑浸冷水办法:取两条毛巾,浸上冷水,一条敷在后脑上,一条敷在胸膈上,并不断地用清水灌入口中,可使酒醉渐渐缓解。

对醉酒程度不重者,可以在热毛巾上滴数滴花露水,敷在酒醉者的脸上。此法对醒酒止吐有奇效。

如果饮酒后感觉身体很不舒服,就要立即停止喝酒,及时去医院治疗。

2. 醉酒后的注意事项

轻度醉酒的人经过急救,睡几个小时后就会恢复常态。如果过度兴奋且已昏迷,就应请医生处理。

空腹喝酒能引起低血糖症,此时应喝点糖开水,切忌喝醋。要注意保暖和卧床休息。如出现抽搐、痉挛,要防止其咬破舌头。

五、价值引领

大学阶段是人生中极其重要的一段时光。大学毕业后,我们将会面对社会的职业竞争与就业压力，因而在学校打牢专业基础，提升自己的竞争力是非常重要的。如果我们没有培养良好的自控能力，在大学肆意放飞自我，酗酒成瘾，不但会对自己的身体健康带来极其不利的影响，还会受到学校处分，影响自己的前程。因此，每个学生都应远离酒精，潜心静气，把专业知识学好，生活中积极向上，为自己的大学生活增光添彩。

主题六　加强自我识别能力，远离网络电信诈骗

班会模块	文明·和谐
适用学期	第一、二学期
班会形式	课堂讲授/案例分析

一、班会背景

随着我国经济社会的快速发展，以网络电信诈骗为代表的新型犯罪持续高发，已成为上升最快、群众反映最为强烈的犯罪形式。手机、网络电话、银行卡以及互联网平台等日益成为不法分子散布虚假信息、实施诈骗犯罪活动的工具。

电信诈骗危害大、难治理。相较传统犯罪，电信诈骗依托互联网，呈现出跨区域、专业化、成本低、隐蔽性强等特点。一些诈骗犯擅长远程作案，甚至匿身海外，难以追查；有的形成了专业化诈骗团伙，有组织，有分工，以低成本"走数量"，和执法部门打游击。一时间，冒充公检法、领导、亲友实施诈骗，假扮客服坑蒙消费者的剧情频繁上演，令人防不胜防。

因此，要进一步加强学生网络诈骗防范意识和识别能力，提高他们自我防范、自我保护和自我应对的能力，防止学生财产安全受到侵害，减少电信网络诈骗造成的损失。

二、学习目标

（1）通过开展防网络电信诈骗教育，营造全员参与的防范诈骗氛围；
（2）进一步提升学生识别网络电信诈骗违法犯罪的知识水平和能力；
（3）防范网络电信诈骗渗入校园，做到有效预防和有效应对网络电信诈骗。

三、前期准备

（1）收集近年发生的网络电信诈骗案例，特别是发生在校园内的诈骗案件；
（2）学生提前准备好素材，谈谈自己遇到的或身边发生的诈骗实例，以身说法。

四、班会过程

【问题导入】

在日常生活中，你或者是你的朋友上当受骗过吗？是怎样被骗的？请1~2名同学简单讲解一下上当的类型和受骗过程。

为了让学生深刻认识到电信诈骗的危害性和防范的重要性,再抛出问题:"如果你真的被诈骗了,你会怎么做?"直接引入本节课主题:加强自我识别能力,远离网络电信诈骗。

随着网络、电信技术的飞速发展,一些不法分子借助网络、电信等媒介实施各种诈骗活动。要遏制这类犯罪的势头,一方面,国家重拳出击,打击不法活动;另一方面,个人要提高基本防范意识和识破诈骗的能力。特别是对大学生而言,要掌握一定的防诈骗基本知识,遇到实际问题忌盲目、多思考,千万不要被假象所迷惑。

(一) 网络电信诈骗的概念

电信诈骗是指用通信工具、互联网平台,借助公共通信网络向手机、固定电话或其他语音、短信接受设备发布虚假信息,并对其用户实施诈骗,非法侵占他人财物的行为。

网络诈骗是指在网络上骗取他人财物的诈骗行为。网络诈骗的犯罪行为发生在互联网上,犯罪分子用虚构事实或隐瞒真相的方法,骗取数额较大的公私财物。

(二) 常见的电信诈骗行为

1. 电信诈骗识别公式

人物(不能准确确认其身份) +沟通工具(电话、短信、网络等) +要求(汇款、转账等) =诈骗

2. 电信诈骗的特点

犯罪活动的蔓延性比较强,发展很迅速。犯罪分子往往利用人们趋利避害的心理,通过编造虚假的电话和短信内容,地毯式发布虚假信息。在极短的时间内,发布范围很广,侵害面很大,所以造成损失的面也很广。

诈骗手段翻新速度很快。从群发短信发展到因特网上的任意显号软件、显号电台等,从最原始的中奖诈骗发展到绑架勒索、电话欠费、汽车退税等,骗术花样翻新,变化频率很高,令人防不胜防。

组织形式集团化,反侦查能力非常强。犯罪团伙一般采取远程的非接触式的诈骗。他们内部组织很严密,采取企业化的运作,分工很细,一道工序的执行者不知道上一道工序的情况,给公安机关的侦破工作带来很大的困难。

跨国跨境犯罪比较突出。有的不法分子在境内发布虚假信息骗境外的人,也有的常在境外发布短信到国内骗中国老百姓,还有的境内外勾结,连锁作案,隐蔽性很强,打击难度也很大。

3. 常见的网络诈骗手段

电话欠费、刷卡消费:通过手机短信提醒,称该用户银行卡在某商场、酒店刷卡消费等,如有疑问,可致电×××号码咨询。一旦用户回电,其同伙即假冒银行客户服务中心、公安局金融犯罪调查科的工作人员,称该银行卡可能被复制盗用,让用户到银行 ATM 机上进行所谓的加密操作,实际上是将受害人卡上的资金转到犯罪分子的账户。

购车退税：窃取受害人个人信息后，以短信、电话等方式冒充税务、公安、银行等部门工作人员，谎称正进行购车退税、家电退税、退多收款等优惠活动。骗取受害者信任后，以在银行 ATM 机上操作退税退款为由，利用受害人对转账操作不熟悉的弱点，转走受害人账户内资金。

虚假中奖：以"非常 6+1 砸金蛋中奖"、公司庆典或新产品促销抽奖为由，通知受害人中大奖。受害人一旦与犯罪分子联系兑奖，即以"需先汇个人所得税""公证费""转账手续费"等各种理由诈骗。

汇钱救急：通过网聊、电话、网络交友等手段掌握受害人的家庭成员信息，先通过反复骚扰或其他手段使受害人将手机关机，在关机期间，以医生、警察、老师等名义向受害人家属打电话，谎称受害人突发重病或遭遇车祸住院，正在抢救，甚至称遭绑架，要求汇钱到指定账户救急。

引诱汇款：群发"请把钱存到某某银行卡，账号××，李某某"的短信内容。有的事主恰巧要向客户或亲友汇款，收到此类汇款诈骗信息后，往往未经核实，便将钱直接汇到不法分子的银行账户上。

（三）常见的网络诈骗类型

网络中奖诈骗：很多网友在浏览网页或进行网络聊天时，都会"幸运"地收到"恭喜您中大奖"的信息。当信以为真的网友与兑奖方联系时，对方都会以需要保证金、支付邮寄费用等各种借口，要求网友先汇钱。当网友汇去第一笔款后，骗子还会以手续费、税款等其他名目，继续欺骗网友汇款，直到"吃干榨尽"为止。嫌疑人通过网页、邮箱、QQ 聊天等方式，向受害人发送中奖消息，而后便以手续费、保险费、税费等各种名义要求受害人先向其指定账户汇款，受害人汇款之后，诈骗分子又会罗列层出不穷的借口，要求受害人继续向其汇款。

网络传销类：例如，"想生活得好一点吗？想小投入获得大收获吗？请到下面网站看看，你会有意外的收获。""不需买卖商品，只需通过简单的注册，交 50 元会费，就可以在 3 个月内赚 10 万，一年内赚 100 万。"

游戏装备及游戏币诈骗：常见的诈骗方式，一是低价销售游戏装备，在骗取玩家信任后，让玩家通过线下银行汇款，待得到钱款后即食言，不予交易；二是在游戏论坛上发布提供代练信息，待得到玩家提供的汇款及游戏账号后，代练一两天后，连同账号一起侵吞；三是在交易账号时，虽提供了比较详细的资料，但玩家交易结束，玩了几天后，账号就被盗了，造成经济损失。

"无风险投资"诈骗：例如，非法传销中的金钱游戏也漫游到了互联网上，有人在一些电子邮件中鼓动投资，信誓旦旦地许诺，有可观的投资回报率，以吸引投资者，而事实上却是某些别有用心的人在利用这种欺诈模式吸纳资金。

网络购物诈骗：一些不法分子在淘宝、易趣等知名网络交易平台向不特定群体散布虚假商品信息，或直接制作虚假购物网站，编造公司名称、地址和联系电话等，诱惑贪图便宜的网友上当。诈骗商品小到女性饰品、服装等商品，大到手机、电脑、汽车等贵重商品，交易一律采取先付款后发货的方式。一旦网友按照对方要求汇入货款，卖家便会消失得无影无踪。网上购物时，必须通过安全可靠的第三方交易平台进行交易，或选择货到付款交易。同时，使用银行卡进行网络支付时，千万不要在网吧电脑等公共设备上使用，最好有网上支付专用账户或专用卡，并且卡内不要放太多的现金。

假冒银行网站"网络钓鱼"：网站页面与正规银行网站几乎一模一样，且域名十分相近，有的只差一两个英文字母。时下，一种名为"网络钓鱼"的新型网络诈骗手段愈演愈烈。不法分子设立假冒银行网站，当用户输入错误网址后，就会被引入这个假冒网站。一旦用户输入账号、密码，这些信息就会被犯罪分子窃取，账户里的存款就会被冒领。此外，犯罪分子通过发送含木马病毒的邮件等方式，把病毒程序置入计算机内，一旦客户用这种"中毒"的计算机登录网上银行，其账号和密码就可能被不法分子所窃取，造成资金损失。

（四）预防诈骗规则和措施

1. 预防诈骗十守则

（1）收到短信内的链接都别打开；

（2）凡是索要"短信验证码"的都是骗子；

（3）凡是无显示号码来电的全是骗子；

（4）闭口不谈卡号和密码；

（5）不信"接的"，相信"打的"；

（6）钱财只进不出，"做貔貅"；

（7）陌生证据莫轻信；

（8）钓鱼网站要提防；

（9）新鲜事项要注意；

（10）一旦难分假和真，拨打110最放心。

2. 预防诈骗五要求

（1）克服"贪利"思想，不要轻信麻痹，谨防上当；

（2）不要轻易将自己或家人的身份、通信信息等资料泄露给他人；

（3）不要轻信不明对象和可疑信息；

（4）不要拨打短信中的陌生电话，不向陌生人转账汇款；

（5）任何人包括亲戚朋友或父母子女等最亲近的人，通过网络聊天、视频聊天或电子邮件等向你借钱或要钱的，在打款之前一定要打电话与本人核实。

（五）上当后的补救措施

（1）一旦汇款后发现自己被骗，可在第一时间拨打中国银联专线95516请求帮助，也可以及时拨打 110 报警，或向派出所报案。

（2）为防止骗子用网上银行转账，可及时登录该银行网上银行，登录时输入目标账号（骗子的账号），在提示输入密码时，连续 5 次输入错误。这时该账号会自动锁定，时间是 24 小时，这段宝贵的时间将使对方无法将钱转移，避免损失扩大，也为警方破案提供时间。

（3）及时和要汇款的银行柜台联系，将被骗的情况向银行工作人员反映，请求帮助；或直接拨打 110。

（4）保存好相关证据，如转账凭证，包括 ATM 机转账凭条、手机银行（网银）转账截图、银行流水单；与骗子联络的相关凭证，包括通话记录截图、电话通话详单、短信（微信、QQ）聊天记录截图；其他与案件相关的证据资料。

五、价值引领

近几年，大学生遭受网络诈骗的案件逐年攀升，犯罪分子挖空心思对学生的环境需求、意识习惯、心理盲点进行研究，从交友、购物、兼职、交通、助学金、考试、社会实践等方面入手进行诈骗，造成大量学生跌入陷阱。

虽然对防骗对策已经听了很多遍，但是很多学生在实际生活中却经常忽视这些对策，以致被不法分子诈骗。无论是身份证、学生证，还是支付宝、银行卡账户，都不宜随便透露给他人，包括身边的熟人（如老师、学长、室友等）。对陌生电话、短信必须提高警惕，不要贪图小利，要与对方多核实沟通，不给违法犯罪分子提供手机验证码等。希望同学们充分认识到新型电信欺诈犯罪的严重危害性，在今后的生活和工作中时刻提高警惕，加强防范意识，防止受骗，切实保护自己的利益，共同创造平安、和谐的校园。

主题七　拒绝暴力，防止伤害

班会模块	文明·和谐
适用学期	第二、四、六学期
班会形式	课堂讲授/互动分析/分组讨论

一、班会背景

近年来，校园暴力的发生频率居高不下。联合国教科文组织将2020年11月的第一个星期四（即11月5日）设立为首个反对校园暴力和欺凌（包括网络欺凌）国际日，希望在世界范围内提高对校园暴力和欺凌问题的关注，使校园暴力尽快得到遏止。

校园暴力，这一话题在近几年的热度非常高，备受关注。校园暴力严重影响了和谐社会的建设和学生的健康成长，对学生的心理和生理造成了严重的创伤。当前，学校应高度重视校园环境建设，关注校园暴力事件产生的原因以及所带来的各种社会危害，采取有针对性的解决措施，积极预防校园暴力，为学生的健康成长及发展营造良好的环境。

二、学习目标

（1）帮助新时代大学生增强对校园暴力的识别能力，远离暴力，增强自我保护意识；

（2）帮助同学们认识到校园暴力的危害性，掌握与校园暴力作斗争的方法，敢于与校园暴力作斗争。

三、前期准备

（1）通过网络等各种途径搜集整理校园暴力相关新闻案例；

（2）课前让学生自行观看电影《少年的你》，结合电影中主人公对校园暴力的应对措施进行分析讨论。

四、班会过程

（一）校园暴力的含义和形式

1. 校园暴力

指在校园内外学生之间一方（个体或群体）单次或多次蓄意或恶意通过肢体、语言及网络等手段实施欺负、侮辱，造成另一方（个体或群体）身体和心理伤害、财产损失或精神损害等的事件。

主要发生在校园内、学生上学或放学途中、学校的教育活动中，由老师、同学或校外人员蓄意滥用语言、躯体力量、网络、器械等，针对师生的生理、心理、名誉、权利、财产等实施的达到某种程度的侵害行为，都算作校园暴力。其主要表现是身体强壮的学生欺负弱小的学生，令其在心灵及肉体上感到痛苦。校园暴力通常是重复发生的，而不是单一的偶发事件。有时是一人欺负一人，有时是集体欺负一人。

2. 校园暴力的形式

校园暴力分为单人实施暴力、少数人实施暴力和多人实施暴力。实施环境地区多为校园周边或人少僻静处，但有些是明目张胆地在校园公共区域实施暴力行为，对学生的身心造成伤害。校园暴力主要有以下几种形式：

（1）语言暴力。主要指起侮辱性外号、造谣污蔑等对学生精神造成某种程度侵害的行为。

（2）力量暴力。主要指校园凶杀、打架斗殴、抢东西、强索钱财、毁坏物品等对学生身体及精神造成某种程度侵害的行为。力量暴力在校园暴力现象中最为普遍。受害者有可能形成反社会人格。施暴者成人后可能走上犯罪的道路，这些人很难获得社会的认可，社会归属感长期得不到满足。

（3）心理暴力。主要指孤立、侮辱人格等对学生的精神造成某种程度侵害的行为。

（二）校园暴力发生的原因

1. 恋爱情斗

大学生的恋爱受多种因素的制约，在追求爱情的过程中遇到各种挫折在所难免，心理挫折对大学生的心理承受能力就是一种考验。恋爱不成有时会使人产生心理变异，因爱生恨，从而导致暴力伤人；或者因心理负担过重，产生病态心理，导致自杀，最终酿成悲剧。大学生要正确对待恋爱，当恋爱受挫时，用理智来驾驭感情，通过适当的情绪调节、宣泄和转移来减轻痛苦。

2. 酗酒闹事

过量的酒精刺激可使人的中枢神经系统活动失调，使大脑皮层对皮下中枢的抑制作用减弱或解除，兴奋性加强。因此，有的人在酒醉状态下会缺乏自制力，变得极度放肆、粗暴，不能控制自己，很容易发生人身伤害等违法犯罪行为。

3. 报复泄愤

报复心理是一种属于情感范畴的狭隘心理，是在人际交往中以攻击方法对那些曾给自己带来挫折的人发泄不满、怨恨情绪的一种方式。它极具攻击性和情绪性，报复心理和报复行为往往发生在心胸狭窄、个性品质不良者遭到挫折的时候。大学生要消除和克服报复心理，一是要学会自我克制，二是要加强自我修养，三是要加强对性格的陶冶和改造。

4. 意气用事

意气用事酿成的悲剧时有发生。同学们处于青春发育期，思想还不成熟，遇事缺乏冷静和理智，最终可能导致重大伤害事件的发生。现实生活中，矛盾纠纷时有发生，每个人都会遇到一些冲突，但处理的方式不同，其结果也就不一样。退一步则海阔天空，进一步就可能走进犯罪深渊。克制与冷静无疑是化解冲突的好方法。

（三）校园暴力的危害

1. 代价沉重

暴力成本＝直接成本＋附加成本＋风险成本

直接成本＝5日到15日拘留＋500元至1 000元的罚款＋至少2 000元的医药费＋（严重的）追究刑事责任……

附加成本＝心情沮丧郁闷＋名誉形象受损＋家人朋友担心＋同学他人鄙视＋自己内心恐惧＋学习、生活、就业蒙受巨大隐性损失……

风险成本＝受害人轻伤、致残甚至死亡＋3年以下有期徒刑、拘役或者管制＋3年以上有期徒刑、无期徒刑或者死刑＋高额的赔偿金……

2. 扰乱教学秩序

我们都希望在一个友善的校园环境中学习和生活，这样才能专心学习。

3. 影响身心健康

校园暴力是一种典型的故意伤害行为，加害者以故意损害他人身体健康为目的。所以，打架斗殴的结果往往是受害者身体受到损伤，遭受伤痛的折磨，甚至留下残疾。生命是平等的，你的生命和健康与同学们和老师的同样重要。

4. 产生经济负担

人的生命和健康是无价的，可以说：以损害他人生命和健康为目的的暴力行为是一种最昂贵的消费行为。为此花上成千上万、几十万、甚至上百万都不是什么稀奇事，花钱如流水。有的家长痛苦地把这种情况比喻为："辛辛苦苦几十年，一夜回到解放前。"当前社会上流传这样的话："有本事去挣钱。"下一句话是："没本事别打架。"

5. 触犯刑法

施加暴力行为后将失去自由，一层层的铁门，强制劳动，从早到晚时时受到监视和约束，严厉的强制措施，低下的食宿条件。只能争取减刑，早点出去。这是对家庭最大的伤害。

（四）校园暴力的预防措施

1. 避免人身伤害

（1）要提高防范意识，增强自我保护能力。尽量少去或不去治安环境复杂的场所，远离那些寻衅滋事的人员，不感情用事，避免与别人发生矛盾纠纷。

（2）互相关心，互相照顾，相互谅解，求同存异。大学生在学校中，大家来自五湖四海，在生活、处事方式上肯定有所差别。在一起生活，要互相尊重，宽以待人。不为小事和他人发生纠纷，避免受到进一步的伤害。

（3）要严格遵守学校的规章制度。学校制定的规章制度是大家都要遵守的准则。只要大家自觉去遵守，生活中便会出现许多共同点，不致侵害他人利益，减少许多纠纷。

（4）避免社会不良风气的侵蚀，预防黄、赌、毒的侵害。克服老乡观念和哥们儿义气，不参与打架斗殴。黄、赌、毒不仅影响了大学生的正常学习和生活，也使天之骄子的心灵和精神受到严重污染和伤害。大学生要洁身自爱，参加健康向上的活动，避免黄、赌、毒对自己、对他人、对家庭、对社会造成严重危害。

（5）要及时化解矛盾，切忌深究，避免矛盾激化。一个班，特别是一个宿舍的同学在一起生活几年，难免会产生矛盾，有些伤害人感情的语言和行为容易造成积怨。要注意及时化解矛盾，以免因矛盾激化而采取极端行为。

2. 遭遇抢劫时的应对措施

（1）要沉着冷静不恐慌。大学生无论何时遭遇抢劫，首先要保持镇定，克服畏惧、恐慌情绪；其次要有正义必然战胜邪恶的信念。只有这样，才能从精神上和心理上压倒对方，继而以灵活的方式战胜对手。

（2）力量悬殊情况下避免单干蛮干。犯罪分子实施抢劫作案时，一般都做了相应的准备，要么人多势众，要么以凶器相逼。有的同学由于性情刚烈，往往鲁莽行事，易被犯罪分子伤害。

（3）留下印记不放过。同学们一旦遭遇抢劫，要注意观察作案人，尽量准确地记下其特征，如身高、年龄、发型、体态、衣着、胡须、特殊瘢痕、语言及行为等，还可以趁其不注意在其身上留下暗记，如在其衣服上擦墨水等，以便为公安机关侦破案件提供线索。

（4）要大声呼救不胆怯。犯罪分子有其胆大妄为和凶悍的一面，也有其心虚的一面，只要同学们把握机会，及时呼救，一些抢劫案便可以避免。

3. 防止因纠纷引发斗殴

打架斗殴是人们在现实生活中超出理智约束的一种激烈的对抗性互相侵害的行为，这种行为一般发生在青少年身上。大学生正是血气方刚的时候，生活中有时会不理智地处理同学之间的矛盾，或者遇突发性纠纷时无视危险的警示，最后步入歧途。

在大学生中，为防止发生纠纷，应遵循恪守本分、互谅互让、求同存异、相互理解的原则。

（1）平息萌芽状态的校园斗殴。

校园内同学之间交往频繁，由于性格不合、见解不一和利益冲突等原因，必然会引发各种各样的矛盾和纠纷，从而导致打架斗殴现象的发生。打架斗殴是校园内的一大公害，成为在校大学生违法违纪行为的主要表现之一。所以，大学生应尽力避免发生纠纷，防止一失足成千古恨。当你感到可能发生纠纷的时候，应该尽力做到：

一是冷静克制，切莫莽撞。无论争执由哪一方面引起，都要持冷静态度，尽量避免情绪激动、莽撞行事。这就要求我们大度、虚怀若谷，要有海纳百川、有容乃大的胸怀。对于那些可能发生摩擦的小事，要宽容面对，一笑了之。这样，一切纠纷都会化为乌有。

二是诚实谦虚，宽容他人。与同学及其他人相处时，诚实、谦虚是加强团结、增进友谊的基础，也是消除纠纷的灵药。诚实、谦虚并不是懦弱、妥协。在发生纠纷时，要认真听取他人的意见，宽以待人，处理好相互间的争执。

三是措辞文雅，互相尊重。实践证明，大学生中的纠纷多数由口角引起，而口角的发生都是恶语伤人的必然结果。一是话要和气，以理服人，不恶语伤人；二是说话要文雅，不说粗话、脏话；三是说话要谦虚，尊重对方，不盛气凌人。

（2）防止常见斗殴的发生。

一是防止突发性斗殴。突发性斗殴往往是由偶然起因和不能冷静对待造成的。针对不同的对象，要讲清道理，指出"行少顷之怒，丧终身之躯"的严重后果，使其冲动的头脑迅速冷静下来，不自酿苦酒。

二是防止报复性斗殴。报复性斗殴往往产生于某种奇特的变态心理。大学生一般来说自尊心都比较强，要注意同学的思想变化，发现问题及时而又有针对性地进行劝说，攻心为上，用一种相似的人或事来善意地暗示对方，让对方自己觉悟，从而领悟到同学之间的情谊，避免酿成事端。

三是防止演变性斗殴。生活在一起的同学，在思想上和生活上会不可避免地出现一些摩擦和冲突。演变性斗殴一般有较长时期的滋生过程，都是因伤人感情的话语长期积怨，引发斗殴，甚至危害到生命。

四是防止群体性斗殴。为帮同学、老乡或朋友而进行群体性斗殴的现象时有发生。教育学家认为，一句话能改变别人的行动。大学生应该从纷繁复杂的生活现象中分辨是非，判断正误。

（3）偶遇别人斗殴时的应对措施。

如果你遇上别人打架斗殴，不要火上浇油，以免事态扩大，可按照以下操作方法处理：

首先，不围观，不起哄，不参与。其次，问明情况。如果是校外人员寻衅滋事、殴打学生，应立即向保卫部门报告或拨打110电话报警，以防事态扩大。再次，如果打架的一方是你的同学或熟人，在劝解时要主持公道，不可偏袒。应立即拉开自己的同学或朋友，采取隔离措施，以免被对方误解，将你当作对方的"同伙"而进行伤害。最后，当学校有关部门调查打架真相时，现场目击人要勇于站出来提供线索和证据，以维护受害人的合法权益，使肇事者受到惩处。

五、价值引领

与我们朝夕相处的每一位同学都是值得毕生珍惜的宝贵财富。如果发现有同学正在遭遇校园暴力，就应伸出援手，有节抵制。要与老师和同学们一起坚守正义，守护学校这个和谐温暖的大家庭。以开放和包容的胸怀，爱护每一个身边的同学，对校园暴力坚决说"不"。

主题八　文明离校，快乐毕业

班会模块	文明·和谐
适用学期	毕业季
班会形式	课堂讲授/游戏互动

一、班会背景

又是一年初夏时，又是一年离别季。回首花样年华的岁月，从相遇到相识，从相识到相知，有过开心，有过失落。毕业生们即将带着灿烂的笑容离开美丽的校园，开启新的征程。我们将展望美好的明天，紧跟时代的步伐，把握青春主旋律，做到文明离校、快乐毕业。

做好毕业生离校相关工作是对大学生进行思想政治教育的重要环节。离校前，对毕业生开展以文明教育、纪律教育及安全教育为主题的工作，让他们为自己的大学生活留下最后一缕灿烂的阳光，为拥有更加美好的明天而努力奋斗。这样，既能为营造和谐稳定的安全校园环境提供坚实的基础，又能为毕业生顺利走上工作岗位指明方向，让他们以更加积极昂扬的人生态度步入社会。

二、学习目标

通过开展本次主题班会，让毕业生自觉做到将安全与文明留给母校与社会，将感恩留给师长，将关心留给同学，将信心留给自己。

三、前期准备

（1）提前安排班干部搜集班级学生的生活照片和视频等资料，并制作成影集、插入课件中，上课时给学生展示；

（2）搜集活跃课堂气氛的小活动：①活动一：方言之谜；②活动二：他（她）是谁？③活动三：谁是你的红星？

（3）课堂主持人需提前准备和熟悉各个环节流程；

（4）后勤人员提前到教室布置好现场环境，检查多媒体设备是否正常。安排宣传委员及时记录好课堂的精彩瞬间。

四、班会过程

（一）忆往昔

【播放照片和视频】课件素材均来自学生生活。

1. 我们的大学生活

播放学生在校的生活照片,主要包括:初识校园、校园一角、食堂大餐、舒心寝室、那些年我们一起追过的剧、那些年我们一起开过的黑等素材,目的是勾起学生的回忆,让大家尽情回忆大学时代在一起的点点滴滴。在做情感的铺垫之后,谈谈自己对大学的感受,为更珍惜这段大学情谊打下坚实的基础。

2. 我们的学习经历

再次播放照片:温馨教室、趣味实训室、课外实践活动、各类技能大赛。这些照片记录着学生在校期间为学习努力奋斗的日子,记录着教师与学生一起共同完成社会实践的点点滴滴。可如今,随着时间的流逝,这些精彩的校园生活已经匆匆而过,那些热爱过的、追求过的、犹豫过的,也最终成了每个人的独家记忆。这个"六月",我们即将告别校园,迈向新的人生和征程。

(二)惜今朝

1. 活动攒情谊

活动一:方言之谜

【活动规则】事先准备纸条,写上有趣的话,让每个寝室推荐一位方言晦涩难懂的学生,大胆念出纸条上的话,再随机抽一位本寝室的同学,猜前面同学念的方言是什么意思。猜错要被惩罚,并讲出在寝室最糗的一件事。

【活动目的】方言之谜活动的目的在于渲染课堂气氛,调动学生的积极性和参与性,通过讲"寝室最糗事"勾起学生的生活趣事,而倍加珍惜现在的时光。

活动二:他(她)是谁

【活动规则】事先让每个寝室准备好对自己寝室某位同学的特点描述,由主持人进行转述,再让班上同学猜一猜是哪位同学。

【活动目的】在游戏中检验自己对班上同学的熟悉程度,目的在于通过这个游戏,让同学们多相互了解,增进同学之间的情感,共同营造班级凝聚力。

活动三:谁是你的红星

【活动规则】随机分发扑克牌,由得到红星A的同学上台,对自己在乎的人讲出自己的心里话,并由其指定下一位同学上台。

【活动目的】时间匆匆而过,大学时光一去不复返。借活动大胆表达自己心中所想,表达新的希望和祝福。这是表达爱的一种方式,不让自己青春留有遗憾。

2. 文明教育

中国自古以来就是礼仪之邦,文明礼貌是中华民族的传统美德。青年兴则国兴,青年强则国强。作为新时代的大学生,我们更不能忘记传统,要力争做一个讲文明、懂礼仪的好学生、好公民,让文明之花常开心中,把文明之美到处传播。

对个体:不学礼,无以立;使个人的言行在社会活动中与身份、地位、社会角色相适应;是衡量个人道德水平高低和有无教养的尺度。

对社会:能塑造组织形象,提高办事效率;是一个国家文明程度、道德风尚和生活习惯的反映。

3. 纪律教育

【学生思考】 如果没有纪律,这个世界会怎么样?

任何社会、国家和集体都要有自己的纪律。一个工厂没有劳动纪律,工人们各行其是,则会乱七八糟,生产陷于瘫痪;一个城市没有交通规则,这个城市的交通状况必然是一片混乱;一个国家没有法律,这个国家很快就会走向毁灭。要使纪律真正成为带电的高压线。

4. 文明离校倡议书

第一,保持一贯的文明行为,严格遵守学校的规章制度,不打架,不酗酒滋事,展现学生的成熟和历练。

第二,搞好宿舍内环境卫生,不乱扔垃圾,不乱贴乱画,为维护一个整洁文明的校园环境尽最后一份力。

第三,爱护公共财物和设施,离校前确保室内家具的完好无损。

第四,不在任何地方焚烧杂物,号召全体毕业生彻底打扫宿舍卫生,将文明留给母校。

第五,离校前积极配合学校做好各项工作,自觉按照学校离校流程办理相关手续。

第六,办理离校手续期间,遵守作息制度,做到安全、文明离校,为自己的大学生活画上一个圆满的句号。

第七,保证在学校规定的离校日前离校,搬离个人物品,交还宿舍钥匙。退宿后,寝室内未搬走的个人物品将作为遗弃物处理。

第八,如有不需要带走的物品,请及时进行合理处理,鼓励将废旧物品提供出来,作为校园公共物品,为学弟学妹留下一份便利。

5. 歌曲合唱

【合唱】 由主持人组织全体班级学生合唱歌曲《同桌的你》和《明天会更好》。

【歌曲选择目的】

聆听《同桌的你》,留存在心底的种种美好记忆就会突然涌上心头。浅白的歌词,却道出了人们内心的秘密,让人感慨万分,原来最令人怀念的仍然是校园的生活。

聆听《明天会更好》,因正值毕业季,学生对未来充满期待,同时对前方未知的道路也充满迷茫。该曲第一段音乐非常平稳,诉说着人们对世界和平的渴望和诉求。第二段高亢的旋律具有恢宏的气势,并且多次重复,不断深化主题,把人们对美好生活的向往一下子凸显出来了。通过组织班上学生合唱,表达学生祈求和平和期待明天更加美好的心愿,也是教师对学生的寄语和祝福。

（三）思未来

1. **毕业后的愿景**

【学生互动】同学自愿上台，讲述自己今后的打算，并分享自己对未来的人生规划。

【互动目的】主持人随机叫学生上台，分享自己的人生规划，以便对其他学生起到一定的借鉴作用，对还未意识到自己马上面临毕业的学生敲响警钟。

【教师总结】每个人努力奋斗的样子，构成了今天中国的表情和节奏。

快递小哥大街小巷穿梭忙碌，

环卫工人顶风冒雪装扮城市，

出租车司机起早贪黑保障出行，

基层干部奋战一线脱贫攻坚，

边防战士无怨无悔保家卫国，

消防队员不怕牺牲赴汤蹈火……

千万种姿态，一样的拼搏，奔跑的中国充满能量。

或许你的奋斗只是点滴，但能映射出太阳的光辉；或许你的力量只是一个小数，但乘以14亿，就会聚合成筑梦中国的洪荒伟力。幸福都是奋斗出来的，我们都是追梦人，我们都在努力奔跑！怀揣梦想，有梦想才有未来。每个人都有梦，中国梦才有依托。以梦为马，不负韶华，早已内化为中国人的一种精神气质。

2. **十年后再重聚**

主持人将班干事先准备的便签和玻璃瓶拿出来，组织学生在"十年后再重聚"环节中完成任务。学生依次在便签上写下自己对未来的规划和期望以及十年后的约定，放入准备好的玻璃瓶中，大家约定十年后再聚首。待课堂结束后，一起将玻璃瓶存起来。

（四）谋发展

转眼间，你们在学校这个大家庭中尽情释放自己，展现自己，不断为青春着色，时刻为梦想铸阶。你们目睹了学校砥砺前行的发展，学校也见证了你们破茧成蝶的蜕变。你们即将走出校园，走向社会，前方并非坦途，既有半路跳出来的"拦路虎"，又有横亘在面前的"绊脚石"。应对困难和挑战的任务十分艰巨，这就需要坚定必胜信念。

1. **做到"一"心**

大家要始终不忘初心，心怀理想，勇往直前。因为有梦想，我们就不会孤单；有信念，我们就青春无悔。

2. **做到"二"选**

要想度过一个充实的人生，只有两种选择：一种是"从事自己喜欢的工作"；另一种是"让自己喜欢上所从事的工作"。

3. **做到"三"从**

在行为操守上，要"从法"，即恪守做人行事的基本法则；在个人发展上，要"从心"，即铭记自己最初的理想与信仰；在人生态度上，要"从容"，即懂得追求优雅的心境之美。

4. 做到"四"得

顺风顺水时，要"高得"，身居高位也要保持谦卑之心；逆水行舟时要"低得"，再小的事情也要认真做到极致；团队合作时要"合得"，能当好大机器上的一颗螺丝钉；单兵作战时要"散得"，能做势足燎原的星星之火。

5. 做到"五"不要

不要发怒，发怒是用别人的错误惩罚自己；不要烦恼，烦恼是用自己的过失折磨自己；不要后悔，后悔是用无奈的往事摧残自己；不要忧虑，忧虑是用虚拟的风险惊吓自己；不要自卑，自卑是用别人的长处诋毁自己。人生之路上，我们会历尽风雨和霜雪，会饱尝艰辛和困难，要时刻保持乐观积极的心态，风雨过后方能见到彩虹。

希望大家始终以出发时的信念与初衷，在追求个人志向的同时，也更努力地回馈社会。

五、价值引领

辅导员总结："新时代是一个英雄辈出的时代，你们正逢其时。希望大家不负青春、不负韶华，做到志存高远、德才并重、情理兼修、勇于开拓。踏入社会、走上工作岗位后，要发扬逢山开路、遇水架桥、创新创造、百折不挠的精神，在火热的青春中放飞人生梦想，在拼搏的青春中成就事业华章。

最后，希望同学们在新的人生征途中继续努力和成长，认认真真做事，踏踏实实做人。要学会包容和感恩，在今后的工作岗位或深造之路上大展拳脚，大展宏图，为自己争光，也为学校添彩，也衷心希望大家常回家看看，祝你们毕业快乐！"

主题九　全民消防，生命至上

班会模块	文明·和谐
适应学期	第一、三、五学期
班会形式	课堂讲授/图片展示/消防知识测试

一、班会背景

消防涉及千家万户，事关人民群众生命财产安全。校园是学生学习和生活的场所，特别是对于高校来说，人员密度较大，消防形势更为严峻。现如今，学生普遍认为，消防安全只是领导和管理部门的事情。这种观念直接导致学生缺乏消防安全知识与自我保护意识。火灾初发时，会正确并有效使用灭火器的人少之又少。甚至许多大学生都不了解基本消防常识，如一些常见的消防警示标志、符号、消防器材分类识别与使用、火场有害气体的预防、自救逃生技能等，呈现出消防意识比较淡薄、消防安全知识掌握较少、防灾技能较弱、自我保护意识低的现象。

深化同学们"全民消防，生命至上"的责任心和安全意识刻不容缓。

二、学习目标

（1）了解在我们周围存在的消防隐患；

（2）不断提升学生自身消防安全意识；

（3）掌握必要的消防安全技能，会用校内外常用的消防器材，积极预防危险的发生，提高学生自我保护的能力；

（4）形成"人人了解消防、人人关注消防、人人参与消防"的良好氛围。

三、前期准备

（1）收集近年来高校内外发生的火灾事故案例（校外：央视北配楼火灾、河南东都商厦火灾、北京大兴"11·18"火灾等；校内：上海商学院热得快致4人死亡火灾、地质大学不关台灯引发宿舍火灾、清华大学何添楼火灾等），并收集一些与以消防为主题的经典电影片段（例如：逃出生天、救火英雄、烈火英雄等）；

（2）收集校园日常生活消防安全知识（例如：灭火器的使用、安全疏散标志、应急逃生常识等）；

（3）提前制作消防安全知识测试卷。

四、班会过程

(一) 消防概述

(1) 消防的含义：消除隐患，预防灾患（即预防和解决人们在生活、工作、学习过程中遇到的人为与自然、偶然灾害的总称）。狭义的意思，即人们认识初期意思是：扑灭火灾。

(2) 消防员的职责：消灭火灾、应急救援、抗震救灾、抗洪抢险等。

(3) 消防法律法规：《中华人民共和国消防法》（2009年5月1日起实施），其中与日常学习生活相关的内容有："第二条：消防工作贯彻"预防为主，防消结合"的方针；第五条：任何单位和个人都有维护消防安全，保护消防设施，预防火灾，报告火警的义务。任何单位和成年人都有参加有组织的灭火工作的义务；第十六条：要保障疏散通道、安全出口、消防车通道畅通等；第二十八条：任何单位、个人不得损坏、挪用或者擅自拆除、停用消防设施、器材，不得埋压、圈占、遮挡消火栓或者占用防火间距，不得占用、堵塞、封闭疏散通道、安全出口、消防车通道。人员密集场所的门窗不得设置影响逃生和灭火救援的障碍物；第四十四条：任何人发现火灾都应当立即报警。任何单位、个人都应当无偿为报警提供便利，不得阻拦报警。严禁谎报火警；第十六条第四款：机关、团体、企业和事业单位应当落实消防安全责任制，制定本单位的消防安全制度、消防安全操作规程，制定灭火和应急疏散预案。"

(二) 火灾类型和事故级别分类

(1) 火灾的六大类型：根据可燃物的类型和燃烧特性，分为A、B、C、D、E、F六大类。

A类火灾：指固体物质火灾。这种物质通常具有有机物质性质，一般在燃烧时能产生灼热的余烬，如木材、干草、煤炭、棉、毛、麻、纸张、塑料（燃烧后有灰烬）等火灾。

B类火灾：指液体或可熔化的固体物质火灾，如煤油、柴油、原油、甲醇、乙醇、沥青、石蜡等火灾。

C类火灾：指气体火灾，如煤气、天然气、甲烷、乙烷、丙烷、氢气等火灾。

D类火灾：指金属火灾，如钾、钠、镁、钛、锆、锂、铝镁合金等火灾。

E类火灾：指带电火灾，物体带电燃烧的火灾。

F类火灾：指烹饪器具内的烹饪物（如动植物油脂）火灾。

(2) 火灾事故级别分类。

一般火灾：指造成3人以下死亡，或者10人以下重伤，或者1 000万元以下直接财产损失的火灾。

较大火灾：指造成3人以上10人以下死亡，或者10人以上50人以下重伤，或者1 000

万元以上5 000万元以下直接财产损失的火灾。

重大火灾：指造成10人以上30人以下死亡，或者50人以上100人以下重伤，或者5 000万元以上1亿元以下直接财产损失的火灾。

特别重大火灾：指造成30人以上死亡，或者100人以上重伤，或者1亿元以上直接财产损失的火灾。

（三）火灾案例，警钟长鸣

1. 重特大火灾案例

【央视北配楼火灾】2009年2月9日（农历十五元宵节）20时，位于北京市央视新址北侧配楼"文化中心大楼"工程发生火灾，火灾造成1名消防人员死亡，6人受伤，直接财产损失15亿元。经查，起火原因是违章燃放烟花爆竹。

【河南东都商厦火灾】2000年12月25日，河南省洛阳市东都商厦发生特大火灾事故，造成309人死亡，7人受伤。法医鉴定结果，309人均为吸入式窒息死亡（其中男135人，女174人）。经查，此次火灾是经营期间违章动火作业所致。

【北京大兴"11·18"火灾事故】2017年11月18日18时许，北京市大兴区西红门镇新建村发生火灾。火灾共造成19人死亡，8人受伤。经查，火灾发生的地下一层是一处服装加工厂，火灾是埋在聚氨酯保温材料内的电气线路故障所致。

2. 校园火灾案例

【中央民族大学上千学生疏散】2008年5月5日，中央民族大学一宿舍发生火灾。所幸上千人及时疏散，没有人员伤亡。火灾是因用电器插头连接不规范、发生短路而造成的。事发后，校方对该宿舍楼进行检查，发现1 300余件违规使用的电器。

【上海商学院热得快致4人死亡火灾】2008年11月14日早晨6时左右，上海商学院一宿舍发生火灾，4名女生在消防队员赶到前从6楼阳台跳楼逃生，不幸全部遇难。火灾事故是寝室里使用"热得快"引发电器故障并将周围可燃物引燃所致。

【清华大学何添楼火灾事故】2015年12月18日上午，清华大学化学系何添楼231室，共3个房间起火，着火面积80平方米，造成一名实验人员死亡。火灾发生后，楼内师生及时组织撤离。发生爆炸的是一间实验室，内部存放有化学品。

3. 火灾题材的电影推荐

【国内电影】《逃出生天》（2013年上映）、《救火英雄》（2014年上映）、《烈火英雄》（2019年上映）；

【国外电影】《摩天楼》（韩国，2012年上映）、《勇往直前》（美国，2017年上映）、《摩天营救》（美国，2018年上映）。

（四）火灾的预防

1. 公共场所火灾预防

（1）在人群密集的公共场所，要遵守消防安全制度和有关规则，做到不携带易燃易爆品。

(2) 家用电器不要超负荷用电；家里使用明火或电熨斗、电吹风等家用电热器具时，人不要离开。

(3) 夏天点蚊香时，蚊香不要靠近床沿、蚊帐、窗帘等易燃物品。炉火旁边不要放置可燃物。

(4) 不要在树林中抽烟、乱扔烟头、野炊、烧荒、烧灰积肥或焚烧物品。

(5) 不要携带易燃易爆化学危险品乘坐各类交通工具。

(6) 不要在家里储存易燃易爆的汽油、酒精、香蕉水等危险物品。

(7) 过道里、楼梯上不要堆放物品，安全出口不要上锁。

(8) 燃放烟花爆竹要远离可燃物。

2. 校园火灾隐患及预防

(1) 易引发火灾的几种隐患。

乱接电线：有的同学为了个人方便，在宿舍里私拉乱接电线，随意替换保险丝，使用大功率电器。这些行为极易造成线路超负荷，引发火灾。

用火不慎：在室内焚烧杂物，在蚊帐内点蜡烛，蚊香离床铺过近，灯泡、灯管长时间靠近窗帘等，都是引发火灾的隐患。

违规使用电器：有的同学离开宿舍时没有及时切断电器的电源，造成电器长时间通电过热。这是宿舍火灾最常见的原因。

堆放杂物：有的同学不遵守宿舍规定，桌椅摆放杂乱，造成通道不畅，一旦发生火灾，会严重影响逃生。

(2) 校园场所防火须知。

实验室：进行物理或者化学实验时，可能需要点火、通电或者用危险试剂，操作不慎就可能产生意外。

教学场所：教室中配备多媒体设备，如电脑、投影仪、扩音器等，如果维护保养不当，很容易引发火灾。

视听教室：视听教室、演播室等不少吸音材料都是可燃的，安装的聚光灯、碘钨灯等也容易发生意外。

学生教室：私自将易燃易爆品带到学校玩耍，也极易造成人身伤害或引发火灾。

(3) 寝室防火知识：主要围绕床头灯、大功率电器、吸烟、蜡烛、蚊香、充电设备、乱拉电线、安全意识，展开详细的消防教育。

(五) 灭火正确措施

1. 灭火的四种基本方法

隔离法：将可燃、易燃、助燃物质与火源分开。

冷却法：用水直接喷射到燃烧物体上，使温度降至燃点以下。

窒息法：用湿棉毯、湿麻袋、湿棉被、干沙等不燃物覆盖在燃烧物的表面，隔绝空气，使燃烧停止。

化学抑制法：就是使灭火剂参与到燃烧中，发生化学作用，覆盖火焰，使燃烧的化学连锁反应中断，使火熄灭。

2. 常见灭火器的工作原理

消火栓（冷却法）：消火栓连接水带水枪射水，可以降低着火物的温度，达到灭火的目的。

防火毯（窒息法）：防火毯可以掩盖着火物，隔离空气，使燃烧终止。

灭火器（化学抑制法）：灭火器里的干粉可以抑制自由基的产生，从而阻断燃烧反应。

3. 消防器具的使用

（1）消防水枪、消防水带：水带铺设时应避免骤然曲折，以防止降低耐水压能力，还应避免扭转，以防止充水后水带转动而使内扣式水带接口脱开。充水后应避免在地面上强行拖拉，需要改变位置时要尽量抬起移动，以减少水带与地面的摩擦。

（2）灭火毯：灭火毯是一种质地非常柔软的消防器具，在火灾初始阶段，能以最快速度隔氧灭火，控制灾情蔓延。灭火毯还可以作为逃生用的防护物品，只要将毯子裹于全身即可。由于毯子本身具有防火、隔热的特性，在逃生过程中，人的身体能够得到很好的保护。

（3）ABC干粉灭火器：第一步，当发生火灾时，边跑边将筒身上下摇动数次；第二步，拔出安全梢，使筒体与地面垂直，手握胶管；第三步，选择上风位置接近火点，将皮管朝向火苗根部；第四步，用力压下握把，摇摆喷射，将干粉射入火焰根部；第五步，火焰熄灭后，以水冷却除烟。注意：灭火时应顺风，不宜逆风。

（六）自救逃生

（1）火灾中伤亡的主要因素依次为：吸入有毒气体、缺氧、意外跌落、高温灼伤。

（2）常见的消防标识：119火警电话、消防手动启动器标识、紧急出口标识、安全通道标识等。

（3）火场逃生技巧：克服从众心理、向光心理、模仿心理、习惯心理、趋利避害心理。

①有毒气体都漂浮在上部，匍匐前进可以减少吸入有毒气体。

②含水量为自重3倍以上的毛巾，折叠8层可以过滤60%的有毒气体，折叠16层可过滤90%以上。

③用湿毛毯、棉被裹身，可以有效减低高温灼伤的风险，保护自己。

④要保持机智、镇定，利用疏散通道和安全出口正确逃生。

4. 借助工具逃生

（1）利用缓降器逃生：第一步，打开应急窗口，推出悬挂架，将绳盘抛至楼下，套好安全吊带即可下滑；第二步，将挂钩板连接在室内固定物或阳台栏杆上，把救生器悬于楼外，将绳盘抛至楼下，套好安全吊带即可下滑；第三步，当第一个人着地后，绳索另一端的安全吊带已升至救生器悬挂处,第二个人即可套上安全吊带下滑。

(2)利用结绳法逃生:需掌握卷结、双平结的系法。

五、价值引领

古希腊的传说中,英雄普罗米修斯盗取火种,给黑暗中的人类带来了光明与温暖,人类文明向前迈进了一大步。人们的生活确实是离不开火的,可是如果使用不当或者管理不好,就会发生火灾,严重威胁人们的安全,给人们的生命财产造成巨大的损失。

同学们,火是人类的朋友,它带给我们光明,推动着人类社会走向文明。但是,火一旦失去控制,就会造成灾难。我们一定要树立"全民消防,生命至上"的认同感、责任感和使命感。大家在今后的学习和生活中,要利用学到的知识守护生命,用正确的方法帮助自己和他人。

主题十　珍爱生命，严防溺水

班会模块	文明·和谐
适用学期	全学期
班会形式	课堂讲授/视频展示/图片展示/案例分析

一、班会背景

在世界卫生组织最近一次的报告中显示：全世界每年有超过37万人因溺水而死，其中，25岁以下的青年和儿童占据了一半的人数。据我国卫生部门统计：全国每年约有5.7万人死于溺水。据不完全统计：贵州省凯里市清水江凯里玻璃厂至龙头河河段，溺水事件多发，仅2020年7月就发生了10余起溺水死亡事件。

学生溺水死亡成为当前学生意外死亡的大杀手。天气炎热，加上汛期降雨强度加大，溺水事件进入高发期。国务院教育督导委员会办公室每年至少发布一次预警，提醒各地、各有关部门和学校引以为戒，认真落实防溺水工作各项要求，尽最大努力防止此类事件发生。本节课的目的在于，使学生认识到游泳时存在的危险，在游泳时发生意外如何自救以及救助他人，并且通过血淋淋的事实，教育学生珍惜生命，严防溺水，爱护生命。

二、学习目标

（1）充分认识防溺水教育的重要性；
（2）初步了解防溺水安全有关内容；
（3）提高有关防溺水的急救和自救能力；
（4）坚决做到防溺水"六不"。

三、前期准备

（1）提前搜集近年发生的溺水事件相关素材：贵州镇远、榕江溺水事件，河北唐山4名男孩落水，广西梧州3名小学生不幸溺亡，河南镇平县4人溺亡，孩子泳池10秒沉底溺亡，海南澄迈发生两起学生溺亡事故等；
（2）收集有关溺水事件的图片和案例；
（3）安排学生排练预防溺水及抢救措施等。

四、班会过程

（一）让人流泪的溺水案例

【提问】你喜欢水吗？你了解水吗？（学生思考问题）

溺水是常见的意外，指大量水液被吸入肺内，引起人体缺氧窒息的危急病症。多发生在夏季，游泳场所、海边、江河、湖泊、池塘等处。溺水者面色青紫肿胀，眼球结膜充血，口鼻内充满泡沫、泥沙等杂物。部分溺水者可因大量喝水入胃、出现上腹部膨胀。溺水可造成溺水者四肢发凉，意识丧失，重者因心跳、呼吸停止而死亡。

1. 溺水事件案例

【贵州镇远、榕江溺水事件】

2020 年 7 月 27 日下午 4 时许，三名学生在舞阳河镇远县西峡河段游泳时不幸溺水。事发后，闻讯赶来的群众救起了其中的两名学生，另有一名学生失踪，其遗体于 7 月 28 日被救援人员找到。

2020 年 7 月 28 日中午，榕江县寨蒿镇票寨发生溺水事件，当地三个小伙伴在游泳时不幸溺水身亡，其中较大的有 7 岁，另外的两个只有 4 岁和 5 岁，非常可怜。事发时，他们的父母远在广东、浙江等地打工。

【河北唐山 4 名男孩落水】

事件介绍：2020 年 8 月 27 日，河北唐山滦南县长凝镇东染各庄村四名 14 岁左右的男孩在河边戏水时不慎落水，其中二人获救，二人不幸身亡。

事件经过：据了解，事发时，其中两名男孩被附近的一个钓鱼老人救上岸，目前已经没有大碍，可另外两名男孩却沉入水中。

【河南镇平县 4 人溺亡】

简介：2020 年 8 月 1 日，河南省镇平县两名未成年人落水，三名成年人施救，最终致 4 人溺亡。

详情：经初步调查，曹某某驾车带领两名成年人和两名未成年人到清凉树村仵家庄路口游玩。两名未成年人不慎滑入旁边的河内，曹某某和两名成年人施救无效，导致曹某某和同行的一名成年人及两名未成年人溺亡。

2. 溺水事件的图片

【教师活动】看了这些令人痛心的图片（图片摘自百度资源），谁也不会感到轻松。你是否会感叹，是否会惋惜，一个个生命就这样在世界上转瞬消失？此刻，你在想什么？请谈谈你的看法。

总结：人，要珍爱生命。

【提问环节】

请说一说，你身边的哪些地方容易发生溺水事故。

容易发生溺水的地点有：水库、水坑、河流、溪边、游泳池……

(二) 发生溺水的原因

1. 如何理解"善水者溺于水"

善水者溺于水，是指擅长游泳的人，也有被水淹死的可能。其一，因为会游泳，所以经常与水亲密接触，这样就有溺水的可能。一般情况下，不游泳而溺水的可能性很小。其二，因为善游而高估自己的水性和能力，或者向更高目标挑战，对水情和自身情况估计不足而导致溺水。所以，即使自己游泳技术高超，也不要掉以轻心。

2. 造成溺水的原因

第一，根本不会游泳，但想下水寻清凉；

第二，会游泳但游泳时间过长，体力不支；

第三，水冷导致抽筋，或者突发疾病，尤其是心脏病；

第四，不识河流水文特征，盲目游入深水漩涡。

3. "憋气一分钟"感受生命

【游戏体验】组织学生体会"憋气一分钟"，感受死亡气息，说一说在游戏中的感受。

教师总结：其实，危险往往就在我们不经意间发生，酿成一个个惨不忍睹的瞬间。有些同学往往抱着侥幸的心理，去没有安全设施的自然水域，或在没有家长带领的情况下私自下河游泳。河水虽能解暑，满足一时的快感，但是看似温柔的河水里却处处暗藏着杀机。俗话说得好："不怕一万，就怕万一。"万一遇难了，那生你、养你、教育你的父母怎么办？可曾想过你的父母？就像我们刚刚玩的游戏一样，憋气时间越久，就越能感受到死亡的气息，感受到它给我们带来的有形的痛苦，以及给家人留下的无形的悲伤。

(三) 溺水正确施救及预防措施

1. 溺水正确施救措施

(1) 他救。

碰到有人溺水，要第一时间大声呼叫，并派出一人去寻求成人的帮助（如果有多个同伴在一起的话）。

(2) 借物。

寻找竹竿、树枝等，俯身趴下来，慢慢将溺水者拉上岸；在周边寻找漂浮物，扔给落水者；当周围没有漂浮物或者竹竿时，可以用衣服打绳结，抛向溺水者。

(3) 自救。

如果不慎落入水中，千万不要惊慌，要采取正确的措施自救，以便争取获救的机会；如果你不习水性，应迅速把头向后仰，口向上，尽量使口鼻露出水面；不能将手上举或挣扎，以免使身体下沉；及时甩掉鞋子和口袋里的重物，但不要脱掉衣服，因为它会产生一定的浮力，会起到很大帮助作用；假如周围有木板，应抓住，借用木板的浮力使自己的身体尽量往上浮；如果有人跳入水中相救，千万不要死死抱住救助者不放，而应尽量放松，配合救助者把自己带到岸边。

2. 预防溺水的措施

（1）宣传教育要落细。各地教育部门和学校要结合当地实际，广泛宣传防溺水知识和溺水危害，引导广大学生珍惜生命，远离危险水域。要采取多种形式，反复提醒学生在放学后、周末和节假日不要私自下水游泳，更不要到无人看护的水域玩耍；遇到他人溺水时，要沉着应对，以最快速度寻求大人帮助，不要贸然施救，以免造成更大悲剧。

（2）家长监护要落实。各地教育部门和学校要充分运用家长委员会、家长学校等组织，通过家访、家长会、电话、短信、微信、告知书等方式，及时向家长进行防溺水提示，督促家长增强安全意识和责任意识，准确掌握孩子行踪，切实做好对未成年子女的教育和监管，严防孩子离校期间溺水事件的发生。

（3）风险防控要落地。地方各级党委、政府要加强统筹协调，健全联防联控机制，加强重点水域隐患治理。特别是南方河网密集地区，要及时发布风险提示和预警，完善各类安全防护设施，加强日常巡查，切实做到及时发现险情，妥善做好应急处置。

【总结】四个牢记

天气再热，不到河塘去降温。

水景再美，不到水中去感受。

水性再好，没有保障别下水。

别人再劝，不用生命去逞能。

3. 牢记防溺水"六不"

（1）不私自下水游泳；

（2）不擅自与他人结伴游泳；

（3）不在无家长或教师带领的情况下游泳；

（4）不到无安全设施、无救援人员的水域游泳；

（5）不到不熟悉的水域游泳；

（6）不熟悉水性的学生不擅自下水施救。

五、价值引领

溺水事故给每个家庭带来难以挽回的灾难性后果，给家庭造成无法弥补的重大损失和危害。不要因为碧波蒙蔽了双眼，不要因为清凉失去了判断，生命只有一次，请勿下河游泳。

孩子是家庭的希望和未来，保证孩子的生命安全是我们共同的责任。学生安全工作需要家长认真履行监护人职责，学校与家长共同配合对学生的教育，形成家校齐抓共管的局面，筑牢家校对学生防溺水的防线，切实为学生的平安健康成长保驾护航。

第三部分
自由·平等

　　自由、平等、公正、法治，是对美好社会的生动表述，也是从社会层面对社会主义核心价值观基本理念的概括。它反映了中国特色社会主义的基本属性，是我们党矢志不渝、长期实践的核心价值理念。自由是指人的意志自由、存在和发展的自由，是人类社会的美好向往，也是马克思主义追求的社会价值目标。平等指的是公民在法律面前一律平等，其价值取向是不断实现实质平等。它要求尊重和保障人权，人人依法享有平等参与、平等发展的权利。

　　本部分选取十个主题开展教育，重点从人际关系、集体生活、习惯养成、心理健康等方面开展教育引导，针对当前高校学生中存在的超前消费、心理异常、适应困难、沉迷于网络等突出问题深挖根源，探寻解决之道，让广大同学养成良好的习惯，树立正确的消费观，打开心扉，积极主动地和别人交流，不做"宅男""宅女"。在交流中分享智慧，获取真知，开拓视野，广交朋友。

主题一 树立正确的恋爱观

班会模块	自由·平等
适用学期	所有学期
班会形式	课堂讲授/互动辩论/分组讨论

一、班会背景

恋爱是人生中最美好的事情。大学生已经到了恋爱的年龄,其花前月下本无可厚非。据有关调查,我国高校大学生恋爱现象十分普遍,60%以上的在校大学生有恋爱经历,部分恋爱中的大学生过于追求恋爱的各种表现形式,从而影响了学业甚至前途,这非常令人惋惜。由大学生恋爱引起的情感纠纷和非正常死亡现象逐年增多,从侧面反映了大学生恋爱情感中存在的问题不可小视,应当积极引导。

二、学习目标

(1) 通过主题班会活动,使学生树立正确的恋爱观,端正恋爱动机;
(2) 通过观点碰撞、利弊分析,使学生能够正确处理爱情与学业的关系,正确处理恋爱挫折;
(3) 培养学生处理感情问题的能力和责任心。

三、前期准备

(1) 了解当前大学生恋爱的现状、问题和解决措施;
(2) 了解班上学生恋爱状况,让同学们收集有关树立正确恋爱观的材料,做好课前准备;
(3) 做好应对授课过程中各种突发情况的准备。

四、班会过程

【课程导入】

引用《诗经》中关于爱情的描述:"关关雎鸠,在河之洲;窈窕淑女,君子好逑。"作为课程启发,引起学生们的关注,引发学生们的共鸣。

(一) 大学生恋爱的原因、现状及特点

1. 恋爱原因

通过对学生的问卷调查了解到,学生恋爱的原因主要有以下四个方面。

（1）摆脱孤独感。恋爱关系的建立，成为他们消除寂寞、摆脱孤独、缓解压力的一种方式。

（2）情感需求。随着青春期的到来，与异性交往中会产生一种愉悦感，提升自信心。

（3）好奇心理。由于生理发育成熟而产生对未知事物的好奇心理。

（4）虚荣心理。部分大学生认为，谈恋爱是一种能力和魅力的象征。

2. 恋爱现状

（1）人数增多。大学生谈恋爱的人数在逐年增多，且十分投入与公开。"不谈恋爱的大学是不完美的大学"似乎已经被众人认可和接受。

（2）低龄化。"进校后的首要任务是抓紧时间谈恋爱，否则优秀的人会被他人抢先一步"的想法，驱使更多大学生刚到学校，想的就是谈恋爱。

（3）恋爱节奏快。浮躁，轻率，缺乏责任感，周期短。

（4）出发点盲目。不是为爱而爱，由失恋引发的悲剧时有发生。

3. 恋爱特点

（1）恋爱目的多样化。调查显示，单纯因感情问题而恋爱的占49.4%，其他非感情因素如"寂寞""孤独""攀比""寻求刺激"等恋爱动机，使当前大学生情感体验复杂化，进而导致其恋爱心理多样化。他们或痴情"相伴一世，不离不弃"，或信奉"不求天长地久，只求曾经拥有"。

（2）恋爱形式公开化。当前高校虽然不提倡谈恋爱，但也不反对谈恋爱。随着人们观念的变化，大学生谈恋爱已不再顾忌他人的评价，而是随着自己的身心发育和情感上的日趋成熟，逐渐从"地下"转为"地上"，由隐秘转为公开。

（3）恋爱低龄化。受社会上的早恋现象及校园内高年级同学恋爱行为的影响，刚进入大学就谈恋爱的大学生比例逐渐上升。在谈恋爱的学生中，一年级学生占20%左右。

（4）性观念开放化。对于婚前性行为，大约40%的同学持理解和宽容的态度，认为"只要真心相爱，就应全身付出"，性观念更加开放，而传统的贞操观在大学生的思想观念中日益淡化。

（5）恋爱关系脆弱化。不少大学生在谈恋爱时，不考虑经济、地域、家庭等社会性因素，而只追求一种浪漫色彩。他们往往表现出独立性强而约束力差、情感性强而理智性弱的特点，对于恋爱中的挫折往往不能理性地分析与解决，表现为恋爱率高、分手率高，最终能走进婚姻殿堂的寥寥无几。

【观点碰撞】

引导学生进行课堂辩论：大学生恋爱，利大于弊还是弊大于利？

（二）大学生恋爱的利

提问学生：在现在或者之前的恋爱过程中都收获了什么？自己或者身边朋友在恋爱过程中有没有觉得受到了什么伤害或者打击？从而引发学生思考，分析恋爱的益处。

1. 培养责任心

责任心在任何情况下都是人的重要品质，爱情从来都不是个人孤立的心理活动，双方在生活的征途中风雨同舟、患难与共，彼此有责任心才会真正带来爱情的幸福。

2. 培养人际关系

恋爱有助于一个人学会如何与他人特别是异性相处，这种能力的培养有利于我们分清友谊与爱情，对日后处理类似问题提供了经验。

3. 培养爱的能力

"会爱的人才会生活，会生活的人才会工作。"爱本身就是一种能力，爱是一种奉献的能力、一种包容的能力、一种理解的能力、一种信任的能力。当你做到这些时候，你也许会感到几分辛苦，但更多的将是幸福和快乐。

根据以上恋爱的好处分析，告知学生，只要正确地对待爱情，认清爱情的本质，就能够通过谈一段理想的恋爱，收获一些有利于自身发展的东西。

(三) 大学生恋爱的弊

如果违背了爱情的本质，盲目地出发，就会尝尽爱情的苦，伤害身心健康。恋爱也有诸多弊端。

1. 严重耽误学业

学习是学生的本分，如何处理好学业与爱情的关系，一直是令大学生感到头疼的难题。如果处理不好，就会耽误学业，甚至不能正常毕业。

2. 浪费金钱

恋爱过程中约会、送礼物等，都会产生额外的经济负担，从而加剧父母的经济压力。

3. 局限朋友圈

经常处于"二人世界"，阻断了与其他同学、朋友的交流，从而限制了自身的发展。

4. 损害身心健康

由于对两性知识的欠缺，可能跨越红线，给彼此甚至双方家庭带来巨大的伤害。

【互动游戏】

心理测试，营造活跃轻松的课堂氛围。

老师提出测试题目：大多数时候人们去买东西，都带有明确的目的性，买的东西多半是现在需要的。要以此来看出点什么，是难了一些。你百般无聊时去街上散散心，走一走，待到想回家时，又觉得空手回家怪怪的。于是，你决定买一样东西带回家。偶然间的决定，当然随意性较大，你希望买什么呢？

请在以下分析中任选一项：

A. 去书店买本书看看，正好可以打发无聊的时间。

B. 一件漂亮的衣服最实用。

C. 水果自然是最好的选择，免得家里没有，又出去跑一趟。

D. 带一些西式面包,又好看又好吃,说不定省了做一顿饭。

根据学生做出的选项进行心理测试分析(以下观点纯属游戏观点,如有雷同,纯属巧合)。

A. 你对爱情的要求是较高的,对方若非魅力十足,又有能力提供你所渴慕的浪漫生活的话,你们多半良缘无涉。你受的教育层次较高,因而对生活质量的要求有别于常人,不仅要富有情调,而且要高雅精致,恐怕能办到的人不多。记住了,太挑剔会使你失去很多机会,年华易逝,还是现实一点好。

B. 身在情海中的你,常常游移不定,搞不清好男(女)人在哪里。爱起来,你会不顾一切,即便背着第三者的名分也无所谓,可惜你这种热情太不持久,三天不到,你又觉得当初选择有误,于是立马收兵回营,另觅良枝。在爱情上三心二意的你,虽在乎自己的感觉,却往往搞不清自己的感觉,因此时常心无定所。还是安静一点好,先弄清自己,再全力出击,才会得到你梦想中的情人。

C. 痴情的你,对爱全身心地投入,也要求对方坚定不移地爱你。你把一切看得太美好,一旦受伤,久久难以恢复。"糊里又糊涂"是你在情路上的最好写照。你认为只要全心全意地投入,对方也一定会如此回报你,且理所当然应回报你,因此在不知不觉中,你对恋人的要求较为苛刻。我们给你的建议是,请试着退一步看问题。对爱情执着是好的,但万一你们已缘分不再,就别一门心思试图唤回对方的爱。过去的就让它过去吧!

D. 生活中的你非常现实,从不会委屈自己,让自己舒舒服服是你的目标。爱情中的你也不会为了爱一个人而委曲求全,虽然偶尔冲动,但最终理智会占上风,因此,在情路上你一般不致吃亏。你的毛病,是有时太计较施与受的平衡,有时会让人觉得你不够真诚。

(四)如何树立正确的恋爱观

1. 要正确对待恋爱

正确处理恋爱、学业、事业、集体、道德、博爱之间的关系。恋爱是人生的一件大事,但并不是人生的全部。大学生应该以学业为重,因为学习是大学生的主要目的。事业高于爱情,主张事业为主,不宜过早地恋爱。

提倡志同道合的爱情。在恋人的选择上,最重要的条件应该是志同道合,思想品德、事业理想和生活情趣等大体一致。应该是理想、道德、义务、事业和性爱的有机结合。一般情况下,异性感情的发展是沿着熟人—朋友—好朋友—知己—恋人这一线索发展的,当一个男生成为一个女生心中任何人都不能代替的角色时,爱情就可能降临。在分享快乐和痛苦、共同成长的过程中,爱情就会产生和发展。

摆正爱情与事业的关系。大学生应该把事业放在首位,摆正爱情与事业的关系,不能把宝贵的时间都用于谈情说爱而放松了学习。因为学业是大学生价值感的主要支柱。当女大学生把爱情视为生命的唯一时,爱情就是一株温室中的花朵,娇弱美丽却经不起任何的打击。当爱情成为女性唯一的存在价值时,她本人就会失去人格的独立和魅力,也很容易失去被爱的理由。

要懂得,爱情是一种相互理解、相互信任,是一份责任和奉献。理解对方是为自己和对方营造一种轻松和快乐的氛围，没有人追逐爱情只是为了被约束；相互信任是自信的表现，自己都不相信自己值得别人去爱的人，别人会全心全意爱他吗？责任和奉献则关系到个人的道德修养，它是获得崇高爱情的基础。

2. 端正恋爱动机

恋爱是寻找志同道合、白头偕老的终身伴侣，而不是为了安慰解闷、寻求刺激，更不是单纯为了性的满足。恋爱对象的选择是一个复杂的过程，不能忽视了经济、政治、文化、个性等因素，但是共同的理想、共同的品德和情操是最根本的。恋爱动机的好坏，直接关系到恋爱能否成功。大学生作为新时代的骄子，其恋爱观应该是理想、道德、事业和性爱的有机结合。

3. 要培养爱的能力与责任

迎接爱的能力。如果一个人心中有了爱，就要敢于用正确的方式表达；面对别人的示爱，要能够取舍，并及时作出接受或拒绝的选择。要能够承受求爱被拒绝或拒绝求爱的心理困扰。

拒绝爱的能力。对于自己不愿意接受或认为不值得接受的爱情应有勇气拒绝。拒绝时应注意两点：一是如果不希望爱情到来，拒绝的语气要果断坚决，容不得半点优柔寡断，否则会给对方造成更大的伤害。二是要掌握恰当的方式。要掌握说话的方式和度。虽然每个人都有拒绝爱的权力，但是也要做到对别人起码的尊重。

发展爱的能力，培养爱的责任。发展爱的能力，并不是非要具体到对某一异性的爱，可以是更广泛意义上的爱。我们的亲人、同学、朋友、祖国和人民，都值得我们去热爱。发展爱的能力，就是要培养无私的品格和奉献精神，要培养处理矛盾的能力，有效地化解和消除恋爱和家庭生活中的矛盾纠纷，为恋人负责，为社会负责。只有这样，才能创造出幸福美满的婚恋。

4. 要正确处理恋爱挫折

要正视现实。失恋之苦在于一个"恋"字，爱情是双向的、相互的，以双方的爱情为基础，失去任何一方，爱情就会失去平衡，恋爱即告终止。这时，失恋的一方无论对另一方爱得有多深，都是不现实的。作为有理智的大学生应该正视这一现实。

要换位思考。要设身处地为对方着想。这样做有助于你理解对方终止爱情的原因，有助于你接受失恋这一痛苦的现实并及早走出失恋的阴影。同时，也要注意感情宣泄。

五、价值引领

爱情是美好的，它是人生的重要组成部分，但不是人生的全部，它应该服从于事业，促进事业的发展。一个人只有事业取得成功，其爱情之花才会开得更加鲜艳芬芳。

大学生应该把学业放在首位，摆正爱情与学业的关系，不要把宝贵的时间全部用于谈情说爱，而放松了学习。没有学业的爱情如同在沙漠中播种，缺乏坚实的根基和土壤，迟早会枯萎。只有将爱情与学业结合，爱情才有旺盛和持久的生命力。

主题二 我的宿舍我的家

班会模块	自由·平等
适用学期	第一学期
班会形式	课堂讲授/游戏互动

一、班会背景

宿舍是学生日常生活与学习的重要场所,是对学生进行教育的重要阵地。新生入学后,首先逃避不了的问题就是宿舍生活,如果大学生不能适应宿舍生活,那么在短时间内是难以适应大学生活的。宿舍生活归根结底是人际关系和融入集体生活的问题。当前,大多数大学生是独生子女,从小有自己的独立空间。如何帮助大学新生快速融入宿舍生活,对于营造健康、文明、和谐的学生宿舍环境,保证学生宿舍正常的学习、生活秩序至关重要。

二、学习目标

(1) 引导学生创造良好、温馨、和睦、干净的宿舍氛围,加强宿舍成员之间的包容、理解、相互帮助、相互学习、相互监督,让宿舍成为成长成才的生活平台;

(2) 帮助大学生尽快融入大学生活,建立良好的人际关系,和谐共处,形成独特、向上的宿舍文化。

三、前期准备

(1) 通过网络收集和选取宿舍典型案例,如《中国好室友!同寝"四朵金花"集体考研成功!》;

(2) 收集整理与学校有关的视频,如《美丽校园》。

四、班会过程

【视频导入】

观看视频:《美丽校园》(摘自贵州电子信息职业技术学院官网)。

视频内容从校门开始,到操场、图书馆、实验楼、篮球场、体育馆、教学楼、食堂等学校各个场所,一直到学生宿舍,镜头慢慢聚焦并停留下来。光阴荏苒,转眼已经成为大学生,已经离开家乡有一段时间了。想起家乡的山水、家中的温馨。家是心灵的归宿,情的分量重得无可取代。但是此刻,"宿舍"这个字眼在学生心中已越来越温暖,在学生心中有了很重的分量。一纸通知书让学生相聚，成为一家人。都说远亲不如近邻，在学校，学生需要帮助的时候，只有室友才能比家人更包容、理解和给予帮助。室友几个人，大家一条心……于是这里成为学生们在大学的家。

我的宿舍我的家，宿舍生活已成为学生生活的重要组成部分。良好、温馨、和睦、干净的宿舍环境，对大学生活、学习起着至关重要的作用。创造良好、温馨、和睦、干净的宿舍氛围，让室友之间相互包容、相互理解、相互帮助、相互学习、相互监督，能帮助学生健康成长。

【互动讨论】

让学生踊跃发言，谈谈在宿舍这个家里发生过哪些有趣的故事、搞笑的故事、令人印象深刻的故事、令人难过的故事。

(一) 宿舍关系——大学人际关系的开始

1. **人际关系**

人际关系是指人与人在沟通中建立起来的直接的心理上的联系。

人际交往的基本原则：平等、尊重、真诚、宽容、互助。

宿舍人际关系，是在宿舍这一特定的时空环境中，宿舍成员在共同的学习、生活中结成的，以精神关系为主要内容，以语言、知识、情感为主要媒介的关系。

宿舍人际关系的特点：高度集中性、交错复杂性、易冲突性、影响深远性。

宿舍人际关系的重要性：宿舍是大学生养成良好生活、学习习惯的重要阵地，是大学生社会化的重要平台，室友关系是大学生健全人格形成的重要渠道。

2. **宿舍关系与社会现象**

(1) 谁动了我的奶酪。

指一些同学在宿舍里有随便翻动别人东西的习惯。这种习惯会引起室友的反感，从而造成宿舍人际关系紧张。

(2) 都是电话惹的祸。

指一些同学尤其是热恋中的同学，喜欢在宿舍里旁若无人地打电话，有时一打就是几个小时，甚至到深夜，而不管宿舍其他同学在做什么，影响了室友的学习和休息，而且室友多次提醒依然我行我素。

(3) "凭啥我多干活。"

对于宿舍卫生的打扫和保持，有的同学轮到值日也不愿意做，引起室友反感。

(4) "我就这样。"

有的同学没有良好的卫生习惯，不洗脚，不洗衣服，使宿舍气味难闻，往往因此影响了整个宿舍的卫生成绩，让宿舍其他同学无可奈何、敢怒不敢言。

(5) "你在做什么。"

现代社会竞争压力大，有的同学喜欢竞争，连自己的室友也不放过。看见别人在看书，就出于嫉妒心而跑去询问,使得看书的同学感到日日生活在他人的监视之下,私人空间遭到侵犯,严重影响宿舍关系。这也导致大学生挂床帘等行为普遍发生,影响室友的正常交流。

(6) 我只爱和他(她)一起走。

"90后""00后"的大学生们大多为独生子女,自我意识较强。在宿舍内部极易出现"小团体",大多数体现为"2+2"模式。这会导致室友关系分裂、整个宿舍关系不和谐。

3. 解决大学生宿舍关系恶化问题的对策

(1) 坦然面对宿舍矛盾。

学生们天南海北聚集到同一个宿舍,是一种难得的缘分,但由于价值观念与生活习惯的差异,肯定会产生各种摩擦和矛盾。应正视问题,多分析自己身上的不足,适当调整自己的生活习惯和说话方式,以他人可以接受和理解的方式与人相处。"勿以善小而不为",注意小节,多为别人考虑,体谅别人,矛盾就会迎刃而解。

(2) 主动沟通与交流。

积极参与宿舍同学的讨论和其他活动,更好地与他人沟通,消除彼此之间的误会,加强互相了解。下雨天给室友送去雨伞;过节时给室友一句过节的祝福;室友面对困难挑战时,给予积极的鼓励;陪伴生病的室友去医院;日常生活中的温馨提醒。这些看似琐碎的细节,其实就是让室友在宿舍里感到温暖,而室友之间的感情,也是在这些细节中得到加深的。

(3) 学会宽容和理解。

人的成长受遗传、家庭、学校、社会、经历等各种因素的影响,因此,每个个体之间千差万别,不能强求一律,更不能用自己的价值尺度去衡量他人。要尊重他人身上的不同之处,宽容对方的不足与缺陷。不要把自己的观点强加给别人,不要试图去改变他人的习惯,不过分追求完美,不苛求自己,也不苛求别人。站在对方的角度,多为他人着想,宿舍成员之间的各种偏见和误解都会因此"烟消云散"。

(4) 真诚对待他人。

每个人都渴望室友坦诚对待自己,但首先得反思,自己是否已经坦诚对待室友。大学生室友之间的冲突往往不是原则性的大冲突,而是一些"鸡毛蒜皮"的小矛盾。只要敞开心扉,把内心的想法或苦恼说出来,就会促进彼此的互相理解,苦恼也就被吸收了。种瓜得瓜,种豆得豆,只要播种真诚,展现真实自我,就会收获别人的真诚对待。

(5) 掌握人际沟通的技巧。

学会委婉地表达自己的想法,注意言辞。"良言一句三冬暖,恶语伤人六月寒。"交往时要注意语言艺术的运用,要注意说话的对象、场合、分寸,以免由于说话不得体而伤害他人的自尊心。当观点不同时,最好通过讨论、协商的方式解决分歧。当发生矛盾时,要头脑冷静,用委婉的语言表达自己的想法,注意自己的言行对别人的影响和别人的感受。

(二) 宿舍文化

宿舍文化是指通过宿舍这个载体来反映和传播的各种文化现象的总和。它既包括校园中的物质文化、制度文化，也包括师生的价值观念、群体心态、校园舆论等。它以宿舍成员共同的价值观为核心，由涉及宿舍生活的各方面的价值准则、群体意识、行为规范、公共行为和学习生活习惯所组成，是由宿舍成员共同建立和长期形成的、潜移默化的氛围和影响力。

积极、健康、向上的宿舍文化对大学生成长成才有着举足轻重的作用，随着同学之间思想、性格、追求的不断融合，不同的宿舍形成了各具特色的文化氛围。这种潜在的精神状态和极富凝聚力的氛围，就是"宿舍文化"。

类型：学习型、信息型、娱乐型、艺术型、驿站型。

（三）我的家，我爱护

营造"安全、健康、卫生、和谐"的良好宿舍文化，需要每一个人的参与与付出。做到"和谐在我寝、安全在我家、卫生在我行、健康在我动、温暖在我心、学风在我领"。宿舍就是共同的家，应共同呵护，营造温馨的家。引导学生打造良好、温馨、和睦、干净的宿舍环境。

1. 严以律己，宽以待人

在人际交往中，应学会正确的沟通交流技巧并懂得宽容，学会理解和尊重舍友。孟子曾经说过："爱人者，人恒爱之；敬人者，人恒敬之。"进入大学，宿舍同学来自不同的地区和家庭，有着自己固有的生活习惯。所以，不能仅以自己的标准来要求他人，要知道自己的行为和生活方式也可能是别人所不喜欢和不能接受的。因此，在交往中，彼此之间抱着心诚意善的动机和态度，做到相互宽容、理解，并在情感上引起共鸣，那么，舍友关系自然就能得到巩固和发展。

2. 换位思考，求同存异

想与周围的人保持良好的人际关系，就必须学会换位思考，遇事多为他人着想，处事以诚相待。力争做到"六不"：不讹传他人的短处，不凌辱他人，不刺探他人的隐私，不抹杀他人的实力，不疏忽他人的小事，不记恨他人的过错。要善于求同存异，不断完善自我。

3. 诚信友善，团结互助

人生会遇到很多的不如意。人处逆境时，最需要的是朋友的安慰和帮助，一句暖心的话，一杯深情的水，会让宿舍充满暖意，让同学视你为亲人。宿舍就是学生共同的家。漂泊在外的心灵渴望家眷关怀，异地求学时我们更依赖宿舍的温暖。几个志同道合的人，组成千金难买的回忆。宿舍是共同的家，共同呵护它的成长，也共同享用它带来的温馨，让学生牵起手来，创造更美好的宿舍。全体同学应齐心协力，团结协作共建大家的"家"，建设好大家的班集体，共创美好的未来。

五、价值引领

宿舍，作为大学生活不可或缺的一个空间，是增进同学友谊的驿站，是心灵的港湾。宿舍就是学生们共同的家，应共同呵护，营造温馨的家。宿舍生活是学生人生宝贵的财富，同学情是纯朴厚实的，舍友更是情同手足。打造良好、温馨、和睦、干净的宿舍环境，室友们应该做到：一要有明确的责任分工，培养学生责任担当精神。选举出寝室长，安排好卫生责任表。二要有科学的宿舍公约，培养宿舍和谐共处氛围。制定宿舍公约，形成宿舍和谐氛围。三要有积极的宿舍文化，引导学生根据宿舍发展，建设属于本宿舍的宿舍文化，共同参与到"家"的建设中来。

主题三 树立正确的消费观，远离校园贷

班会模块	自由·平等
适用学期	第一至第六学期
班会形式	课堂讲授/互动讨论

一、班会背景

当代大学生面临着复杂的文化背景和多元的价值输入，并且在网络时代快速的信息传播下，出现了价值矛盾冲突凸显、价值取向多元、价值判断模糊的情况。价值取向和价值观的树立决定着大学生的发展方向，影响着大学生的工作态度和生活方式。

2009年7月，国家银监会发布了《关于进一步规范信用卡业务的通知》，明文规定：银行不得向未满18周岁的学生发放信用卡，给已满18周岁但无固定工作、无稳定收入来源的学生发卡，要经由学生父母等第二还款来源方的书面同意。尽管相关文件已经出台，但新型校园贷仍然进入高校校园，将目标人群锁定为在校大学生，对高校学生产生了极大诱惑。采取措施，有效防范和抵制不良校园贷，刻不容缓。

二、学习目标

（1）帮助同学们清晰认识到校园贷的危害；
（2）强化学生辨别不良校园贷的能力，远离不良校园贷；
（3）增强学生主动参与抵制校园贷的主人翁意识，培养正确的消费观念。

三、前期准备

（1）通过网络等途径收集整理校园贷相关政策文件以及宣传资料；
（2）收集身边发生的校园贷引起不同程度危害的案例。

四、班会过程

【视频导入】

播放视频材料：《宋晓峰穿校服去借校园贷》。

问题：为什么宋晓峰会穿校服假扮大学生去借钱？

分析：30多岁的宋晓峰急需一笔钱，正规的贷款机构都有很严格的审批手续。宋晓峰发现非法校园贷审批手续简单、不规范、门槛低，决定铤而走险，假扮大学生去借钱。从视

频中可以看到，贷款机构在隐蔽的居民楼中。工作人员只进行了简单的询问，双方签订了不规范的合同，假扮大学生的宋晓峰就很轻松地贷到了两万元。但实际生活中，校园贷并没有我们从影视作品中看到的这么简单。同学们，我们就从本次课程中了解校园贷中的"门路"和"陷阱"吧。

（一）校园贷的概念

校园贷就是在校学生通过针对大学生的网络贷款金融机构和平台在网上申请获得信用贷款的方式。

事实上，校园贷很多情况下都会披着美好的"外衣"。一般校园贷的广告词会写得特别励志，比如："用你明天的钱来完成今天的梦想！"如果轻信广告词，就会发现，钱贷着贷着，"今天的梦想就被明天的钱带走了"。

2009年，银监会叫停了大学生信用卡。有些商人看到了大学生借贷中存在着高额的利润空间，从2014年起，"校园贷"顺势而上，开始走进大学生的视线，悄悄进入高校校园；2015年，"校园贷"呈爆发式增长，同时乱象丛生；2016年，"校园贷"产生的恶劣影响和极端后果得到了学校、社会及相关部门的重视，"校园贷"迎来了监管，大面积退出。

（二）身边的校园贷真实案例

案例一：小桥大一入校后勤奋节俭，通过自己勤工俭学攒下了2 000元。但一个偶然的机会接触到了网络赌博，怀着"试试水"的心态，小桥开始在网络平台参与线上赌博。开始时，小桥"运气很好"，连续盈利。看着钱来得如此容易，小桥投入的金额越来越大。但伴随着盈利，亏损接连发生，越想翻本就亏得越多。小桥开始借钱翻本，而赢少输多，慢慢地越陷越深。急于翻本的小桥通过校园贷平台进行贷款赌博，但赌博将贷款的钱一点一点耗尽，小桥不得不拆了东墙补西墙。就这样，陆陆续续在不同的校园贷App上贷款近5万元，最终因无力偿还而被迫退学。

通过这个案例我们可以发现，像小桥这样的大学生社会经验不足，面对纷繁复杂的网络环境，辨别能力差，在金钱的诱惑下，很容易迷失自我，掉入连环陷阱之中。

对班级同学进行提问：从小桥的案例中，我们可以看到他的哪些问题呢？

针对同学们的回答进一步进行分析：

小桥存在的问题：①受错误的价值观驱使，妄想不劳而获；②法律意识淡薄，金融知识匮乏；③缺乏自控意识，自控能力较弱。

案例二：小港入校后不久找到辅导员，说他收到一个校园贷平台的催款信息，并找到平台了解，得知自己利用录取通知书信息在该平台贷款1 500元钱未还。而据小港回忆，自己从高中起就在学校的大力宣传下深知校园贷的危害，从没接触过任何校园贷。录取通知书在新生入学报到后扔了，并未妥善保存。辅导员在了解情况后，指导小港到当地派出所报案，派出所工作人员进行了案件登记。案件一直未侦破，但在公安人员的介入下，贷款平台暂时未对小港进行催款等操作。

通过这个案例我们可以发现,像小桥这样的大学生对个人证件缺少妥善保管的意识,而校园贷平台审核流程简单,很容易让别有用心的人有可乘之机,冒用当事人的身份进行网络借贷,使当事人"被贷款",从而面临金钱损失和信用风险。

对班级同学进行提问:从小港的案例中,我们可以看到他的哪些问题呢?

针对同学们的回答进一步进行分析:

小港存在的问题:①个人信息保护意识较弱,导致"被贷款";②信息泄露风险防范意识差,致使自己被他人非法牟利。

邀请同学们一起分享身边的校园贷案例,并针对大家分享的案例,和同学们一起讨论存在的问题和规避的方法。大家通过分析和讨论,对校园贷也有了基本的了解。那么,我们现在就系统地了解校园贷存在的各种形式。

(三)校园贷的形式

其实,在我们身边案例中了解到的校园贷形式只是其中一部分,而校园贷存在的形式多种多样。我们今天就集中了解以下六种常见形式:

1. **不良贷**

不良贷主要是指那些采取虚假宣传、降低贷款门槛、隐瞒实际资费标准等不合规手段诱导学生过度消费或对学生进行恶意贷款的平台。不良贷的危害在于,它表面上看不出费率高、贷款门槛低、审核不严、不文明的催收手段、风险难控等问题,让很多同学在不知情的情况深陷其中,而事后的风险就将转嫁给家庭、校园代理人,最终让当事人的利益受到严重损失。

2. **高利贷**

根据法律规定,借贷双方约定年利率未超过24%,应予支持;借贷双方约定利率在24%~36%,系灰色地带;若借贷双方约定利率超过36%,则定为高利贷,不予支持。而校园贷中存在的"高利贷"的问题,多以月息"0.99%"为噱头,让同学们觉得利率低,造成"低息"假象。但实际上提供的都是短期小额贷款,平台会附加各种服务费、代理费,最终偿还的利息是超过年利率24%的超高利息!若因逾期而缴纳滞纳金,很容易超过36%,变为非法高利贷。

3. **多头贷**

多头贷主要是指从多个校园贷平台进行贷款,形成的一种"以贷还债"式的贷款形式。"多头贷"是陷入校园贷的同学经常会遇到的情况。其问题不仅在于校园贷平台是否正规,更在于从多个校园贷平台进行贷款,将直接导致贷款金额像"滚雪球"一样,越滚越大,越贷越多,使借款人面临无力偿还的经济压力。

4. **刷单贷**

刷单贷主要指不法分子利用大学生的求职心理,以贷款购物刷单获取佣金名义进行的新型诈骗。大家一定要高度警惕这类"贷款购物"刷单兼职骗局，谨记"天上不会掉馅饼"，不会有什么"空手套白狼"。大家在求职时一定要选择正规、信誉高的单位，谨防别有用心的"好心人"主动介绍工作。

5. 裸条贷

裸条贷主要是指不法债主通过要挟借贷者以裸照或不雅视频作为贷款抵押证据的行为。"裸条贷"会给借贷者造成心理上的压力，让当事人不堪其扰而采取极端做法，甚至失去生命。一旦陷入裸条陷阱，要主动报告自己的借贷信息，并及时进行报警，维护自己的合法权益。

6. 培训贷

培训贷实为"校园贷"的新变种，专门坑骗涉世未深的大学生。此类校园贷实为诈骗分子通过虚假宣传方式诱骗学生参加的贷款缴费。"培训贷"以其隐蔽的形式，让很多大学生防不胜防，甚至在事发前都不知道自己已经参与了校园贷。同学们面对各种培训时，都要提高警惕，了解清楚培训机构的资质，面对不明白的协议不要轻易签字，多找有经验的老师、家长咨询。

（四）校园贷的防范

了解了校园贷的各种形式、注意事项及如何规避的建议后，请同学们谨记以下几点，做到彻底远离校园贷。

1. 树立正确的消费观和价值观

身为大学生，应加强自律意识，提高自我管理、自我教育、自我约束的精神。大学阶段是学习知识、增长本领的黄金时期，要树立正确的消费观，养成勤俭节约的习惯，切勿盲目攀比，形成不良的消费观。

2. 不在网上借贷平台借钱

现在，通过加大宣传和教育，同学们已经深知校园贷的危害了。但一些网贷平台的营销手段也"与时俱进"，变得更加隐秘。有的平台打着毕业贷、创业贷、培训贷、求职贷等旗号，改头换面，披上正义的马甲，继续向在校大学生违规放贷。

3. 保管好个人信息

看到这里，肯定有同学会说："在这个信息不能完全保密的社会，要保存好自己的信息真是太难了！"尽管如此，也要避免自己主动泄露信息。其实，本人泄露的经常是更加详尽的信息，让居心叵测之人有可乘之机。不要随便相信"学长学姐"们所谓"冲业绩"的请求，谨记"天上不会掉馅饼"，小便宜不要随便捡，别"被"贷了款。

4. 运用法律手段保护自己

当大家真的不小心陷入了校园贷时，要留下相关证据。如发现有异常情况，请凭借有效证据向有关部门反馈，保护自己的合法利益。

（五）"坚决抵制校园贷，从我做起"倡议书

树立正确消费观，远离非法"校园贷"倡议书

亲爱的同学们：

大学是人生发展的重要阶段，学习是同学们的首要任务。一些非法校园贷通过各种形式诱导同学们过度消费，陷入高利贷的陷阱，严重影响了正常学业，甚至让很多家庭背负了沉重的债务，导致各种悲剧不断发生，不得不引起同学们的警醒和反思。现呼吁广大同学们树立正确消费观，远离非法"校园贷"。现向大家发出如下倡议：

一要强化责任意识，树立正确消费观念。我们要树立理性科学的消费观，在生活上不攀比、不盲从，合理安排生活支出，拒绝过度消费、超前消费。要把精力放在学习上，学到知识、技能，回报父母和社会。积极践行社会主义核心价值观，倡导艰苦奋斗、勤俭节约的优良传统，不断强化责任意识，对自己负责，对家庭负责。

二要强化自我保护意识，提高辨别能力。面对花样繁多的不良网络借贷平台、打着零利息、零首付、零门槛、低成本等吸人眼球的贷款信息以及超前消费的诱惑，同学们一定要强化自我保护意识，主动了解相关贷款金融知识和法律法规，不断增强辨别能力，不断强化防骗意识，提升自我保护能力。

三要强化个人信用安全意识，维护自身权益。在互联网时代，稍不注意，个人信息就会被他人盗用。很多不法分子利用同学们社会经验少的弱点，盗用学生的身份证和个人信息进行违规贷款，非法获利，对同学们的利益和信用造成严重的损害。切勿使用个人信息替他人进行贷款，避免承担违约连带责任，注重维护自身的权益。

四要增强风险意识，远离违法犯罪。当前一些非法机构和人员以各种"障眼法"，在校园实施传销、诈骗、非法集资等违法活动，给校园安全稳定带来严重的隐患。广大同学务必增强风险意识，高度警惕网络传销和非法集资等违法活动，始终牢记"天上不会掉馅饼"。只有脚踏实地勤奋学习，才能创美好生活。

同学们，从我做起，坚决抵御不良网贷，树立正确消费观，自觉远离"非法校园贷"，刻苦努力学习科学文化知识、技术技能，为实现自己的人生价值打下坚实的基础。

五、价值引领

校园贷进入大学校园，将目标群体定位于在校大学生，其原因是巨大的利益驱使，其形式层出不穷。面对这样的现状，需要学生、家长、学校、社会等多方抵制，通过多种形式引导学生清晰认识校园贷的本质，主动远离校园贷，形成健康的消费、生活观念，增强风险意识，提高识别各种非法借贷的能力，这样才能从根本上做到"树立正确的消费观，远离校园贷"。

主题四 建立和谐师生关系

班会模块	自由·平等
适用学期	第一、二学期
班会形式	课堂讲授/案例分析/分组讨论

一、班会背景

随着社会的发展，大学生的心理发展出现了新的特点，师生关系也发生了复杂的变化，教师在学生们心中的地位也有所变化，师生关系变得不稳定。师生关系作为学生的学习环境和成长氛围的构成因素，是学校生活中一个最基本的人际关系，对学生的影响是全面而深刻的。师生关系是老师和学生之间进行沟通和交流的最直接的途径，直接影响着教育教学的效果，对学生的学习和心理发展有重大影响。因此，使学生了解师生关系，主动促进和谐师生关系的构建很有必要。

二、学习目标

（1）认识到和谐师生关系的重要性，端正学习态度；

（2）学会反思自己言行上的不尊师表现，培养在细节处尊师的习惯，树立尊师重教的观念；

（3）培养同学们感恩做人、尊敬师长，消除师生间的屏障隔阂，增进师生间的感情，建立和谐的师生关系。

三、前期准备

（1）收集师生关系和尊师重教的案例材料；

（2）设计好调查问卷，想一想，你最喜欢的老师是哪一位？你为什么喜欢他/她？你喜欢负责任的老师还是不管你们的老师？

四、班会过程

【课程导入】

通过网络上的《学生写给老师的一封信》，导入新课。

教师引导：一个学生只是一个老师的几十分之一，老师有必要对每个学生都特别的关注吗？每个学生对他的家庭来说，意味着太多。大家用理性来思考一个问题：老师能够做到对每个学生都特别关注吗?

老师有他们不足的地方也是必然的,"金无足赤,人无完人"。但是,良好的师生关系对你很重要,如果因为某个老师的某个小缺点,或是不关心你,你就对他不喜欢的话,你这门功课学起来可能就没那么顺利了。功课是老师教你的,你讨厌一个老师,在恶劣的师生关系影响下,功课自然不会学得很好。这样的结果是什么呢?大家好好想想,考试你能考好吗?因此,为改善师生关系,你是不是需要做点什么呢?

【老师管与不管的讨论】

一个老师很严厉,但是为你好,骂你的时候很凶;另一个老师很放松,最终班上纪律很差,全班都不怕他,上课很乱。

教师引导:这两个老师你们更喜欢哪一个呢?二选一的话,你们会选哪一个当你们的老师呢?(同学们讨论,回答。)

总结:其实老师也有老师的难处,对你们太严厉的话,怕伤害你们的自尊心;对你们放松的话,又担心是对你们不负责任,会对你们产生不好的影响。但有时候,面对你们违纪、旷课、迟到,或是上课不认真、考试作弊等种种情况,你说老师是管呢,还是不管呢?请同学站起来说一下,老师该不该管。

【写一写】

你最喜欢的老师是哪一位?你为什么喜欢他/她?

你喜欢负责任的老师还是不管你们的老师?

(一)建立和谐师生关系的重要意义

【案例分析】

有一位表现积极、工作负责的体育委员,在一次体育课外活动中,体育老师没有认真听取他的合理化建议,武断地否定了他,挫伤了这位学生的工作积极性,使他对体育老师产生了对抗心理。具体的表现是:情绪低落、孤僻、对体育活动不再像以前那样积极负责了。这位学生的这些变化未能引起体育老师的重视,致使师生之间的心理距离越来越远。这位体育骨干不光是消极地对待学习,还偶尔故意犯些小错误。每次犯错误后,体育老师都采用简单的方法处理,有时是粗暴的批评,有时是不闻不问,后来干脆撤消了这位同学的体育委员职务。职务被撤消后,这名学生的情绪更是一落千丈,上体育课总是迟到,甚至旷课,后来产生严重的体育"厌学"心理,干脆再也不参加体育活动了。

师生关系在学生的人际关系网络中是一种纵向关系,教师是学生学习的指导者和管理者。俗话说:"严师出高徒。"对学生严格要求是必要的,但严格并不代表"一言堂""家长制",教师要理解和尊重学生。从工作关系来讲,体育老师与体育委员接触较多;从参与体育活动的态度来讲,体育委员对集体的关心程度要比其他同学多一些。作为体育老师应认真听取体育委员的意见,提高体育委员的工作积极性。在事例中,当体育委员的工作积极性受到挫伤后,心理上产生失落感,体育老师应及时与其进行交流。特别是当学生有反常行为时,既不能听之任之,也不能粗暴批评。学生故意犯些小错误实际上是在投石问路,是想引起老师对自己的重视。从这名学生内心来讲,他并不想犯错误,只是想试探一下自己在老师心目中占据什么样的位置。若教师能了解学生的心理,及时进行心理疏导,就一定会让该生从暂时的"失落"中走出来,他仍会是一名负责任的体育委员、一名热爱体育活动的小骨干。

通过对案例的分析,总结出建立和谐师生关系的重要意义,有以下几点:

(1) 有助于课堂气氛的营造;
(2) 有助于师生关系的良性互动;
(3) 有助于教学相长;
(4) 有助于学生综合素质的提高。

(二) 新型师生关系的基本特征

1. 民主平等

师生关系的民主平等体现了师生在教育过程中相互尊重人格和权利、相互开放、平等对话、相互理解、相互接纳的关系。它要求教师能向学生学习,理解学生,发挥非权力性影响力,并一视同仁地与所有学生交往,善于倾听不同意见;也要求学生正确地表达自己的思想,学会合作和共同学习。

2. 尊师爱生

尊师就是尊重教师,尊重教师的劳动和教师的人格与尊严。对教师要有礼貌,了解和认识教师工作的意义,理解教师的意愿和心情,主动支持和协助教师工作,虚心接受教师的指导;尊师是学生对教师正确的认识、情感和行为的综合体现,是人类的美德。得到学生尊重是教师最大的需要和满足。爱生就是爱护学生,它是教师热爱教育事业的重要体现,是教师对学生进行教育的感情基础,是教师的基本道德要求,也是培养学生热爱他人、热爱集体的道德情感基础。

3. 教学相长

教育教学是师生双边活动的过程。在教育过程中,教师的教促进学生的学,学生的学促进教师的教。教学相长包括三层含义:一是教师的教促进学生的学;二是学生的学促进教师的教,师生共同学习、进步;三是学生可以超越教师。

4. 心理相容

心理相容是群体成员在心理与行为上的彼此协调一致与谅解。师生心理相容是指教师和学生集体之间、学生个体之间,在心理上彼此协调一致,并相互接纳。师生之间动机与价值观达到一致时,教师的行为就会引起学生集体和个人的相应的行为,并得到学生集体和个人的肯定。要达到心理相容的效果,教师应从以下几方面努力:一是多接触学生,研究学生,了解学生的心理状态。要了解学生的学习态度、兴趣和愿望,还要了解学生同教材有关的知识状况、生活经验、社会经历以及学生的思想情绪、思维能力和思维方法。二是遵循教育规律，多采取讨论、启发等教学方法。三是为人师表，以人格力量感化学生。教师具有强烈的事业心和责任感、严谨的治学态度、渊博的知识和坦诚的胸怀，自然会受到学生的尊敬，也就容易建立起师生间的良好感情。

（三）建立和谐师生关系的影响因素

1. 师生双方缺乏构建和谐师生关系的理念

部分任课教师认为，只要上好课就行了，与学生沟通交流、交心谈心是辅导员和班主任的事，与己无关。因此，在日常教学活动中缺乏与学生的交流和沟通，师生关系简单化为讲课与听课的关系，课堂上是"一言堂"，课后也极少与学生交流。从学生方面来看，多数大学生也缺乏主动与任课教师沟通的意识。

2. 师生之间缺乏有效的交流平台

在高校，除上课外，80%的学生课后与老师的接触为零；课间接触也很少，师生关系仅停留在认识的层面，与亲密关系相去甚远。任课教师几乎没有与学生直接交流和沟通的平台。

（四）如何建立和谐的师生关系

1. 建立和谐的师生关系，对学生的基本要求

（1）了解和尊重老师。笑着笑着就哭了，小学老师教室门口调整疲惫，努力微笑。网友：这就是教师，永远把最好的一面带给学生！

（2）信任与热爱老师。大山女孩的"校长妈妈"——张桂梅带领华坪女高守护着每一位学生的未来，建校12年来，已累计把1 804名女孩送入大学，点亮她们的人生梦想。63岁的张桂梅被学生亲切地称作"张妈妈"。

（3）宽容与欣赏老师。大山里奏响"放牛班的春天"，他是浙江名牌高中校长，退休后，拖着病体，独身来偏远的贵州大山里义务支教。他不仅带领一所"差校"走上正轨，更改变了一方教育观念。他是浙江杭州市学军中学原校长、贵州黔东南州台江县民族中学校长——陈立群。他的故事，被网民称为中国版"放牛班的春天"。

（4）学会和老师沟通。杨明在这里待了七年，直到这所学校被撤并。他又转到别的学校继续支教。2012年，杨明考上了研究生，是走是留的问题又一次摆在他面前。可为了孩子们，他最终还是选择了放弃读书，继续留下来。

2. 建立和谐的师生关系，对教师的基本要求

（1）树立新型的师生观。随着社会进入信息化和互联网时代，教师和学生的角色和地位发生了很大的变化。在师生关系中，教师的权威将不再建立在学生被动学习的基础上，而是建立在学生积极参与、能力得到充分发展的基础上，建立在与学生坦率沟通的基础上。教师的作用不再是传递知识的简单工具或者供学生利用的资料库，教师应当是帮助学生在自学的道路上迅速发展的向导，教会学生怎样学习，这是在教育过程中建立良好师生关系的思想基础。

（2）教师和学生角色的转变。教师由实践者转变为研究者，由管理者转变为引导者，由知识的传授者转变为学生学习的促进者，由教案的执行者转变为教学智慧的创造者，由教学的主角转变为学生学习的合作者。这就要求教师树立科学的学生观，以学生发展为本，一切为了学生的发展，关注每一个学生，关注学生的情绪和情感，关注学生的道德生活和人格培养。

（3）善于同学生交往。一般师生之间的联系与交往要经历四步：接触→亲近→共鸣→信赖。良好的师生关系是在交往中形成的，没有深入学生中间，不经常与学生交往，就无从产生亲密的感情。

（4）发扬教育民主。教师对学生应一视同仁，特别是教师要能与学生心理换位，设身处地为学生着想。善于理解学生是解决师生之间矛盾的关键所在。满足学生正当的要求，使学生感到教师对他们的理解和支持，就可以在更大范围内形成良好的师生关系。

五、价值引领

在师生关系中，辅导员是连接学生和任课教师的桥梁。要做好这个中间人，来保证学生和任课教师之间的沟通和联系畅通无阻，从而保证教学质量和学生成长。

和谐师生关系的构建关乎大学教育教学的质量和水平，其实质在于建立一种自由、民主、平等、和谐的"求学问道"关系，以促使双方在教育教学实践中，知识、情感和能力得到提升，让双方能够真正成为实现"教学相长"的教育共同体，从而为培养"思想自由、人格独立、能力全面"的学生主体打下良好的基础，使我国教育事业健康发展，培育出更多建设社会主义的优秀人才。

主题五　共建团结、互助、和谐的班集体

班会模块	自由·平等
适用学期	第一学期
班会形式	课堂讲授/游戏互动

一、班会背景

团结、合作、互助既是个体的品质，也是集体的智慧。无论在学校、在社会还是在学习、生活、工作中，都需要团结、合作和互助。大学是人生观、价值观、世界观形成的关键时期。在学校里就应该养成爱班级、爱集体、团结同学、互相关心、互相帮助的好习惯。团结与合作是围绕学生的一个永恒话题，在一个小的社会群体里面如班级，要营造一种良好的氛围，靠的是班级里的每一位成员。由于学生的个性差异较大，想法不一样，在一定程度上很难让他们心往一处想，劲儿往一处使，这时就需要有人在中间"搭桥"，把班上的每一个人与班级连接起来，让他们正确地认识到自己在班级中的重要性，认识到自己的价值。增强班级凝聚力和团队合作精神。

二、学习目标

（1）增进同学们之间的认识和情感交流，增强学生的主动性和积极性；
（2）加强集体荣誉感教育，引导学生养成主人翁意识和团队合作精神；
（3）提高学生实践认知能力，增强班级凝聚力。

三、前期准备

（1）准备互动游戏道具，比如报纸；
（2）课前准备一张小纸片；
（3）收集与整理有关集体力量的案例。

四、班会过程

（一）班级和班集体

1. 班级

班级是学校的基本单位，班级教学是现代最具代表性的一种教育形态。一个班级通常是由一位或几位学科教师与一群学生共同组成的，整个学校的教育功能主要是在班级活动中实

现的。

班级是学校为实现一定的教育目的,将年龄相同、文化程度大体相同的学生按一定的人数规模建立起来的教育组织。班级不仅是学生接受知识教育的资源,也是学生社会化的资源和学生进行自我教育的资源。

2. 班集体

班集体是按照班级授课制的培养目标和教育规范组织起来的,以共同学习活动和直接性人际交往为特征的社会心理共同体。班集体是一个以学生亚文化为特征的社会群体、以教学为中介的共同活动体系、以直接交往为特征的人际关系系统、以集体主义价值为导向的社会心理共同体。

班级是量词、基本单位、入学分班。班集体是班委会、活动小组、共同学习生活、人际关系系统、精神风貌、学习素养、风格情操等综合面貌的体现。

(二) 木桶原理与班级

【游戏互动】

游戏一：你的背影我来猜

一名同学（A）先上台背对同学，随机选五名同学（B、C、D、E、F）站成一排，面对同学。然后 A 同学转身面对大家，并依次说出五名同学（B、C、D、E、F）的名字。同学 A 每猜出一名同学名字后，须说一件该同学在班里面让同学 A 最为印象深刻的事（是怎么记住这名同学名字的）。如未猜出，同学 A 须同这名同学拥抱一下并表示友好。

猜对的同学 A 说出为什么会对同学 B 印象深刻，或者为什么叫不出同学 C 的名字，让同学们在游戏中检验自己与班上同学的熟悉程度。目的在于通过这个游戏，让同学们多了解身边的同学，不要老是埋头玩手机，宅在寝室打游戏。增进同学之间的情感，共同为班集体建设做些贡献。

游戏二：叠报纸

先将全班同学分三组（1、2、3），每组各派出五位同学上台，成为一个小组（A1、A2、A3），同时将2张4开的报纸放在地上，每张报纸上站一个小组（A1、A2、A3）。然后由主持人提出与班集体相关的问题，下面大组（1、2、3）的同学进行抢答。答错问题，小组报纸折半继续；答对问题，小组保持原形，其他小组报纸折半继续。每一组在回答问题时，身体不能接触报纸以外的事物，否则直接淘汰。在报纸折半继续的情况下，能坚持到最后的组，则为胜出。

该游戏需要队员之间相互团结、合作、协调以顺利完成，在游戏过程中会出现相互拥抱、托举以及默默地把脚给同伴踩住等相互协作的情况，这就是该游戏的意义所在。通过亲身游戏体验主题能让学生更加直观地懂得，其实在一个班集体中，总有一些默默奉献的人，他们甘愿为集体承担重任而不断付出；让同学们更加明白团队对于个人的重要性，在一个班集体中，需要大家做到你中有我、我中有你、团结一心。

木桶原理

引述美国管理学家彼得提出的"木桶原理",即一个木桶的盛水量多少不取决于最长的板块,而取决于最短的板块。

【互动讨论】

问题一:我们的班集体是否就像一个木桶呢?

问题二:你自己在班集体里处于哪一块木板呢?你又想成为哪一块木板呢?

学生分组讨论、分享和交流。

如果一个班集体是一个木桶,那么每一个同学就是这个木桶的木板,缺了任何一块木板,这个木桶都装不了水,不能称之为木桶。只要我们正确地对待学生中的"长"和"短",切实做好补"短"工作,注意发挥群体之间相互影响和感染的作用,班集体这个"木桶"就会增大容量,建立优秀班集体的目标就会实现。

利用"叠报纸"游戏让学生自觉地把班集体和木桶联系起来,并思考,如果一个班集体就是一个木桶,那么自己又处在什么位置呢?扮演哪块板块呢?从而引出"凝聚力"的概念。通过不断引发学生思考,让学生认识到作为班级的一员,自己的一言一行都会影响到"班集体"这个木桶的盛水量。

(三) 班级凝聚力

1. 凝聚力

原为物理学概念,指物质结构中将分子与分子、原子与原子黏合在一起的某种内在力量。现通常指集体或某一社会共同体内部各成员因共同的利益和价值目标结为一个有机整体而具有的某种聚合力。由于存在凝聚力,社会共同体才保持着自身的内在规定性。一旦凝聚力消失,社会共同体便会趋于解体。凝聚力外在表现于人们的个体动机行为对群体目标任务所具有的信赖性、依从性乃至服从性。

2. 凝聚力的重要性

一个班级是不能没有凝聚力的。如果像一盘散沙,这个班级也就没有了它本身的意义。也就是说,班级需要凝聚力。同学们互相帮助,这是一种凝聚力的体现。为了班级去奋斗,这是一种班级凝聚力的体现。在不同的阶段,班级凝聚力的体现也不同,比如,一个班的学生服从老师指挥,这是一个有凝聚力的班级;在班级获奖后,全体学生都为自己的班级鼓掌喝彩,这也是一个有凝聚力的班级。

一个班级如果有了很强的凝聚力,那么它将无往而不胜。总之,团结是最重要的。试想,当一个班级的同学在一起为班级努力时,如果不能做到统一规划,后果将如何?反之,如果一个班级的同学团结一心,努力奋斗,一切以班级利益为最终准则,那么这个班级将是成功的。

3. 增强凝聚力

在班级中应提倡正确导向,反对不良作风;提倡遵纪守法,反对违规违纪;提倡团结协作，反对损人利己。认真做好教室、寝室卫生和个人卫生，积极配合班干部工作和班级活动，配合老师上课，遵守课堂纪律，不迟到，不早退，不旷课，乐于助人，树立服务意识。

（四）共建和谐班集体

1. 明确班集体奋斗目标

一个具有良好班风班貌的班集体，一定具有凝聚力、吸引力和明确的奋斗目标。只有平时正确地引导学生，形成"严谨、求实、进取、创新"的风气，才能促进班级德育工作的有效开展。要制定明确的目标清单、具体人员目标实施计划，建立监督体系。只有树立了明确的奋斗目标，才有前进的动力。学生们团结在一起，劲往一处使，共同努力实现个人目标和班级目标。

2. 班干部要起"火车头"作用

班干部在班级管理中的作用有组织领导作用、榜样作用、师生沟通的桥梁纽带作用、日常管理监督作用等。要充分相信班干部，充分发挥班干部的作用，这是有效办公的必然选择。在班干部的选拔、任用、培养、激励等方面要下一番功夫，充分发挥班干部在班级管理中的火车头作用。要全面了解，科学搭配，提高认识，明确班干部的目的；要端正态度，树立服务意识，耐心指导、教会工作方法，加强管理，凝聚人心。

3. 自我教育、自我管理、自我服务

自我教育是青年社会化的必经之路，自我管理就是自己管理自己的一切，自我服务包含物质服务和思想意识上的提高、价值观念上的发展等精神服务。要充分调动学生的主观能动性；有效进行自我资源整合；开展自我认识、自我计划、自我组织、自我控制和自我督促等一系列活动；根据周围环境条件以及自身的条件为自己制定一个恰当的学习目标；有效地对自己进行监督和管理，根据自身的情况不断进行自我评估、自我激励。

4. 组织丰富多彩的集体活动

班集体是在实现班级奋斗目标的实践活动中巩固和发展起来的，组织集体活动则是班集体向着既定目标前进的重要形式。辅导员要积极组织学生参与学校各项有意义的活动，充分发挥集体活动的娱乐、导向、育人的功能，在活动中不断促进学生互相关心、互相尊重、互相理解和协作。只有在班级活动中，学生才能正确认识个人与集体、自己与他人的关系，培养集体主义精神和对集体的责任感、义务感。如果没有活动，学生就不会感到集体的存在，也就不会主动关心集体、为集体的利益奋斗。许多经验证明："寓教育于活动"对实现班集体的共同目标和班级凝聚力的形成都是行之有效的。

五、价值引领

同学们反思现实生活中出现的问题：每一次升旗你都去了吗？每一次喊口号你都用力喊了吗？每一次打扫卫生你都完成了吗？每当听到班级月总评处于前列或倒数的时候，你是喜悦、难过，还是无动于衷？你有没有迟到、旷课、夜不归寝等影响班级的情况？应当让每一个人都认识到这些行为会影响班级的凝聚力，从而警示大家在以后的学习生活中形成良好的习惯，懂得在集体中约束自己，从点滴小事做起，学会团结友爱、互相帮助，养成良好的道德习惯，这样才能更好地维护集体的荣誉，构建和谐班级。让学生在良好班集体的氛围中健康成长，纠正不良倾向，尽快融入集体，发挥自己的光和热，努力为集体添把"柴"——"众人拾柴火焰高"。

主题六　大学生人际关系

班会模块	自由·平等
适用学期	所有学期
班会形式	课堂讲授/互动辩论/户外拓展

一、班会背景

大学生是社会的宝贵财富，是民族的希望、国家的栋梁。作为社会活动的主要推动力量，大学生不仅要做到德智体美劳全面发展，还应锻造健康的心理。大学生的心理正趋向成熟，大学时期是人生观、世界观、价值观形成的重要时期。大学生的情绪不甚稳定，极易产生心理矛盾、心理冲突。因此，大学生需要心理健康教育，以提高心理健康水平，优化心理素质，促进人格成熟，而人际关系又是衡量心理健康的重要指标。应加强对大学生人际关系的教育引导，充分引起同学们对人际交往的重视，提高他们人际交往的能力十分重要。

二、学习目标

（1）让同学了解到人际交往的重要性，克服人际交往中面对的困难；

（2）了解人际关系的特点、常见问题，掌握人际交往的原则和准则；

（3）正视人际交往中的心理障碍，有效克服社交障碍，提高人际交往能力。

三、前期准备

（1）通过网络等途径收集整理大学生人际关系相关资料；

（2）提前通知同学们搜集身边人际关系方面的案例；

（3）组织班上同学出一期关于"大学生人际关系"的板报，做好宣传工作。

四、班会过程

【视频导入】

播放视频"成长干货：大学生必须直面的7个人际交往真相与建议"。看完视频后，让学生结合实际学习与生活分享自己的想法。

（一）人际关系的重要性

处理好人际关系，对于同学们的生活和未来事业的成就都是至关重要的，在生活节奏不断加快、竞争日益激烈的当今社会更是如此。良好的人际关系，不仅是大学生活的需要，更是将来适应社会的需要。一个没有交往能力的人，就像陆地上的船，永远不会航行在壮阔的大海中。

良好的人际关系有助于心理保健，它即影响心理健康，也影响幸福感；良好的人际关系也有助于个人学习上的进步提高以及工作事业的成功。

（二）大学生人际关系的特点

大学生人际关系是高校校园人际关系的重要组成部分，是大学生在学习和生活中结成的一种人际关系。大学生人际关系由认知、情感和行为三种心理成分构成，并具有以下特点：

1. **交往愿望强烈**

大学生人际交往的愿望比中小学生更为迫切，他们力图通过交往去开阔视野、丰富知识、学会处世、表现自己各方面的才能、获得情绪的稳定、保持足够的自尊心和自信心。大学生思想活跃、精力充沛、兴趣广泛，有充裕的时间去思考和交往，他们富于理想情感，讲究情投意合、融洽相处。

2. **人际交往的社会性强**

大学生人际关系的社会性不断提高，他们年轻、有干劲、"初生牛犊不怕虎"，是有冲劲和活力的一代。他们参与社会交往，不仅可以增长见识，也可以增加社会财富。

3. **存在一些团体或组织**

社团已成为大学生交往的重要校园场所。有人说：没有参加过社团就等于没有上过大学。形成这些团体或组织的原因主要有相似性吸引、接近性吸引和补偿性吸引三类，共同的兴趣和爱好使得他们互相关心、互相帮助、共同进步。

4. **社交能力逐渐增强**

大学生在交往中注意采用较温和的方式，不再粗暴和自高自大，对社会、同性和异性的鉴赏力增强，能适应各式各样的人，能接受并宽容朋友的不同意见，不试图硬性地改变他们，因而使争吵减少。交际工具和方式的发展，使大学生的人际交往变得更方便、更快捷，交往距离更远。

5. **交往范围扩大，但仍以同龄人为主**

市场经济的发展使人际交往不再局限于亲缘群体之内，而是逐渐扩大。大学生的交往对象由以前的亲戚、邻居、成长伙伴转向大学同学和在社交场合认识的其他人，其中又以同学交往为主。

（三）大学生人际关系常见问题

1. **不敢交往**

在人际交往活动中，人们都存在不同程度的恐惧心理，只是每个人的反应程度不同。有一部分大学生在这方面反应特别强烈，由于害羞、自卑等心理作用，在与人交往时显得特别紧张，心跳气喘、面红耳赤，两眼不敢正视对方；在与人交谈时显得语无伦次、词不达意。

尤其在人多的场合或者在集体活动中更感到恐惧，不敢和人打交道，不敢表现自己，严重的可导致社交恐惧症。

2. 不愿交往

有的大学生在经历了"千军万马过独木桥"之后，发现自己不如在中学时那么出类拔萃了，进而因嫉妒与自卑心理形成人际交往障碍，认为自己不如别人，怕别人瞧不起自己。他们缺少必要的人际信任与理解，人际交往平淡；缺乏与同学之间基本的合作精神，甚至视同学为敌手；有的同学自高自大，瞧不起别人；有的同学群体意识淡薄，以自我为中心，对周围的人与事漠不关心；我高兴、我开心，就愿意理你，否则就拒人于千里之外。同学之间缺乏必要的宽容，甚至会为一些鸡毛蒜皮的小事大打出手。有的人遇事总是回避退让，整日郁郁寡欢，缺乏交往的愿望和兴趣。他们自我封闭、孤芳自赏，但又特别敏感，心理承受能力差，独来独往，不愿抛头露面，不愿与人交往。

3. 不善交往

有的大学生不善于了解和掌握交往的一些知识、技巧，在交谈的过程中显得过于生硬；有的是因认知偏见而产生理解障碍，不注意沟通方式；有些人不注意交往的原则，开玩笑不注意场合；有些人不懂得尊重对方的风俗习惯，或不懂装懂、夸夸其谈。这些表现都有损于自身形象的塑造，影响同学之间的进一步交往。

4. 不会交往

理想模式带来的失落。不懂得交往在于平时的交往积累。进入高校之后，新生大都有强烈的人际交往的欲望，但又常常感到人际交往很困难。究其原因，许多大学生对人际交往的追求往往带有较浓的理想色彩，以友谊的理想模式为标准来衡量生活中的人际关系，导致高期待与高挫折感并存。

5. 缺乏技巧

或许是上面几种因素的综合反映，这类学生在人际交往中表现为羞怯、自卑、孤独、猜疑、嫉妒、恐惧等，缺乏人际交往的基本技能。他们一般都渴望交往，但由于交往方法欠妥、交往能力有限、个性缺陷或交往心理障碍等，在交往过程中既不了解自己，也不了解别人，导致交往失败。

（四）大学生人际交往的基本原则

1. 尊重原则

尊重包括两个方面：自尊和尊重他人。自尊就是在各种场合都要尊重自己，维护自己的尊严，不要自暴自弃；尊重他人就是要尊重别人的生活习惯、兴趣爱好、人格和价值。只有尊重别人，才能得到别人的尊重。

2. 真诚原则

只有诚以待人，胸无城府，才能产生感情的共鸣，才能收获真正的友谊。没有人会喜欢虚情假意，多少夸夸其谈都会败下阵来。

3. 宽容原则

在人际交往中，难免会产生一些不愉快的事情，甚至产生一些矛盾冲突。这时候我们就要学会宽容别人，不斤斤计较，正所谓：退一步，海阔天空。人不犯我，我不犯人。人先犯我，礼让三分。

4. 互利合作原则

人际交往永远是双向选择，双向互动。你来我往，交往才能长久。在交往的过程中，双方应互相关心、互相爱护，既要考虑双方的共同利益，又要深化感情。

5. 理解原则

理解是成功的人际交往的必要前提。理解就是我们能真正了解对方的处境、心情、好恶、需要等，并能设身处地地关心对方。有道是："千金易得，知己难求。"人海茫茫，知音可贵啊！善解人意的人，永远受人欢迎。

6. 平等原则

平等待人就是要学会将心比心，学会换位思考。只有平等待人，才能得到别人的平等对待。

（五）提高人际交往的技巧

1. 消除社交恐惧症

社交恐惧症是在多年的日常生活、工作、学习中形成的，需要在长期的日常生活、工作、学习中，逐渐培养对外界的适应能力，有意识地多接触周围的人和事，有意识地消除社交恐惧症。

2. 注意倾听

鼓励他人谈论他们自己、他们的感受、他们的成就，是赢得友谊的品质。

3. 发现和赞扬别人的优点

赞扬能使羸弱的身体变得强壮，能给恐怖的内心以平静与依赖，能让受伤的神经得到休息和力量，能给身处逆境的人以务求成功的决心。

4. 批评的艺术

先表扬后批评；批评别人之前，先做自我检讨；点到为止，给人台阶。

5. 换位思考

己所不欲，勿施于人；严于律己，宽以待人。

【互动游戏】

通过一个小游戏来实际体验一下人际交往。这是一个在团队队友之间建立信任的绝妙游戏，有助于建立团队小组成员间的相互信任，培养团队精神。时间：15~30分钟，人数：不限，道具：（每个团队队员）一个眼罩。

游戏步骤：

1. 让大家互相结为搭档，两个人互相结成搭档。

2. 每组搭档发一个眼罩。

3. 把大家带到场地的一端,在场地另一端选一个物体作为目标。

4. 每组搭档的两个人腿上绑上绑带,其中一人蒙上眼罩,另一人跟在身后,防止他绊倒或撞上某些障碍物。但是他不能给蒙眼睛的搭档指路,或以任何暗示告诉他该向哪里走。当蒙住眼睛的搭档觉得到了那个目标该停下来时,两个人都停下,取下眼罩,看距离最终目标到底有多远。

5. 两个搭档转换角色,重复游戏,直到所有人都蒙过眼罩为止,询问他们为什么大多数队员距离最终目标那么远。

6. 给每组搭档再发一个眼罩。让他们仔细观看前方的目标后,都蒙上眼罩,挽着胳膊或携手一起走向目标。一定要用相机给他们拍些大特写,留作纪念。

7. 当他们发现两个人的行动并不比单个人好多少时,建议所有队员联合起来尝试一次。让大家仔细观看目标所在地之后,都蒙上眼罩共同向目标进发,团队队员们感觉到达目标后全部停下。

8. 当所有队员都停下后,每人都指向自认为目标所在的方向。同时,用另一只手拿下眼罩。

9. 现在向大家解释为什么这个游戏叫南辕北辙——这是因为放在北极的指南针可以指向很多方位作为南方。谈到这个团队游戏,虽然每个人对目标在哪儿都有自己的想法,但是团队作为一个整体比前面的单个人或一组搭档还是更能接近目标。

讨论问题示例:为什么最终整个团队比单个人或一组搭档更靠近目标?

安全:保证地上没有障碍物绊倒队员。

变通:团队队员们倒退着走向目标。

团队激励小游戏——激励与倾听是需要团体协作来共同完成任务的游戏。团队激励小游戏——激励与倾听可以促进团队成员之间的沟通,增强人与人之间的信任,通过多人集体小游戏——激励与倾听的形式来表现团队成员之间的融洽度。

游戏后,请同学们分享感悟。让学生们认识到,一项活动,靠某一个人是不能顺利开展的,需要大家的相互沟通和共同努力才能完成。

五、价值引领

每个人都不是孤立的个体,而是社会关系中的一环,谁也无法完全脱离社会关系的束缚。一个没有交际能力的人,就像陆地上的船,是永远不会漂泊到壮阔的大海中去的。

交往,需要你用一颗阳光坦诚的心去接纳他人,以友谊为桥梁,以理解为支撑。人际交往是人与人的外在联系和内心的关系。能够解决好彼此之间的关系,并且相处融洽的话,就会赢得很多朋友,无论是在生活上还是在学习上都会获得很多的帮助。而如果无法相处融洽,就很容易出现排拒心理。尤其是在大学期间,学生正处于思想活跃、精力充沛的时期,人际交往需求是十分强烈的。只有不断地交往才能够更多地了解友谊，更深刻地了解这个世界。

在人际交往中，希望同学们都能做到自尊而不自傲，坦诚而不轻率，谦虚而不虚伪，谨慎而不拘谨，老练而不圆滑，勇敢而不鲁莽，随和而不懦弱。当然，在注重社交的同时，同学们也要重视个人学习，提升自身的实力，因为学习才是提升自我实力的最佳途径。

主题七 我和辅导员之间的故事

班会模块	自由·平等
适用学期	第一至六学期
班会形式	课堂讲授/情景重现/互动讨论

一、班会背景

辅导员是指从事学生的思想政治教育、日常管理、就业指导、心理健康以及党团建设等方面工作的学校公职人员。每个辅导员一般管理一个或数个班级。辅导员扮演了大学生大学期间的重要角色,是大学生思想政治教育的主力军和排头兵,是学生们的人生导师和知心朋友。让学生了解辅导员、认识辅导员、接近辅导员和信任辅导员,才能帮助学生更好地适应新环境,才能让他们扣好人生的第一粒扣子。

二、学习目标

(1) 让学生们认识和了解自己的辅导员;
(2) 拉近学生与辅导员之间的距离,增进学生和辅导员之间的感情。

三、前期准备

(1) 针对学生做问卷调查,调查内容包括:对辅导员的认识、对辅导员的印象、对辅导员的期待等;
(2) 录制"新生对辅导员的印象"小视频,或者关于辅导员的宣传视频,便于课堂引入;
(3) 收集学生给辅导员的一封信。

四、班会过程

(一) 认识辅导员

学生进校之初对于辅导员是陌生的。本章节通过对生活小事的描述举例,让学生简单地了解辅导员。

(1) 报到之前就给你打电话的人,大学报到的第一天就"自来熟"的人,告诉你有事就给他打电话的那个人,就是辅导员。
(2) 报到当天晚上,就带着工作牌到你宿舍检查的那个人,就是辅导员。从开学的第一堂课之后，你和辅导员便开启了三年的"爱恨情仇"。

（二）了解辅导员

1. 辅导员的工作要求（摘自教育部43号令）

恪守爱国守法、敬业爱生、育人为本、终身学习、为人师表的职业守则；围绕学生，关照学生，服务学生，把握学生成长规律，不断提高学生思想水平、政治觉悟、道德品质、文化素养；引导学生正确认识世界和中国发展大势、正确认识中国特色和国际比较、正确认识时代责任和历史使命、正确认识远大抱负和脚踏实地，成为又红又专、德才兼备、全面发展的中国特色社会主义合格建设者和可靠接班人。

2. 辅导员的主要工作职责（摘自教育部43号令）

（1）思想理论教育和价值引领。引导学生深入学习习近平总书记系列重要讲话精神和治国理政新理念、新思想、新战略，深入开展中国特色社会主义、中国梦宣传教育和社会主义核心价值观教育，帮助学生不断坚定中国特色社会主义道路自信、理论自信、制度自信、文化自信，牢固树立正确的世界观、人生观、价值观。掌握学生思想行为特点及思想政治状况，有针对性地帮助学生处理好思想认识、价值取向、学习生活、择业交友等方面的具体问题。

（2）党团和班级建设。开展学生骨干的遴选、培养、激励工作，开展学生入党积极分子的培养教育工作，开展学生党员发展和教育管理服务工作，指导学生党支部和班团组织建设。

（3）学风建设。熟悉了解学生所学专业的基本情况，激发学生学习兴趣，引导学生养成良好的学习习惯、掌握正确的学习方法。指导学生开展课外科技学术实践活动，营造浓厚的学习氛围。

（4）学生日常事务管理。开展入学教育、毕业生教育及相关管理和服务工作。组织开展学生军事训练。组织评选各类奖学金、助学金。指导学生办理助学贷款。组织学生开展勤工俭学活动，做好学生困难帮扶。为学生提供生活指导，促进学生和谐相处、互帮互助。

（5）心理健康教育与咨询工作。协助学校心理健康教育机构开展心理健康教育，对学生心理问题进行初步排查和疏导，组织开展心理健康知识普及宣传活动，培育学生理性平和、乐观向上的健康心态。

（6）网络思想政治教育。运用新媒体新技术，推动思想政治工作传统优势与信息技术高度融合。构建网络思想政治教育重要阵地，积极传播先进文化。加强学生网络素养教育，积极培养校园好网民，引导学生创作网络文化作品，弘扬主旋律，传播正能量。创新工作路径，加强与学生的网上互动交流，运用网络新媒体对学生开展思想引领、学习指导、生活辅导、心理咨询等。

（7）校园危机事件应对。组织开展基本安全教育。参与学校、院（系）危机事件工作预案制定和执行。对校园危机事件进行初步处理，稳定局面，控制事态发展，及时掌握危机事件信息并按程序上报。参与危机事件后期应对及总结研究分析。

（8）职业规划与就业创业指导。为学生提供科学的职业生涯规划和就业指导以及相关服务，帮助学生树立正确的就业观念，引导学生到基层、到西部、到祖国最需要的地方建功立业。

（9）理论和实践研究。努力学习思想政治教育的基本理论和相关学科知识，参加相关学科领域学术交流活动，参与校内外思想政治教育课题或项目研究。

（三）正确"使用"辅导员

让学生理解辅导员存在的意义，给予学生在大学中生活的底气。

（1）学习上：不同于高中的学习方式，不是所有的老师都会对你严格要求，不会再有人天天盯着你的学习，你需要学会自律，自己规划。然而，当你无法适应这样的学习方式，或者跟不上这样的节奏时，或许你可以和辅导员聊一聊，让她给你一些建议。

（2）生活上：当你在学校有困难时，不妨先联系一下你的辅导员，比如生病时，你会发现在医院陪着你的是辅导员。当你对校园生活感到迷茫时，你可以和辅导员聊聊，作为哥哥姐姐的他们会给你不错的建议。

（3）心理上：当你难过时，或者有事情想不开的时候，可以找到你的辅导员，因为他们都是心理学高手。当你发现自己莫名有极端想法的时候，一定要找到你的辅导员。

（4）理想上：当你对生活感到迷茫时，找到你的辅导员，他们都是专业的职业规划和人生规划导师，他们的建议能给你很大的帮助。

（四）辅导员想对你说的话

给学生良好的建议，让学生充分信任辅导员。

（1）好好学习。同学们或许听过这么一段话：60分万岁，多一分浪费。然而，当你开始评优评先、升学、找工作时，会发现分数pass了大部分人。

（2）培养能力。在大学，学习不是唯一重要的事情，你还需要有意识地培养自己的能力，包括学习能力、创新能力、抗压能力、团队协作能力、社交能力等。

（3）培养兴趣。去寻找属于你自己的兴趣爱好，然后通过大学这个综合开放的环境培养你的兴趣。

（4）开阔眼界。在大学，要习惯去尝试新事物，拓宽自己的眼界，因为大学之大，在于眼界，而眼界往往决定你的格局。

（5）有事第一时间找辅导员。在学校，当你有事情不知道怎么处理，或者有困难需要求助的时候，找到辅导员，毕竟他们生活经验要丰富一些。

（五）学生眼中的辅导员

分享学生给辅导员的一封信，了解学生心目中的辅导员。

感恩遇见，感谢有您

——41810 班朱同学

懵懂的岁月已逝，在时间的沙漏中，两年的时光悄然离去。2018 年 9 月，您和我们一同进入校园。您的陪伴，让我觉得大学多姿多彩，您的辛勤付出让我心怀感激，谢谢您，我的辅导员——"老方"。

刚来学校那会儿，知道您才 22 岁的时候，我感到好惊讶。您是我人生当中遇到的最年轻的老师，但是您的严格要求使我一步步向前，收获颇丰。您经常给我们提及自己的经历，教我们为人处事。感觉您就像哥哥一样，非常迫切地希望我们成长成才，所以大家都亲切地称呼您为"老方"。两年来，我们遇到困难和挫折的时候，总想着退缩和自暴自弃，而您每次都很耐心地指导我们走出困境。班上的每一位同学，您都用心对待；班上的每一件小事，您都认真处理。在我的印象当中，很少听到您抱怨，传递给我们的都是满满的正能量。您常说的一句话就是："趁年轻，多奋斗，所有的美好都需要全力以赴，只有这样才能享受胜利的喜悦。"作为您的班长，我很幸运和其他同学一样，得到了您很多的指导和帮助，一路走来，自己无论在学习上还是工作上都得到了很好的锻炼和提升。

您重视班上每一位学生。班会课上，有您对我们孜孜不倦的主题内容讲授；宿舍楼里，有您嘘寒问暖的日常关怀；篮球场上，有您和我们一同欢呼雀跃的喜悦……您每次都说，这是您作为一名辅导员老师应该做的，而我把这一切都定义为您对我们的"爱"。您是我们心中的榜样，是我们成长路上的指路明灯。记得在大二刚开始的那个学期，您说因为学校工作调整，可能不再担任我们的辅导员了，我清楚地记得大家表现出来的不舍和难受，都希望您能留下来。最后，您果然留下来了，还一直陪伴我们到现在，我由衷地感到开心。也许真的只有分开的时候，才会觉得缘分来之不易。

现在，让我感到最幸运的是，还能以留校实习生的身份继续待在您的身边学习。我明白大学里最大的收获就是您对我这两年多的教导。在我思想抛锚的时候，是您把我拉回正轨；在我抱怨难过的时候，是您引导我走出困境。在接下来的漫漫人生道路上，我一定会记住您对我的谆谆教诲，心怀鸿鹄志，脚踏实地，矢志不渝地追求自己的人生梦想，做一个对国家和社会有用的人。

感恩遇见，感谢有您。在这"兵荒马乱"的青春里，您的陪伴让我们倍感荣幸，您是我们心中最帅的辅导员。

五、价值引领

只有让大学生充分了解辅导员、认可辅导员的工作能力、信服辅导员的人格魅力，才能让思想政治工作在愉快的氛围下开展，从而提高政治教育的实际效果。大学生对辅导员的信赖同样会增加辅导员的工作信心和热情，使他们成为大学生的优秀人生导师和知心朋友。

主题八　新时代大学生如何当好学生干部

班会模块	自由·平等
适用学期	第一学年
班会形式	课堂讲授

一、班会背景

高职院校学生具有基础知识薄弱、成绩差、自信心不足等特点，他们曾有过远大的理想，但事与愿违，他们没能进入自己理想的大学，而是极不情愿地进入了高职院校，入学后没有了奋斗目标，对于长远打算更是缺乏认识，或者说是害怕考虑。他们缺乏年轻人那种广泛涉猎知识、锐意进取的精神。进入高职以后，他们在面对各种学生组织、各种活动时，眼花缭乱，不知道要不要选择、如何选择。新时代的高职学生要不要当学生干部、如何当好学生干部的问题，对高职学生快速适应大学生活，树立正确的人生观、价值观、世界观，以及增强自信心具有很强的指导作用。

二、学习目标

（1）正确认识学生干部；
（2）懂得如何做好学生干部。

三、前期准备

（1）了解学生干部队伍中存在的问题；
（2）思考怎样去解决现在学生干部队伍中的思想误区；
（3）如何让学生从一名普通学生成长为优秀学生干部。

四、班会过程

（一）认识学生干部

学生干部不是干部，不是领导；是责任，是担当。学生干部是为了学校的一项活动顺利开展而放弃周末休息的付出；是为了同学们的切身利益而挑灯夜战的辛劳。学生干部是一个平台，一个让你发挥潜能、成长提升的平台，一个让你了解并享受大学生活的平台。学生干部是一面旗帜，在任何情况下都能挺身而出、担当重任的旗帜，在关键时刻引领风骚、独当一面的旗帜。

（二）要不要当学生干部

学生干部工作是锻炼人、培养人的工作。它不能给我们金钱财富，也不能给我们权力地位。但它可以让我们遇见很多的人，拥有很多志同道合的朋友，从老师那里得到更多的指导和机遇，从优秀的学长那里得到更多的经验和能力，收获的是成长、能力、担当，是我们一直追求的认可和自信。

高职生渴望改变和提升自我，学生干部就是这样一个平台，通过学生干部这种锻炼，我们可以快速提升交际能力，开阔眼界，学会各种技能。学生干部要处理各种复杂事务，策划各种活动方案，经过学生干部的锻炼，我们身边的朋友多了，老师对我们越来越认可，自己越来越努力。从进校到经过一个阶段的锻炼，我们的改变将有目共睹。

(三) 如何做好学生干部

1. 树立四个意识

(1) 奉献意识。当朋友去越来越多的地方旅游时，你却去越来越多的办公室交材料；当同学为晚会的节目欢欣鼓舞时，你却在没有灯光的地方步履匆匆；当周末来临、普天同庆时，你眼前却只有活动时间表在循环播放；当别人在被窝里玩手机时，你却在部长的冷眼里整理活动现场……这就是学生干部。如果没有奉献意识，是做不好学生干部的。"不忘初心，方得始终"是学生干部的追求。

(2) 服务意识。学生干部是学校与学生之间沟通的桥梁和纽带，学生干部必须有服务广大同学的意识。食堂的饭菜质量、宿舍的热水温度、教室的关灯时间、操场的篮球筐坏了……凡是涉及学生切身利益的事情，学生干部都要义无反顾地去做，始终抱有一颗服务的初心。只有这样，才能做好学生干部，才是真正的学生干部。

(3) 表率意识。学生干部的表率意识，就是学生干部的人格魅力，学生干部就应该以"律己足以服人，身先足以率人"为座右铭，不断加强自身建设，真正做到"用思想去教育人、用品德去陶冶人、用行动去感染人"。学生干部的表率作用就是"其身正，不令而行"的最好体现。

(4) 协作意识。在任何一个集体中，团队协作精神都尤为重要。任何级别的学生干部都不会是一个人，而是有许多个人构成一个整体进行工作的。这就要求这个集体中的每一个干部都有协作的意识，做到齐心、兼顾全局，这样才能使团队精神和力量得到最大限度的发挥。

2. 处理好四种关系

(1) 工作与学习的关系。不少同学以当学生干部为托辞，说成绩理所当然地会下降，处理不好当学生干部和学习的关系。在高职院校，很多专业课和基础课都是比较简单易懂的，只要不是不学或不想学，肯定可以学好。学生干部可以当好干部，自然可以学通弄懂。因此，当学生干部不仅要工作好，也要学习好，工作学习两不误、两促进。

(2) 学校、二级学院、班级之间的关系。学生干部不仅仅是学校与学生之间的桥梁纽带，更是学校、二级学院、班级三层关系之间的桥梁，处理好三者关系至关重要。学生干部首先是学生，必须服从班级管理，落实班级责任，不能以维护二级学院或者学校的利益为幌子损害班集体利益。学生干部应以班集体为基础，然后服务于二级学院，再到服务于学校。

（3）指导老师与任课老师的关系。学生干部一般有辅导员或专门的指导老师指导工作，在各项工作中，部分学生干部以指导老师的命令为第一，从来不考虑任课老师的感受，随随便便请假，甚至为了完成指导老师的任务，可以不请假就不来上课或中途离开，造成特别不好的影响，使任课老师与学生干部之间关系不融洽，甚至处理敌对状态，这严重违背了选举学生干部的初衷。学生干部必须处理好与任课老师的关系，想方设法加强学习。

（4）上下级关系。学生干部之间没有利益关系，也不存在切身利益冲突，学生干部要指挥同样是学生干部的团队，只能依靠个人能力及魅力。因此，一名合格的学生干部必须有严格的纪律性，服从命令和指挥是最基本的要求。必须严格遵守上下级关系，纪律严明，这样的学生干部才可以独当一面。

3. 具备四种能力

（1）心理承受能力。高职院校学生成绩一般，贪玩和叛逆现象比较严重，在管理上自然相对困难。部分学生把老师都不放在眼里，可想而知，学生干部在协助学校进行管理时肯定会遇到各式各样的刁难和阻挠，甚至会遇到语言欺辱和人身攻击。这时，学生干部如果没有一定的心理承受能力，将很快不能适应工作，要么不能继续工作，要么与同学发生语言及肢体冲突，进而不能履行学生干部职责。

（2）语言表达能力。学生干部的本质是桥梁和纽带，那么沟通是重中之重。学生干部必须有一定的语言表达能力，不仅仅是为了上传下达，更是工作落实的保障。学生干部在开展活动、落实工作、组织策划时，必然会有各种会议和交流，如果不能清晰表达，工作将事倍功半。同时，良好的语言表达能力也是树立学生干部威信的基本条件。

（3）创新能力。继承是基础，创新是关键，学生干部能不能干出特色，能不能超越自我、超越别人，根本的区别是有无创新能力。在工作中能不能提出新见解、新方案，能不能打开新局面十分重要。这就要求学生干部不仅仅是完成好任务、服务好同学，还要在工作思路和方法在上有所创新、有所改革、有所突破。

（4）随机应变能力。随着情况的变化灵活机动地应对，这种能力对学生干部至关重要。学生干部难免会遇到各种突发事件，要能够灵活巧妙地应对，兼顾大局。不仅能解决突发事件，也能很好地将工作完成。循规蹈矩，照章办事，这个人人都可以。而在处理突发事件上，随机应变能力彰显了个人的能力，也是一个成熟学生干部的标志。

五、价值引领

高职教育目前已占我国高等教育的半壁江山，高职学生同样要担负起建设新时代中国特色社会主义事业的重任。我们要充分认识自我、发现自我，结合自身的特点和优势，正确看待要不要当学生干部，如何当好学生干部的问题。这对我们快速适应大学生活，树立正确的世界观、人生观、价值观具有很强的指导意义，对高职学生职业生涯规划也大有裨益。

主题九 心理健康，人人关注

班会模块	自由·平等
适用学期	所有学期
班会形式	课堂讲授/互动分析/分组讨论

一、班会背景

2017年，教育部发布了《高校思想政治工作质量提升工程实施纲要》，提出充分发挥课程、科研、实践、文化等方面工作的育人功能，挖掘育人要素，完善育人机制，切实构建"十大"育人体系，强调要"大力促进心理育人"，坚持育心与育德相结合，加强人文关怀和心理疏导，深入构建教育教学、实践活动、咨询服务、预防干预、平台保障"五位一体"的心理健康教育工作格局，使学生们更加自尊、自信，树立正确的青春期健康理念，引导他们以积极健康的态度、科学的方法解决成长过程中心理与生理问题的困惑，增强他们的自我保护能力，帮助他们顺利度过青春期，促进健全人格的发展。

二、学习目标

（1）通过学习心理健康相关知识和技能技巧，引导大学生掌握并应用心理健康知识，增强大学生的心理保健意识和心理危机预防意识；

（2）通过了解大学生群体心理特征、常见心理问题，采取适当的心理应对方法；

（3）强化心理健康意识，增强心理健康观念，提升大学生自我认知能力、人际沟通能力、自我调节能力，从而促进大学生身心全面发展。

三、前期准备

（1）学习委员了解同学们生活学习中遇到的各种困惑，通过查资料、咨询老师，找到解决问题的办法；

（2）召开班委会，制定详细计划。班会上，心理委员起主导作用，每位班委协调配合好，调动同学们的积极性，确保同学们在快乐中学习心理知识，解决学习、生活困惑，不断完善自我。

四、班会过程

(一) 心理健康的内容

1. 健康的含义

1989年,世界卫生组织(WHO)对健康做了定义:健康,不仅是身体没有缺陷和疾病,而且是身体上、心理上和社会适应上处于完好状态。恩格尔(Engel, 1977)指出,健康和疾病是生物、心理和环境社会因素交互作用的结果,并提出了健康和疾病的生物心理社会模型。

2. 心理健康的标准

(1) 智力正常认知完整。智力是人的观察力、记忆力、思维力、想象力和专业操作能力的综合,是人正常生活的最基本的心理条件,也是心理健康的主要指标。一般智商低于70分为智力落后,80分以上是心理健康的起码条件。

(2) 面对并接受现实。每一个人都是从过去经现在走向未来的。

(3) 积极的自我观念。心理健康的人能够体验到自己的存在价值。

(4) 能调节情绪,心境良好。情绪表达是适度的,能恰当地估量情绪并表现得合乎情境。

(5) 人格完整独立。人格是个体的才智、情感、价值观和行为习惯的有机整体。

(6) 悦纳他人,人际关系和谐。良好的人际关系能反映出一个人的社交能力和"宜人性"特质,其个人思想、目标、行为能融入社会要求和习俗,能重视团体需要,并能有效调控为他人所不容的欲望。

(7) 热爱生活,乐于学习和工作。从学习和工作中得到满足和激励,获得成就感,并提高自我价值感。

3. 心理异常的类别

(1) 神经症:没有明显器质性原因的较为严重的精神障碍,是由于个人的环境、精神压力与人格因素交互作用所致。比如焦虑症、抑郁症、强迫症、恐怖症、神经衰弱等。

(2) 人格障碍:指不伴有精神症状的人格适应缺陷,患者对环境有相当严重、根深蒂固且难以更改的、不适应的反应,其人格构成与行为模式对自己、对社会来说是不被允许的、不得体的。比如反社会型人格障碍、偏执型人格障碍、回避型人格障碍、依赖型人格障碍、表演型人格障碍等。

(3) 性行为变态:指与生殖没有直接联系,在寻求性满足的对象或方法上与常人不同,且违反当时的社会习俗的求得性满足的行为活动。比如暴露癖、恋物癖、窥阴(淫)癖等。

(4) 行为偏离:指在没有智力迟滞和精神失常症状的情况下与其所处的社会情境和社会要求相违背,在行为上明显地异于常态。比如吸毒行为、酗酒行为、重度吸烟行为、施虐行为等。

（5）适应不良综合征：以环境适应困难为主要特征的一系列身心不适的症状。比如厌学心理、逃学心理，伴有紧张、退缩、恐惧、疼痛、强迫等多种身心疾病或神经症的症状。

（6）心身疾病：指心理因素在疾病的发生和病程演变中起主导作用的躯体疾病，比如神经性厌食症、肥胖症、紧张性头痛等。

（7）精神病：最为严重的一类心理异常，患者的整体心理机能瓦解，心理活动本身各个方面的协调功能遭到破坏，机体与周围环境的关系也严重失调。比如精神分裂症、狂躁抑郁症、被迫害妄想症等。

（二）大学生群体的心理特征

大学时期是从青年时期向成人期发展的阶段，是在各种各样的心理动摇中自我创造、自我实现的时期。现代大学生的心理特征主要有三个方面。

1. **价值取向的多样化**

现代大学生为某种特定的价值观、哲学思想或意识形态倾倒的状况已是少见，他们非常重视自我的感受、判断和对现实的体验，从中形成自我价值取向。"秀才不出门，便知天下事。"如今大学生获得信息、知识的渠道比以往的大学生要多得多，可对生活的感受和体验却变得狭窄。对自我、自身环境的过多关心，使他们缺乏对现实社会更广阔的视野。大学生主要根据自我需要汲取知识，形成多种多样的价值观。

2. **对人际关系的敏感**

在对大学生的心理咨询中最强烈的感受是，80%以上的心理问题与人际关系（包括交友、恋爱等）有关。他们在人际关系中不是通过相互交流、碰撞来确认自我与对方的关系，而是尽量做到既不伤害对方，也不让对方伤害到自己，以回避的方式居多。现代的大学生相互之间是在不"侵犯"对方领域的潜规则下，各自探索自我的生活方式和价值观。

3. **大学生在生活中想尽量摆脱烦恼，活得潇洒**

人必须经历苦恼、不安、痛苦，通过克服深刻的心理危机，才能成长起来，才能将自我的精神境界提升到一个更高的层次。而现在的大学生表面上很潇洒，一旦深入他们的内心，会发现并不是这么一回事。也就是说，现在的大学生的表面与内心存在着很大的不吻合或摩擦，没有烦恼的背后却是常常充满了烦恼。

（三）大学生常见的心理问题

1. **大学生活的不适应问题**

新入学症候群是最为典型的大学生心理问题。学生进入大学后，从考试焦虑中走出。由于对自己学习的内容不感兴趣，或者进的是父母选择的大学，在对大学的新鲜感过了之后，便产生失望感。失望感又进一步加速士气的低落，以致精神不振、毫无作为，形成怠惰状态。加上刚进大学，朋友不多，周围没有知心人，也不能对大学里的教师倾诉心里话，情绪郁结在心里，由此产生心理上的不适应感。总的来说，新入学症候群是一种对环境变化的不适应，一般是一过性症状，几个月后就会消退。但也有些人不能消退，因症状延长而引起学习意愿减退，发展成为学习冷淡症。

2. 人际关系的困扰

当代许多大学生都是独生子女，从小到大娇生惯养，生活在一个封闭的环境中，且受多种社会因素影响，人际交往能力较弱。大学相当于一个微型社会，对人际交往提出了更高的要求。进入大学后，很多大学生在人际交往中难免存在问题，导致沟通缺乏、心情紧张、情绪压抑，产生孤独感，出现恐惧、焦虑等许多不良心理状态，从而影响学习和生活。

3. 大学生恋爱及性心理问题

大学生处于青春后期的年龄段，生理上已经成熟，情绪情感丰富、强烈，渴望与倾慕的对象谈恋爱。但由于他们社会阅历浅，对社会、家庭以及自我缺乏充分的认识，加上未形成正确、稳固的性道德观、恋爱观，自控能力较弱，因而常常在恋爱及性心理问题上感到困惑和茫然，甚至出现焦虑、压抑、情绪不稳定等不利于身心健康的状态。

4. 职业发展和择业问题

近年来就业矛盾日益突出，大学生毕业后就业压力越来越大。有些大学生在择业过程中采取消极的态度，不给自己的成功找方法，只给自己的失败找借口，一遇到挫折就止步不前。还有些大学生给自己定位不准确，缺乏客观的自我分析和评价，在职业选择过程中摇摆不定，且就业期望值十分高，因而错失良机。这就会导致大学生出现焦虑、抑郁、自卑等不良心理状态。

5. 网络成瘾引发心理障碍和社会适应障碍

有些大学生自控能力较差，刚脱离了父母老师的直接约束便沉迷于网络。表现为上网时间失控，欲罢不能；什么事情都可以不做，但是不能不上网。最后导致情绪低落，疲乏无力，反应速度下降，食欲不振，头昏眼花等。除此之外，很多大学生还会受网上不良信息影响，导致判断是非能力下降，不断投入到网络中寻找刺激和快感。

（四）大学生心理问题的应对

1. 及时自我调整

大学生应当正确认识自己，可以通过反思、与朋友分享、与老师交流等多种方式全面深刻地认识自己，并找到适合自己调整心态的最佳方法，比如转移注意力，与父母、老师、朋友分享心事，甚至可以面对墙壁倾诉。应寻找合适的方式宣泄自己的情绪，及时调整好情绪情感，尽早摆脱困扰。

2. 调整生活规律，合理安排时间

良好的生活规律会潜移默化地影响人的一生。没有良好的生活规律，会使人无精打采，做事效率极低。长时间的生活规律不正常则会使人身心都受到影响，比如抵抗力下降、食欲低、焦虑、郁闷、失眠等。大学生还应该合理安排学习和课余时间，除了日常的学习，学校还会有讲座、研讨会、文娱活动、体育比赛等各种各样的活动。大学生应该有计划地安排自

己的时间，在紧张的学习之余，参加一些课外活动。也可以用看电影、听音乐、看课外书等方式调整状态、放松身心，并全面发展自己。当然，体育锻炼也必不可少，这可以让大学生拥有强健的体魄，并终身受益。

3. 克服认知偏见，正确对待自己和他人

大学生在人际交往过程中，首先要正确对待自己和他人，克服认知偏见。此外，要加强自身修养，摒弃害羞、自卑、虚伪、自私等不良心理，遇到事情试着站在别人的角度考虑，并掌握一些人际交往的原则和技巧。可以通过看人际交往方面的书，或者与辅导员沟通等方式，逐步提高自己与他人交往的能力。

4. 向心理医生寻求帮助

当自己无法克服心理障碍时，一定要有勇气向心理医生寻求帮助。要与专业人士进行交流，并按照专业人士的指导排解内心的郁闷。不回避自己遇到的问题，正视自己遇到的困难，树立积极的人生态度，以积极的心态摆脱心理问题的困扰，切莫讳疾忌医。

五、价值引领

随着社会的发展，大学生的心理健康问题日趋严重。引导大学生培养积极健康的心理，已成为全社会的当务之急。这既需要大学生的积极改变，也需要社会、家庭、学校的广泛参与。在大学生本身以及社会、家庭、学校的共同努力下，无论道路有多曲折，我们都将看到前方一片光明！

希望同学们通过本次班会了解心理健康的基本知识，掌握自我调节情绪、消除心理困惑的技巧，促进家庭亲子之间的沟通以及师生之间的友好交往，培养同学们健全人格和对环境的适应能力，树立正确的世界观、人生观、价值观，培养"自尊、自信、自强"的信念，明确心理健康的标准及意义，增强自我心理保健意识和心理危机预防意识，掌握并应用心理健康知识，培养自我认知能力、人际沟通能力、自我调节能力，切实提高心理素质，促进全面发展。

主题十　爱心呵护生命，行动抵御艾滋

班会模块	自由·平等
适用学期	12月1日（世界艾滋病日）
班会形式	课堂讲授/互动讨论

一、班会背景

自1989年首次发现被艾滋病病毒感染的中国人以来，艾滋病已经不再是一个简单的医学问题，它还造成了严重的社会问题。目前，艾滋病感染者在中国呈现出由高危人群向普通人群蔓延、低龄化感染者大幅增加、男男同性恋感染者增多等特点。大学生是社会的一个特殊群体，他们处于青春期发育阶段，心理发育不完全成熟，容易受周围环境影响，好奇心强，识别与抵御不良诱惑的能力较弱，易被居心不良之人利用。在高校开展防艾教育，可以让学生充分了解艾滋病的危害、传播途径、预防措施，起到防止学生因不了解艾滋病的传播途径与危害而感染艾滋病，消除对艾滋病患者及携带者的歧视心理等作用。

二、学习目标

（1）帮助学生了解预防艾滋病相关知识，选择健康的生活方式，增强自我保护意识和抵御艾滋病侵袭的能力，培养青少年预防艾滋病的社会责任感、使命感；

（2）掌握艾滋病病毒传播的途径和预防措施，了解检测艾滋病病毒的意义及途径，预防和遏制艾滋病在大学生群体中蔓延，为学生营造一个健康的社会环境。

三、前期准备

（1）组织学生上网查找有关艾滋病的资料，了解艾滋病的概念、症状以及检测；

（2）让班委准备活动"化险为夷——谁是扫'危'先锋？"所需要的卡片，并熟悉活动流程。卡片包括：3张大卡片（高危行为、中危行为、无危行为），25张行为卡片；

（3）将班上学生分组，分5组为宜，每组学生拿到5张行为卡片。

四、班会过程

【故事导入】

10年前，小王为摆脱贫困，只身到外地闯荡，并加入了一个卖血的行当。在一次卖血中，小王染上了艾滋病。可怕的是，他本人并不知道。在外靠卖血挣了些钱后，他回到家乡娶妻生子。2000年，一次偶然患上的"感冒"使小王检查出自己竟感染上艾滋病！尤为可怕的是，王某并不知道自己早已把艾滋病病毒传染给了妻子，他的妻子又通过母婴传染将病毒传给了儿子。当这一切全然揭晓的时候，王某已经不治，很快就撒手人寰了。接下来的结果不难想见，王某的妻子于2001年遭受同样的厄运。不久，幼子也离开了人世。两年时间，一家三口死于艾滋病，这不能不说是个惨痛的悲剧。可怜天下父母心，与王某同吃同住的老母亲，在两年的时间里，接二连三地经历了白发人送黑发人的悲剧。

提问：

1. 同学们，艾滋病可怕吗？
2. 这个悲惨故事的起因是什么？
3. 你觉得艾滋病离你远吗？

（一）走近艾滋病

1. 什么是艾滋病

艾滋病的医学全名为"获得性免疫缺陷综合征"（AIDS），由人类免疫缺陷病毒（HIV，又称艾滋病病毒）引起。通俗地讲，艾滋病就是人体的免疫系统被艾滋病病毒破坏，使人体对威胁生命的各种病原体丧失了抵抗能力，从而发生多种感染或肿瘤，最后导致死亡的一种严重传染病。

2. 艾滋病病毒感染者

被艾滋病病毒感染，但还没有出现症状的人称为艾滋病病毒感染者，又称艾滋病病毒携带者。

【互动活动：谁是HIV感染者？】

结论：人的外貌上看不出HIV感染者；唯一的办法是到医院进行检测，看有没有HIV抗体。

3. 艾滋病病人

艾滋病病毒感染者的抵抗力遭受到严重破坏，不能维持最低的抗病能力时，便出现很难治愈的多种病症，这时就称为艾滋病病人。

4. 窗口期和潜伏期

窗口期：从受到艾滋病病毒感染，到体内产生出艾滋病病毒抗体，这一段时间称为窗口期。在窗口期内，艾滋病病毒感染者的血液检测查不到艾滋病病毒抗体，结果呈阴性。窗口期的长短，个体有差异，一般为2周到3个月，我国目前各疾病控制中心普遍认可的窗口期是3个月。在窗口期虽检测不到HIV抗体，但体内已有HIV，因此在窗口期同样具有传染性。

潜伏期：从感染上艾滋病病毒到出现临床各种表现，这一段时间称为潜伏期。艾滋病潜伏期的长短，个体差异极大，这可能与入侵艾滋病病毒的类型、强度、数量、感染途径以及感染者自身的免疫功能、健康状态、营养情况、年龄、生活和医疗条件、心理因素等有关。

一般为 6～10 年。在此之前，他们看上去与健康人一样，可以没有任何症状地生活和工作，自己并不知道已感染上艾滋病，但在潜伏期也具有很强的传染性。

5. 艾滋病的症状

人感染 HIV 后，一般经历多年后才出现症状。患者表面上看是完全健康的，但血液、精液或阴道分泌液中存在着大量 HIV 病毒，有很强的传染性。进入发病阶段后，患者体内免疫系统受到全面破坏，所以会出现肺炎、脑炎、结核、乙肝、病毒性疱疹、口腔霉菌感染等"条件性感染"（对正常人不会致病的病原体能在他们身上引起感染），以及恶性肿瘤等。上述病症一旦出现，表明患者已进入艾滋病晚期，生存时间将明显缩短。

6. 艾滋病的诊断与检测

我国省级和市级卫生防疫站、皮肤病防治所、各大医院都可以进行。目前艾滋病病毒抗体检测已成为各地血站或血液中心的常规检测项目。关于对检测结果的保密问题，国家有明文规定："任何单位和个人不得歧视艾滋病病人、病毒感染者和其家属。不得将病人和感染者的姓名、住址等有关情况公布或传播。"

检测抗体呈阳性反应，表明这个人已经被艾滋病病毒感染。由于感染艾滋病病毒 4～8 周后（一般不超过 6 个月）才能从血液中检测出艾滋病病毒抗体，所以怀疑自己可能感染了病毒，应尽早去做检测。检测的结果若为阳性，应在 3～6 个月后再去医院复查。

向学生介绍艾滋病的诊断后，播放艾滋病检测的视频，让学生学习艾滋病检测的知识。

（二）艾滋病的危害

1. 艾滋病对个人的危害

从生理上讲，艾滋病病毒感染者一旦发展成艾滋病人，健康状况就会迅速恶化，身体上要承受巨大的痛苦，最后被夺去生命。从心理上讲，艾滋病病毒感染者一旦知道自己感染了艾滋病病毒，心理上会产生巨大的压力。艾滋病病毒感染者容易受到社会的歧视，很难得到亲友的关心和照顾。

2. 艾滋病对家庭的危害

社会上对艾滋病人及感染者的种种歧视态度会殃及其家庭，他们的家庭成员和他们一样，也要背负沉重的心理负担。多数艾滋病病人及感染者处于养家糊口的年龄，往往是家庭经济的主要来源。当他们本身不能再工作，又需要支付高额的医药费时，其家庭经济状况就会很快恶化。有艾滋病病人的家庭，其结局一般都是留下孤儿无人抚养，或留下父母无人养老送终。

3. 艾滋病对社会的危害

艾滋病削弱了社会生产力，减缓了经济增长，使人均期望寿命降低，民族素质下降，国力减弱。社会的歧视和不公正待遇将许多艾滋病人及感染者推向社会，成为社会的不安定因素，使犯罪率升高，社会秩序和社会稳定遭到破坏。此外，艾滋病使千千万万的儿童沦为孤儿，使千万无辜儿童被迫承受失去亲人的痛苦，还要经常忍受人们的歧视。许多儿童因此而失学、营养不良，承受着以及过重的劳动负担。

（三）艾滋病的传播途径

（1）性接触传播：无论是与异性还是与同性的不安全性行为，都有可能引起HIV的传播。存在于精液、阴道分泌物、月经血中的HIV可通过生殖器黏膜进入另一个人体内。

（2）血液传播：艾滋病病毒存在于人体的血液中，当正常人接受了含有艾滋病病毒的血液后，即可感染艾滋病病毒。被艾滋病病毒污染的注射器及针头是通过血液传播艾滋病的重要媒介。

（3）母婴传播：如果母亲是HIV携带者，那么她所生的子女有三分之一的可能性感染HIV。感染可能发生在怀孕期、分娩时或哺乳期。

【互动活动：化险为夷——谁是扫"危"先锋?】

1. 活动流程：教师向学生解释基本概念："高危行为"即有被艾滋病病毒感染的高度危险（感染率较高）的行为；"低危行为"即可能被艾滋病病毒感染的低度危险（感染率较低）的行为；"无危行为"即不会被艾滋病病毒感染的安全行为。

请班委分发卡片，学生分组讨论并判断卡片上的行为是高危、低危，还是无危。班委拿着高、低、无危的卡片站在中间，拿着行为卡片的同学站到相应的组别中。按从高到低的顺序，请同学发表自己判断该行为的依据，同学一起判定归类是否正确。如有疑问，重温之前的判断依据。

2. 参考答案：

高危行为：①一夜情；②多性伴侣；③不使用安全套；④共用针头和注射器；⑤接受未经检验的血液制品；⑥由一个艾滋病病毒感染的母亲哺乳；⑦商业性献血；⑧艾滋病感染者怀孕。

低危行为：①文身；②打针；③针灸；④穿耳孔；⑤共用剃须刀；⑥共用牙刷；⑦徒手帮人止血。

无危行为：①按摩；②人工呼吸；③共用餐具；④蚊虫叮咬；⑤共用厕所/浴室；⑥使用公共电话；⑦护理AIDS病人；⑧与HIV感染者握手；⑨与AIDS病人拥抱；⑩HIV感染者在你面前咳嗽、打喷嚏。

3. 结论：正常社会交往是安全的；如果没有预防意识，则无危、低危行为可能成为高危行为；只要时刻采取预防措施，高危行为也可以变成无危、低危行为；一个人是否会感染HIV/AIDS，不取决于你是谁，而取决于你自己的行为。

（四）艾滋病的预防

（1）洁身自爱，不发生婚前和婚外性行为。

（2）万一有性伴侣，又不知对方是否感染HIV，可通过使用安全套来保护自己免受感染。

（3）不输用任何未经检测的血液和血制品。

（4）坚决拒绝吸毒。

（5）接受任何注射或验血时，使用一次性器具。

（6）不到未经许可的医疗单位进行注射、拔牙、针灸和手术。

（7）不用未经消毒的器具打耳洞、文身、美容，不与他人共用牙刷、剃须刀等。

（五）反对歧视，关爱他人

冷漠比病毒更可怕。中国的艾滋病人及 HIV 感染者，超过 95% 的至今仍然处于地下状态，不能得到治疗。恐惧造成了最为残酷的心理迫害，一些艾滋病患者因此被自己的家庭排斥在外。如何对艾滋病人和 HIV 感染者给予心理救助，越来越成为一个社会问题。如何使他们拥有正常的权利，是中国社会正在面临的问题。而如何使他们中的大多数人走出地下状态，进入治疗程序并减少对他人的传染，则与公共安全息息相关。

反对歧视、提供关爱是积极参与全民艾滋病预防的重要一环。面对 HIV 感染者，我们应该做到以下几点：

（1）不随意泄露患者和感染者的姓名、地址和个人隐私。

（2）不随意渲染他们的病情和生活状态，以免他们及家属的身心健康受到伤害。

（3）不以不正当理由拒绝为他们提供服务，如购物、孩子上学入托、就医等。

（4）不对他们及其家属使用侮辱性的语言和行为，包括破坏其财产和生活用具，强迫他们搬迁，无理限制其行动自由等。

五、价值引领

艾滋病是一种目前尚无有效治愈方法但是完全可以预防的严重传染病。青少年是艾滋病的主要受害人群，也是预防艾滋病的生力军。同学们应学习有关性健康、预防艾滋病病毒感染方面的知识和技能，既不能对艾滋病过分恐惧和存有偏见，也不能忽视艾滋病正在以惊人的速度蔓延的事实及其所造成的社会危害。希望各位同学能将学到的知识，与周围的同学、朋友以及家人进行交流宣传，引起全社会对艾滋病的重视以及正确的认识。

第四部分
公 正 · 法 治

  公正即社会公平和正义，它以人的解放、人的自由平等权利的获得为前提，是国家、社会应然的根本价值理念。法治是治国理政的基本方式，依法治国是社会主义民主政治的基本要求。它通过法制建设来维护和保障公民的根本利益，是实现自由平等、公平正义的制度保证。

  本部分选取了十个班会主题，从学生身边的案例讲起，强调学生遵守校纪校规和法律法规是底线要求。通过身边的事、鲜活的案例来加强法制宣传教育，培育社会主义法治文化，弘扬社会主义法治精神，增强全社会学法尊法守法用法意识。注重把社会主义核心价值观相关要求上升为具体法律规定，充分发挥法律的规范、引导、保障、促进作用，形成有利于培育和践行社会主义核心价值观的良好法治环境。

主题一　双学分综合素质培养体系

班会模块	公正·法治
适用学期	第一学期
班会形式	课堂讲授/互动辩论/情景重现/户外拓展

一、班会背景

为全面贯彻党的教育方针，落实《普通高等学校学生管理规定》（教育部令第 41 号）相关要求，进一步推动教育教学和人才培养模式改革，全面贯彻因材施教的原则，应大力实施素质教育，促进人才培养质量的提高。双学分制度的实施有利于培养学生知识技能，有效促进学生综合素养，对培养德智体美劳全面发展的社会主义建设者和接班人具有重要意义。

二、学习目标

（1）掌握双学分制度实施的意义；

（2）了解双学分制度的实施方案和考核办法；

（3）鼓励同学们积极参与第二课堂活动，努力提升综合素质，全面发展。

三、前期准备

（1）准备好双学分制度，并详细掌握细则；

（2）教师收集有关立德树人、素质教育的文件素材、名句、案例。

四、班会过程

（一）双学分制度的实施方案

制定学分评价制度，将第二课堂课程化，形成全员育人、全过程育人、全方位育人的双学分运行机制，素养学分通过六大模块来进行认定。

1. 思想道德素质培养模块

社会主义核心价值观教育。通过党课党日、团课团日等活动，深入推动习近平新时代中国特色社会主义思想进课堂、进头脑；推广展示一批社会主义核心价值观教育典型案例，选树宣传一批践行社会主义核心价值观先进典型。巩固高校这个培养中国社会主义建设者和接班人的主阵地。

理想信念教育。通过举办社会主义核心价值观和党团知识竞赛、观看新闻联播和爱国主义电影、读党史团史读书节等活动，增强广大同学的理想信念和爱国爱党意识。

政治法律教育。联合街道社区、公安消防工商等部门在校园开展形式多样的安全知识、法律法规、违法犯罪专题讲座和展览，增强广大同学明辨是非的能力和遵纪守法的公民意识。

社会公德教育。通过工学交替、假期社会实践、社会调查等活动，增强同学们的职业道德和社会公德。

2. 人文素质培养模块

中国传统文化振兴工程。推进中华优秀传统文化进校园系列活动；实施"中华经典诵读工程"；开展"礼敬中华优秀传统文化""高雅艺术进校园"等文化建设活动；引导高雅艺术、非物质文化、民族民间优秀文化走近师生。

校园历史文化传承。挖掘校史校风校训校歌的教育作用，继承"军工精神""三线精神"优良传统。

文学艺术修养。继续做好"书香满校园，共读一本书"活动；大力开展"读经典，诵经典，悟人生"读书演讲比赛；开展"中国诗词大会"活动，提升学生文学修养。广泛开展富有艺术特色的比赛活动，如：主持人大赛、校园广告大赛、宿舍美化大赛、十佳歌手大赛、摄影大赛、涂鸦大赛等，形成浓厚的艺术氛围。

文明礼仪教育。继续做好"文明礼仪活动月"活动，通过专题讲座、国旗下的讲话、礼仪大赛等活动，开展文明班级、文明标兵、文明寝室评选活动，树立良好校风学风，提升学生文明素养。

3. 身心素质教育模块

心理健康教育。把心理健康教育课程纳入学校整体教学计划，组织编写大学生心理健康教育示范教材，开发建设《大学生心理健康》等在线课程，实现心理健康教育全覆盖。丰富心理健康活动，举办"5·25"大学生心理健康节等品牌活动，充分利用网络、广播、微信公众号、APP等媒体，营造心理健康教育良好氛围，提高师生心理保健能力。实现心理健康测评全覆盖，大力推广应用《中国大学生心理健康筛查量表》、"中国大学生心理健康网络测评系统"，提高心理健康素质测评覆盖面和科学性。

身体素质教育。丰富体育健身活动。继续做好大学生晨跑、夜跑以及"三走"活动；坚持每年组织"交流杯"和"迎新杯"篮球赛、足球赛，不断丰富体育活动的内容和形式，调动广大同学参与的积极性。创新身心活动形式，拓宽渠道，探索大学生体育文化节活动、周末广场文化活动；积极组织参加各类各级体育竞赛，发挥和壮大体育类社团的作用和规模；办好学院传统田径运动会，尝试将田径运动会向趣味运动会、全民运动会转变。

4. 专业素质拓展模块

专业教育。通过入学教育、企业参观等活动加强专业认知教育；邀请校企合作企业进校园，开展专业知识学术讲座、科研论坛等活动；通过工学交替、校企合作开展专业深度融合教育。

发挥专业特色，开展技能竞赛活动。成立科技类协会、专业兴趣小组、专业对口社团，通过技能比赛、项目训练、科技文化节等活动，丰富专业拓展活动的形式和内容，打造特色专业拓展提升工程。

调动二级学院专业教育积极性。鼓励二级学院积极开展"二级学院职业技能竞赛""半工半读优秀实习生"活动；加大二级学院指导专业类社团、科技类协会的力度和奖励机制，开展契合二级学院专业的拓展活动。

加强专业技能培训和技能考证工作。探索跨专业技能考证，推广语言与计算机类考级证书。

5. 职业素质教育模块

打造特色企业文化进校园活动。充分依托校企合作企业，使企业文化进校园、进课堂，开展具有企业管理和文化特色的相关活动，如："7S 文明宿舍"创建、"7S 文明教室"创建、"7S 实训实验室"管理等。

丰富职业素质教育活动。依托学生社团、就业协会、兴趣小组等学生组织，大力开展职业素质教育活动，如："职业生涯规划大赛""就业自荐简历大赛""校园模拟招聘会""优秀校友进校园"，不断通过竞赛提升职业就业能力，提高职业素养。

挖掘校园职业岗位，提升学生职业能力。进一步完善学生会、团委、系学生分会等学生干部管理制度，培养学生领导力、组织力、团队精神；加大学生助理辅导员的广度，不断提升学生适应岗位的能力和技巧，提升职业素质、核心竞争力；继续做好校园文明监督岗，发挥学生自我教育、自我服务、自我管理、自我监督的作用。

6. 创新素质教育模块

充分挖掘大学生创业创新潜力。开办各类创业创新讲座，开设创业创新班级和社团，开展创新论坛、项目路演、沙盘演练等项目，发挥学生创新创意创业的主观能动性。

发挥以赛促建作用。以各类技能比赛省赛、国赛为载体，开展各类科技研发和创新活动，培养学生创新创意创业能力。

丰富校园三创活动，营造三创氛围。举办学业规划大赛、职业生涯规划大赛、创新创业类竞赛活动，提升学生自主规划和创业能力，推动大学生创新创意创业活动常态化、普惠化和多元化；继续做好"大众创新、万众创业"主题设计大赛和"变废为宝"创意大赛等活动，不断提升学生三创能力。

（二）素质学分的应用

1. 综合素质教育学分构成与实施

（1）综合素质教育模块是人才培养方案的重要组成部分，也是改革人才培养模式的重要方面。根据人才培养方案，综合素质教育课程学分由六大模块组成，分别为：思想道德素质教育、人文素质教育、身心素质教育、专业素质教育、职业素质教育和创新素质教育。学生在学制内，必修学分不低于 80 分，选修不低于 40 学分。

（2）将各模块开展的活动、讲座、社会实践等第二课堂统一规定为教学课程，通过超星平台发布，供学生选择学习。主办单位在超星平台进行考勤记录和管理，并评定成绩，导入 CRP 学生综合素质测评积分管理平台。

（3）不能在超星学习平台进行的活动或课程，由主办单位负责记录考核，录入 CRP 学生综合素质测评积分管理平台。

2. 综合素质教育学分考核认定方法

综合素质教育学分的考核与评价主要采用过程性评价、指标性评价、展示性评价、终结性评价等方式。具体考核与评价办法如下：

（1）讲座类：学生听讲座时间必须达到 1 课时。以超星教学平台记录或主办方记录为准。对融入课程的讲座考核，需按照课程考核要求由课程教师进行考核。

（2）项目实践类：需要有完整的项目名称、计划、项目实施记录、学生参与情况记录、项目成果等，其中创新创业项目还包括经营状况、业绩等，由指导老师负责考核。

（3）成果展示类：各级各类大赛需要提供参赛名单、参赛作品、比赛有关证书或其他可以说明比赛成绩的证明，各类展览则需要提供展示作品，由指导教师负责考核。

（4）志愿服务类：参照团委《志愿服务项目管理办法》进行考核。

（5）社团活动类：参照学院《学生社团考评办法》，由指导教师进行考核。

3. 综合素质教育学分的登记管理

（1）根据学院人才培养方案，责任部门负责项目、活动的申请组织实施。项目和活动结束后，对参与的学生进行考核、认证，并录入 CRP 中的学生管理系统综合素质测评积分模块，平台自动生成素质教育分。素质教育分一旦录入保存，不得更改。

（2）学生每学期根据本人参与素质项目和活动的情况，向所在二级学院申报，审核通过后，由责任部门录入 CRP 平台。学生可以在管理平台上查询和打印自己的相关记录与分值。毕业前，可以从素质教育管理系统中导出自己所获得的素质教育学分。

（3）每个学生可随时查询自己的素质活动得分记录情况，二级学院接受学生对素质活动得分记录情况的申诉并公布处理意见。

（三）素质学分的认定

（1）素质教育学分为学生在素质教育考核中获得的成绩，是学生获得毕业资格的条件之一。学生在校学习期间，素质教育学分达到 120 分方可毕业。

（2）素质教育学分作为评优评先的参考依据。

（3）素质教育学分作为评价学生综合素质的重要参考。分数高的学生在实习、就业、创业时将享受优生优推、优生优分。

五、价值引领

作为一名新时代的大学生，就要树立正确的人生观、价值观，要有一定的科学文化知识，要有健康的体魄和坚定的意志力，要有良好的社会交往能力和社会实践能力。通过学院双学分综合素质体系的实施，形成全员育人、全过程育人、全方位育人的"双主体"学分运行机制。以习近平新时代中国特色社会主义思想为指导，把社会主义核心价值观融入学生综合素质教育全过程，以素质教育为核心，以思想政治教育和道德教育为基石，促进职业技能和职业素养融合，实现精准化教育、服务、指导，全面提升学生综合素质，培养具有"军工文化""工匠精神"的新时代职业新人。

主题二　资助那些事

班会模块	公正·法治
适用学期	第二学期
班会形式	课堂讲授/互动讨论

一、班会背景

随着国家政策的不断完善和教育部门的不断努力，我校已逐步形成以"奖、助、学、贷、勤、补、减"和绿色通道等为内容的高校贫困生资助政策体系。通过此次主题班会，希望能加强家庭经济困难学生资助政策宣传，普及家庭经济困难学生资助知识，让全体学生全面了解各项学生资助政策，掌握国家高等教育阶段各个资助项目的申报条件和申请程序。同时，让学生了解国家资助政策的真正意义，激励优秀学生成才。

二、学习目标

（1）帮助学生了解国家和学校资助项目以及高校贫困生资助政策体系；

（2）做好学校资助工作的宣传，促进相关助学育人工作持续开展；

（3）让学生了解学校资助工作的流程，杜绝填表时隐瞒实情，编造虚假困难信息哄骗老师、学校，骗取国家资助资金等情况出现；

（4）对学生进行资助的同时，培养他们的优秀道德品质，培养受助学生自立自强、诚实守信、知恩感恩、勇于担当的良好品质。

三、前期准备

提前了解国家最新的资助政策，熟读资助政策，标注重点，找出学生容易混淆的难点，便于及时、准确地给学生转达宣传内容，解答学生疑问，指导学生申请资助。

四、班会过程

（一）国家助学贷款

国家助学贷款是党中央、国务院在社会主义市场经济条件下，利用金融手段完善我国普通高校资助政策体系，加大对普通高校贫困家庭学生资助力度所采取的一项重大措施。家庭经济困难学生可申请办理国家助学贷款，解决学费与住宿费。

1. 对象

被我校录取的新生或者在校生，家庭经济困难，所获得收入不足以支付在校学习费用的学生。

2. 范围

在全日制普通本专科（含第二学士、高职、预科）院校就读的家庭经济困难学生，在入学前户籍所在区（市）县的资助中心或者教育局办理。

3. 资助标准

不超过 8 000 元/生·年。

4. 需提供材料

《国家开发银行生源地信用助学贷款受理证明》。

（二）国家奖学金

为了激励普通本科高校、高等职业学校和高等专科学校学生勤奋学习、努力进取，在德、智、体、美、劳等方面全面发展，由中央政府出资设立的用来奖励特别优秀学生的奖学金。

1. 对象

我院全日制取得正式学籍的高职二年级以上（含二年级）学生。

2. 成绩要求

成绩在班级、专业或者年级前10%，无重（补）考科目。

3. 需提供材料

《国家奖学金申请审批表》以及获奖证书复印件。

4. 资助标准

8 000 元/生·年。

注：每年的国家奖学金申请条件、资助名额等具体要求，应当在上级教育资助部门下文后，根据我校实际情况来实施，故每年的资助要求会有一些变动。

（三）国家励志奖学金

国家励志奖学金的奖励对象是：二年级以上（含二年级）的全日制普通本专科（含高职、第二学士学位）品学兼优的家庭经济困难的在校学生。

1. 对象

我院全日制取得正式学籍的高职二年级以上（含二年级）学生，不能同时获得国家奖学金。

2. 成绩要求

上一学年学习成绩平均分不低于80分，无重（补）考科目，综合素质测评总分排名排在班级（或专业）家庭经济困难学生前20%。

3. 需提供材料

《励志奖学金申请表》以及获奖证书复印件。

4. 资助标准

5 000元/生·年。

注：每年的国家励志奖学金申请条件、资助名额等，应当在上级资助部门下文后，根据我校实际情况来实施，故每年的资助会有一些变动。

（四）国家助学金

为体现党和政府对普通本科高校、高等职业学校家庭经济困难学生的关怀，帮助他们顺利完成学业，根据《国务院关于建立健全普通本科高校、高等职业学校和中等职业学校家庭经济困难学生资助政策体系的意见》（国发〔2007〕13号），施行国家助学金政策。

1. 对象

我院取得正式学籍的全日制高职学生。

2. 参评条件

家庭经济困难的（必须是做困难认定后，认定为特困、困难或者特殊困难的学生）。

3. 资助标准

一档：3 800元/生·年；

二档：3 300元/生·年；

三档：2 800元/生·年。

4. 需提供材料

《贵州省高等学校国家助学金申请表》；

《贵州省高等学校家庭经济困难学生认定申请表》；

《高等学校学生及家庭情况调查表》。

（五）基层就业国家资助

为引导和鼓励我省高校毕业生到艰苦边远地区基层单位就业、服务，对到我省基层单位工作并获得学费补偿、国家助学贷款代偿资格的高校毕业生，采取三年服务期满后一次性补偿或代偿的办法。

1. 对象

（1）2006—2008年，毕业生在贵州省内参加"五大项目"，且连续服务5年以上（含5年）。

（2）从2009年起，毕业时自愿到我省基层单位工作，服务期在3年以上（含3年）。

2. 五大项目

（1）大学生志愿服务西部计划：由团中央、教育部、财政部、人力资源和社会保障部等四部门从2003年起组织实施。

（2）"三支一扶"计划：由中组部、人力资源和社会保障部、教育部等八部门从2006年开始组织实施。

（3）教师特设岗位计划：由教育部、财政部、人力资源和社会保障部、中央编办等四部门从 2006 年开始组织实施。

（4）选聘高校毕业生到村任职：由中组部、教育部、财政部、人力资源和社会保障部等部门从 2008 年起组织实施。

（5）农业技术推广服务特设岗位计划：由农业部、人社部、教育部等部门从 2013 年起组织实施。

3. 需提供材料

（1）《贵州省学费补偿国家助学贷款代偿资助申请表》。

（2）《贵州省学费补偿国家助学贷款代偿考核表》。

（3）《基层服务单位年度考核表》复印件。

（4）单位聘任合同书及招考录用文件复印件。

（5）毕业证书复印件。

（6）身份证复印件。

（7）银行卡复印件。

（8）贷款合同复印件。

（9）贷款还款证明。

（六）勤工助学

学校组织的或学生个人从事的有酬劳动，用以助学。学校借以对学生进行劳动技术教育，培养学生正确的劳动观念和态度，使学生养成自立、自强、艰苦奋斗的良好思想作风；加强理论与实际联系，使学生掌握一定的生产知识和劳动技能。

1. 对象

全院在校学生。

2. 需提供材料

部门或个人向学院提出书面申请。

（七）贵州省教育精准扶贫

1. 执行文件

为进一步优化资助程序，有效落实教育精准扶贫学生资助政策，省教育厅、财政厅、扶贫开发办公室、人力资源和社会保障厅联合制定了《贵州省教育精准扶贫学生资助实施办法》（黔教助发〔2017〕92 号）。（参照执行文件：省委办公厅、省人民政府办公厅《关于进一步加强农村贫困学生资助，推进教育精准扶贫的实施方案》（黔党办发〔2015〕40 号）。）

2. 资助对象必备条件

（1）我省农村户籍建档立卡贫困户子女，必须是我省的学生。现在云南、四川、甘肃等地区都有这个项目了，但是他们的扶贫资金不由我省承担。

(2) 中职一、二年级以及高职全学段，退役军人学生。

(3) 具有正式学籍的，预科一年级不能申请，但毕业年可以申请。

3. 资助标准

(1) 中职扶贫专项助学金1 000元/生·年；免（补助）教科书费400元/生·年；免（补助）住宿费500元/生·年。

(2) 高职扶贫专项助学金1 000元/生·年；免（补助）学费3 500元/生·年。

(3) 军人学生扶贫专项助学金1 000元/生·年。（学费资金由国家军人学生优抚政策免除，不能重复享受。）

4. 申报流程（参见资助手册）

5. 申请材料

(1) 首次申请教育精准扶贫资助的学生需提交：①《贵州省教育精准扶贫资助申请表》；②本人身份证（或户口簿）复印件；③受资助银行卡复印件。

(2) 已获得过教育精准扶贫资助的学生需提交：《贵州省教育精准扶贫资助申请表》。

五、价值引领

国家资助政策与青年的未来发展密切相关。有人把国家资助困难学生的政策仅仅看作是一种"扶弱"政策，这显然是不够全面的。教育公平是实现社会公平的重要前提。贫困不是青年学子的自愿选择，也不是他们天生的过错，更不能因此让他们失去改变命运的机会。从这个意义上说，国家资助政策是一项着眼未来的政策，实行这一举措最重要的意义在于，通过制度性的保障，从起点上为青年学生的未来发展赢得机会和时间。

主题三　学生奖励体系

班会模块	公正·法治
适用学期	第一学期
班会形式	课堂讲授/朋辈教育（学长分享）/交流讨论

一、班会背景

学生评优评先是高校学生教育管理服务工作的重要环节，是"三全育人"工作格局的重要支撑，也是落实立德树人根本任务的一项有效措施。为坚持立德树人根本任务，激励学生严格要求自己，勤奋学习，成为德智体美劳全面发展的优秀人才，应加强评优评先工作。评优评先在学生的成长成才过程中发挥着重要的激励作用，可有效促进良好校风和学风的形成，推动高校和谐校园的建设。要使学生评优评先工作规范化、系统化、程序化，避免产生随意性。要提高评选工作的效率。可通过树立学生先进典型，引导广大青年学生不断提升自身综合素质，自觉成长为中国特色社会主义事业的合格建设者和可靠接班人。

二、学习目标

（1）让学生了解先进集体、先进个人、学院奖学金奖励评定内容及条件，从而树立学习目标，明确努力方向，不断提高自身综合素质，为评优评先创造条件，长久发挥评优评先工作的育人作用；

（2）通过表彰大学生先进典型，激励青年学生奋发向上、自觉践行社会主义核心价值观，促进优良校风、学风的形成和巩固，营造学有榜样、赶有目标、追有标杆、人人争先创优的良好氛围；

（3）通过学习先进班集体的评选细则，培养学生集体荣誉感和团队精神，树立"集体荣誉，人人有责"的意识。

三、前期准备

（1）学习了解《贵州省普通高等学校三好学生、优秀学生干部、优秀毕业生、先进班集体评选办法》（黔教学发〔2018〕169号）、《先进集体、先进个人、学院奖学金奖励评定细则》等相关文件内容；

（2）联系曾获得评优奖励的学生，采取录制视频、视频直播或现场交流的形式与班级学生进行心得分享，充分发挥朋辈教育的育人效果；

(3) 学生提前准备笔记本，写下本学年及大学三年的目标和计划。

四、班会过程

（一）学生奖励体系简介

(1) 评选项目。

先进班集体、活力团支部、先进个人（三好学生、优秀学生干部、优秀团干、优秀团员、优秀毕业生）、学院奖学金（学业奖学金、技能奖学金、德育奖学金和国防奖学金）。

(2) 评选时间。

三好学生、优秀学生干部、先进班集体、学业奖学金、技能奖学金和德育奖学金，在新学年开学初进行评选；活力团支部、优秀团干、优秀团员在每年4—5月进行评选；国防奖学金根据大学生征兵工作需要，每年两季评选；优秀毕业生，每年3月启动评选。

(3) 评选名额。

先进集体按全校班级人数的15%评定；三好学生按班级总人数的5%评定；活力团支部按全校团支部数量的10%评定；优秀团干按院团委、系团总支下属各学生组织各部门团干部人数的50%推荐，各团支部推荐1名符合条件的团干；优秀团员推荐名额为本团支部团员总数的3%。优秀学生干部每班评选2名，院系学生会按学生干部人数的20%评定。

学业奖学金、德育奖学金按照专业总人数的6%评定。其中，一等奖学金为同年级同专业人数的1%，二等奖学金为同年级同专业人数的2%，三等奖学金为同年级同专业人数的3%（四舍五入），按排名认定奖学金等级。一等奖学金专业人数超过30人、不足50人评1名；专业人数低于30人的不参评一等奖学金；技能奖学金不受名额限制，凡符合评选条件的学生均可获得；国防奖学金根据当年入伍人数进行奖励。

优秀毕业生按各院系应届毕业生人数的5%评定。各类奖项比例均按照四舍五入计算具体名额。

（二）评选程序

(1) 各班级、团支部、学生组织各部门根据相应评选条件，组织学生提名推荐；

(2) 在各班级、团支部、学生组织各部门民主评选的基础上，各系（院）评审小组（应由系领导、辅导员、教师、学生组成）讨论通过推荐人选；

(3) 候选人填写相关登记表，连同要求的其他材料一起提交学生工作处、院团委审核；

(4) 学生工作处、院团委审核后，提交由分管院领导、学生工作处、院团委以及各系（院）党总支书记组成的评审小组审批；

(5) 评审小组审批通过后，部分项目需通过院长办公会公示5个工作日，确定最终名单并进行表彰。

（三）评选条件

1. 先进班集体评选条件

班委正、队伍齐，具有政治坚定、团结协作、以身作则、积极肯干、模范带头的班委核心；班风好，全班呈现出良好的整体素质，本年度班级学生未发生违反校纪校规事件；学风浓，学风优良，课堂纪律好，无考试作弊现象，在各类技能大赛中获得奖励和表彰的人数比例高；精神佳，积极参加学校组织的文娱及其他有益活动，班级出勤率高，在体育比赛中成绩优异；争先创优，在文明班级、文明宿舍、文明标兵等争先创优活动中参与度高，效果好。

2. 三好学生评选条件

理想信念坚定，具有正确、坚定的政治方向，积极践行社会主义核心价值观，道德品质优良；集体荣誉感强，积极参加集体活动，团结、帮助同学，勇于同错误思想和不良现象作斗争，在班级起到模范带头作用，无违纪记录；学习态度端正，学习成绩优异，当学年各学科成绩、素质养成成绩两项总评必须在班级排名前5%以内；体育课成绩优良，无重修、补考、不及格科目；热爱劳动，积极参加公益活动和劳作教育，在班级劳作教育周成绩突出；积极参加社会实践和三下乡志愿服务等活动，并取得一定成果。

3. 优秀学生干部评选条件

理想信念坚定，具有正确、坚定的政治方向，积极践行社会主义核心价值观，道德品质优良；工作能力强，责任心强，有一定组织能力和管理能力，威信高，能积极带领同学完成学校交办的各项工作任务，任职满1年；模范作用大，严于律己，自觉遵守校纪校规和各项规章制度，在班级或团队中起表率作用，无违纪记录；学习态度端正，能刻苦学习专业知识，成绩优良，无重修、补考、不及格科目。

4. 学业奖学金评选条件

理想信念坚定，具有正确、坚定的政治方向，积极践行社会主义核心价值观，道德品质优良；学习态度端正，能刻苦学习专业知识，评选当学年内无重修、补考、不及格科目；集体荣誉感强，积极参加集体活动；尊敬师长，团结、帮助同学；自觉遵守校纪校规和各项规章制度，无违纪记录。

5. 德育奖学金评选条件

理想信念坚定，具有正确、坚定的政治方向，积极践行社会主义核心价值观，道德品质优良；学习态度端正，刻苦学习专业知识，评选当学年内无重修、补考、不及格科目；综合素质高，积极参加各类比赛、活动和讲座，积极向上，无违纪记录，德智体美劳全面发展；评选当学年每学期综合素质学分达到24分以上。

6. 技能奖学金评选条件

理想信念坚定，具有正确、坚定的政治方向，积极践行社会主义核心价值观，道德品质优良；学习态度端正，刻苦学习专业知识，评选当学年内无重修、补考、不及格科目，获得专业领域含金量较高的资格证书；获得全国职业技能大赛一、二、三等奖，或全省职业技能大赛一等奖。

含金量较高的资格证书有：华为职业认证：工程师级别（HCIA）、高级工程师（HCIP）；华三职业认证：工程师级别（H3CNE）、高级工程师（H3CSE）；初级会计师、初级国家导游证等。未列出的证书由学院学术委员会认定后予以奖励。

7. **优秀毕业生评选条件**

理想信念坚定，具有正确、坚定的政治方向，积极践行社会主义核心价值观，道德品质优良；综合素质高，积极参加各类活动、社会实践，有较强的运用知识分析解决问题的能力和开拓创新精神；作风正派，模范带头，无违纪记录；学习态度端正，善于学习和吸收新知识，热爱所学专业，勤奋学习，专业成绩突出，无重修、补考、不及格科目；参加社会实践或顶岗实习期间为企业、单位做出突出贡献，或在创新创业方面有突出的表现和事迹的优先考虑；在校期间获得过校级"三好""优干"或省级"三好""优干"。

8. **活力团支部评选条件**

有健全完善的组织机构和制度，支委一班人分工合作好；支部核心作用发挥好，支委会关心团员的思想、学习和生活，支部成员团结互助，集体荣誉感强；团员青年积极要求进步，递交入党申请书的人数超过50%；支部学风优良，考风严明，补考人数低，本年度无违纪现象发生；支部工作有记录、有特色、有创新、工作成绩突出；按期开展团组织生活、H5、广播稿活动，积极组织班级青年参加学校校园文化活动。

9. **优秀团干评选条件**

坚持四项基本原则，拥护党的路线、方针、政策；思想进步，在团支部中能起到模范带头作用；积极参加政治学习和团内组织生活，积极向党组织靠拢；学习态度端正，学习刻苦，无补考，无违纪现象。要求学生组织干部在部门工作时间满一年，支部干部任职满一年（新生班级除外）。

10. **优秀团员**

坚持四项基本原则，拥护党的路线、方针、政策；思想进步，自觉参加政治学习和团内组织生活，积极向党组织靠拢；学习态度端正，学习刻苦，无补考；能够积极参加团的各项活动，表现优良。

（四）表彰与奖励

（1）被授予三好学生、优秀学生干部、优秀毕业生、优秀团干、优秀团员称号者，学校颁发荣誉证书，张榜表彰，存入学校档案和学生本人档案；推荐为省级三好学生、优秀学生干部、优秀毕业生、优秀团干、优秀团员候选人。

（2）评选出的先进班集体由学校表彰，作为省级先进班集体的推荐候选；评选出的活力团支部由学校表彰，作为省级活力团支部的推荐候选。

（3）获得学业奖学金和德育奖学金的，一等奖学金奖励3 000元，二等奖学金奖励1

500元,三等奖学金奖励1 000元。(具体奖励金额根据当时最新文件执行。)

(4)国防奖学金专门奖励从学院应征入伍的大学生,在校生一次性奖励3 000元,应届毕业生一次性奖励6 000元。(具体奖励金额根据当时最新文件执行。)

(5)技能奖学金按照以下标准进行奖励:参加学院指定职业技能证书考证的,按照考证过程中产生的报名费、培训费等全额进行奖励;参加职业技能大赛获奖的,国赛一等奖奖励5 000元,二等奖奖励3 000元,三等奖奖励2 000元;省赛一等奖奖励1 000元;其他行业大赛参照职业技能大赛省赛和国赛进行奖励。(具体奖励金额根据当时最新文件执行。)

(6)已获三好学生、优秀学生干部、优秀毕业生、优秀团干、优秀团员表彰的学生,如发现有违反校纪校规和国家法律的情况,取消其荣誉称号。

五、价值引领

"评优评先"是对班级、个人年度学习、工作成效的考核、评定和肯定。每位同学都要充分发挥自己的特点、优势,共同参与到评优过程中来,让评优的过程成为学生自我反思、自我教育、自我完善、自我监督的过程,学他人之所长,补自己之所短,不断提升、完善自己。高校要主动适应高等教育发展的新形势和新要求,不断加强和改进大学生思想政治教育工作,本着"尊重多元、重视差异、面向全体、立足发展、服务成才"的教育理念,积极构建学生发展服务体系,全面服务学生发展,促进学生成长成才。

主题四　学法、知法、懂法、用法

班会模块	公正·法治
适用学期	第一至六学期
班会形式	课堂讲授/互动辩论/案例分析

一、班会背景

习近平在中央全面依法治国工作会议上强调："坚定不移走中国特色社会主义法治道之路，为全面建设社会主义现代化国家提供有力法治保障。"大学生作为社会主义事业的建设者和接班人，其法治意识的高低以及接受法治教育的程度对我国法治事业的发展有重要影响。纵观我国社会主义法治国家的建设进程，有相当一部分大学生法治素质低，法律意识淡薄，法律知识匮乏，当自身权益受到侵犯时，不知道如何使用法律武器保护自己。有的甚至罔顾法律的权威性，盲目追求自身利益，以身试法，从而触犯法律。作为一名合格的大学生，不仅要具备扎实的专业能力、高尚的思想道德素质，还要具备较高的法治素养，做到学法、知法、懂法、用法。

二、学习目标

（1）培养学生的基本法律意识，帮助学生树立法律信仰，增强学生的法治观念，提高学生的法治素养；

（2）让学生知道如何用法律武器来保护自己，培养学生良好的道德意识，让学生养成学法、知法、懂法、用法的好习惯，做社会主义法治国家的合格公民；

（3）树立学校良好的学风，维护社会的稳定。

三、前期准备

（1）了解当前大学生常见的违法犯罪行为，找到其原因，制定预防措施；

（2）收集相关的法律知识材料以及具体的案例。

四、班会过程

（一）大学生常见的违法犯罪行为

（1）提问学生：大学生常见的违法犯罪行为有哪些？审视一下自己或是身边的朋友、同学，是否也存在这些行为？

(2) 根据学生的回答，结合具体的案例，总结概括出以下几种常见的大学生违法犯罪行为：

①盗窃：以非法占有为目的，秘密窃取公私财物、数额较大，或者多次窃取公私财物的行为。盗窃是大学校园的多发性案件，一般占高校中发生的刑事案件的80%以上。

【案例分析】

偷书1 500多本，不知道是犯罪。重庆某大学学生刘某3年内偷书1 500多本，价值3万多元。在渝中区法院审判时，称以为偷书是不良行为，不知道是犯罪。刘某以盗窃罪被判处3年有期徒刑！

②抢劫：以非法占有为目的，以暴力、胁迫或者其他方法施行的将公私财物据为己有的犯罪行为。

【案例分析】

2005年6月，四川大学某学院两个即将毕业的学生孙某和辛某外出喝酒后，比谁胆子大。孙某问辛某："敢不敢抢出租车。"辛某说："有什么不敢！不信我抢个给你看看。"于是随手招停一辆出租车，拿出身上一把小水果刀对着司机，说："拿50元钱来！"司机赶紧给了其50元，驾车离开并报警。辛某在向孙某炫耀自己的胆量时被警察当场抓获。后二人被控抢劫罪。经查，二人家境极好。

【法律在线】

以暴力、胁迫或者麻醉、醉酒等方法，强行劫取公私财物的，构成抢劫犯罪。劫取的财产是多还是少，不影响抢劫罪的成立。哪怕一元钱，也构成抢劫罪既遂。即使没有抢到钱，也成立抢劫罪未遂，比照既遂犯从轻处罚。抢劫罪，按《刑法》规定，处3年以上10年以下有期徒刑，并处罚金；有下列严重情形之一的，处10年以上有期徒刑、无期徒刑或者死刑，并处罚金或者没收财产（入室、持枪、金融机构、交通工具、冒充军警、特别物资、数额巨大、重伤死亡）。

③故意伤害：故意伤害他人身体的行为，通常表现为破坏人体组织的完整，如断手指、挖眼睛等，破坏人体器官的正常机能，如使人失去听觉、视觉、神经机能等。

（引导学生自行讲述并分析身边案例。）

【法律在线】

《刑法》规定：故意伤害他人身体的，处3年以下有期徒刑；致人重伤的，处3～10年有期徒刑；致人死亡或者以特别残忍的手段致人重伤的，处10年以上有期徒刑、无期徒刑或死刑，同时应当承担民事赔偿责任。《治安管理处罚法》规定：殴打他人的，或者故意伤害他人身体的（致轻微伤），处五日以上十日以下拘留，并处二百元以上五百元以下罚款；情节较轻的，处五日以下拘留或者五百元以下罚款。

④参与赌博或者变相赌博；

⑤聚众斗殴、寻衅滋事；

⑥携带管制刀具；

其他违法犯罪行为。

（二）大学生违法犯罪的原因分析

（1）提问学生：大家觉得大学生违法犯罪的原因有哪些？

（2）通过提问，结合学生的思考，总结出以下四个方面的原因：

①是非观念不强：一些大学生对某些社会思潮难以消化和鉴别，有的便产生以偏概全、固执己见的认识，有的则茫然不知所措，往往导致对原来认同的道德规范、是非理念产生动摇，从而在利益的驱使下改变了原有的是非观念，失去了道德规范的约束，一步一步地滑向违法的境地。

②不健康心理的存在：遇挫后不求上进的消沉心理；是非不分的功利心理；脱离现实的幻想心理；迎合低级趣味的心理。

③法律素质不高，法治观念淡薄：当代大学生法律知识欠缺，很多学生没有用法律规范评价社会行为的意识。因此，当他们面对冲突和矛盾时缺乏理性，易感情冲动，甚至做出违法的行为；当自己的合法权益受到侵犯时，不能拿起法律武器来维护，任人摆布，不知道采取适当措施防范，这样就等于助长了违法分子的威风，使大学生中的违法犯罪行为滋生。

④不遵守校规校纪：部分学生对夜不归宿、吸烟酗酒、沉迷网络空间、贪玩厌学等不良行为没有正确的认识，屡教不改；对迟到、旷课等违纪行为受到的处分抱有抵触情绪。

（三）大学生违法犯罪的预防

（1）提问学生：结合自身以及身边同学、朋友的所见所闻，谈一谈如何预防违法犯罪行为，从而引发学生的思考。

（2）总结大学生违法犯罪的预防措施：

①培养健康的心理。提高大学生的心理素质，使他们积极面对困难和问题，保持身心健康，培养兴趣爱好，学会预防和缓解心理问题；

②养成遵纪守法的习惯。勿以恶小而为之，勿以善小而不为。

③积极进取，乐观向上，不沉溺于网络。在当今社会，大学生通常都会接到犯罪分子发来的诈骗短信，甚至会直接见到诈骗人员，最近还发生了许多因诈骗而失去宝贵生命的事情。所以，作为学生需要提高警惕，防范诈骗。一旦遇到诈骗，无论结果如何，自身都会受到伤害。

④学会释放自己内心的郁闷：

认知调节法：首先要使自己明白一个人的看法与态度是如何影响自身心情及行为的；其次，要主动检讨自己所持有的对己、对人以及对环境的看法，并分析这些看法与现实的差距；最后，通过自我批评来更换对这些看法的态度，以便借此新看法来产生健康的心理与适应行为。

放松调节法：压力及紧张焦虑的情绪，不仅影响人的正常生活、降低工作和学习效率，还会让人出现头痛、气喘、肌肉紧张、心跳强而快、失眠等症状。通过对身体各部分主要系统的放松练习，可以抑制这些伴随紧张而产生的生理反应，从而减轻心理上的压力。

倾诉宣泄法：如果你感到忧虑重重、压力山大，最好的办法就是找一个自己信任的人谈谈，把所有担心的事情讲出来，这样就能使自己获得心理放松的机会。而且适当地倾诉、宣泄自己的担忧，不仅可以使自己变得轻松、心情舒畅，还会使自己看清楚担忧的事情，以便妥善地解决。

注意力转移法：当与人争吵时，马上离开这个环境，去运动或听听音乐；当悲伤、忧伤情绪产生时，及时避开悲伤、忧伤的对象，可以消忧解愁；在余怒未消时，可以通过运动、娱乐、散步等活动，使紧张的情绪得到缓解。

即时解决法："今日事，今日毕。"不要拖延时间，做任何事都要尽早做准备，绝不能一拖再拖。拖延会使人产生很大的心理压力。

转化压力法：转化压力实质上就是缓解压力的过程。学生在生活中遇到压力或威胁时，不妨将其看作是对自己的挑战，化压力为动力，鼓足勇气迎接它、战胜它。主动改善自己与老师或同学之间的关系、消除成见、冰释前嫌，那么，由于人际关系紧张而造成的心理压力就不复存在了。出现极端心理问题时，及时寻求专业帮助。

（3）通过对大学生违法犯罪预防措施的详细讲解，引导学生养成良好的行为习惯，提高法治素养，增强法律意识，做学法、知法、懂法、守法的合格公民。

五、价值引领

从党的十五大提出"依法治国"基本方略至今，我国在法治国家建设上取得了举世瞩目的成就。但是社会上，法治观念淡薄、道德缺失的行为屡见不鲜。大学生作为社会主义事业的建设者和接班人，其法治意识的高低和接受法治教育的程度对我国法治事业的发展起着决定性的作用。提高大学生法律意识是建设社会主义法治国家的需要。作为祖国的希望，当代大学生要培养基本的法律意识，树立法律信仰，增强法治观念，提高法治素养，养成学法、知法、懂法、用法的好习惯，做社会主义法治国家的合格公民。

主题五　民法典，你知道多少？

班会模块	公正·法治
适用学期	所有学期
班会形式	课堂讲授/互动辩论/互动分析

一、班会背景

2020年5月28日，十三届全国人大三次会议表决通过了《中华人民共和国民法典》，自2021年1月1日起施行。《中华人民共和国民法典》（以下简称"民法典"）被称为"社会生活百科全书"，是新中国第一部以法典命名的法律，开创了我国法典编纂立法的先河，是民事权利的宣言书和保障书。几乎所有的民事活动，大到合同签订、公司设立，小到缴纳物业费、离婚，都能在民法典中找到依据。它与每个人的方方面面都息息相关，对于大家今后的学习和生活都至关重要。学习民法典更是实现依法治国、法治强国的必然要求。

二、学习目标

（1）引导同学们正确认识编纂民法典的重大意义；

（2）通过深入了解民法典的内容，使学生能够自觉运用法律武器保护自身的权利；

（3）培养学生的法治意识，引导他们做新时代知法、守法、用法的大学生。

三、前期准备

（1）通过了解民法典的内容和编纂历程，加深学生对民法典的认知；

（2）仔细研读民法典全文，勾画出重点内容。让同学们收集有关民法典的材料，做好课前准备；

（3）通过网络等多种途径搜集整理民法典相关资料。

四、班会过程

编纂一部真正属于中国人民的民法典，是新中国几代人的夙愿。编纂民法典是党的十八届四中全会确定的一项重大政治任务和立法任务，是党中央作出的重大法治建设部署。

如果说宪法重在限制公权力，那么民法典就重在保护私权利。它几乎涵盖所有的民事活动。其编纂与实施具有里程碑意义。

（一）编纂民法典的重大意义

（1）坚持和完善中国特色社会主义制度的现实需要。我国民事法律制度正是伴随着新时期改革开放和社会主义现代化建设的历史进程而形成并不断完善发展的，它是中国特色社会主义法治制度的重要组成部分。在系统总结制度建设成果和实践经验的基础上，编纂一部具有中国特色、体现时代特点、反映人民意愿的民法典，不仅能充分彰显中国社会主义法律制度成果和制度自信，促进和保障中国特色社会主义事业不断发展，也能为人类法治文明的发展进步，贡献中国智慧和中国方案；

(2) 推进全面依法治国、推进国家治理体系和治理能力现代化的重大举措。民法与其他领域法律规范一起支撑着国家制度和国家治理体系，是保证国家制度和国家治理体系正常有效运转的基础性法律规范。编纂民法典就是全面总结我国的民事立法和司法的实践经验，对现行民事单行法律进行系统编纂修订，将相应民事法律规范编纂成一部综合性法典，不断健全完善中国特色社会主义法律体系。

(3) 坚持和完善社会主义基本经济制度、推动经济高质量发展的客观要求。社会主义基本经济制度是以法治为基础、在法治轨道上运行、受法治规则调整的经济制度，社会主义市场经济本质上是法治经济。我国民事法律制度建设一直秉承民商合一的传统，为各类民商事活动提供了基本的依据。这将有利于充分调动民事主体的积极性和创造性，有利于营造各种所有制主体依法平等使用资源要素、公开公平公正参与竞争、同等受到法律保护的市场环境，推动经济高质量发展。

(4) 增进人民福祉、维护最广大人民根本利益的必然要求。中国特色社会主义法治建设的根本目的是保障人民权益。中国特色社会主义进入新的时代，人民群众在民主、法治、公平正义、环境安全等方面的要求日益增长，希望对权利的保护更加充分、更加有效。编纂民法典，健全和充实民事权利种类，形成更加完备的民事权利体系，完善权利保护和救济规则，形成规范有效的权利保护机制，对于更好地维护人民权益，增加人民群众的获得感、幸福感和安全感，促进人的全面发展，具有十分重要的意义。

(二) 民法典的基本特征

1. 坚持正确方向的政治性

全面贯彻习近平总书记全面依法治国新理念、新思想、新战略，坚决贯彻党中央的决策部署，坚决服务党和国家工作大局，充分发挥民法典在坚持和完善中国特色社会主义制度、推进国家治理体系和治理能力现代化中的重要作用。

2. 坚持以人民为中心的人民性

《法国民法典》《德国民法典》是建立在以物为本的价值理念上，其特点是重物轻人，而我国民法典是建立在以人为本的价值理念上，其特点是重人轻物，单设专门一编人格权编。人格权是民事主体的基本权利、核心权利，民法典编纂始终围绕人民权益的确认和保护而展开，为公民民事权利提供了全方位保护，是人权保护制度的完善，是人权保护法治化的具体体现。人格权的独立成编，是我国民法典的一大创新，彰显了人民性。

3. 坚持立足国情和实际的时代性

时代特征是民法典最为鲜明的特征。如果说"风车水磨"是德国和法国民法典的时代烙印，那么人工智能等新科技理应成为中国民法典的时代基因。科技的发展引领社会经济的进步，驱动人们社会生活的改变。科技是中国民法典与时代同行的最佳伙伴，人工智能"AI元素"将是民法典勇于担当、与时俱进的荣誉勋章。民法典构建了完备的"人格权"保护规则，在区分隐私权与个人信息的基础上，构建了完备的隐私信息保护体系，同时明令禁止"深度伪造"侵害他人肖像、声音的行为，全面维护人的尊严；进一步细化了网络侵权的法律规范，为人工智能时代的网民划定了行为边界。

4. 坚持依法治国与以德治国相结合的民族性

民法典注重将社会主义核心价值观融入民事法律规范，大力弘扬传统美德和社会公德，强化规则意识，倡导契约精神，维护公序良俗。无论是诚实信用、公序良俗和绿色原则，还是契约精神、自愿原则、诚信观念，都是中华民族的价值取向和社会主义核心价值观在民法层面的转化和表达，彰显浓厚的中国特色。

5. 坚持遵循立法规律的科学性

民主立法、依法立法，增强了民事法律规范的系统性、完整性，既保持民事法律制度的连续性、稳定性，又保持适度的前瞻性、开放性，同时秉承处理好、衔接好法典化民事法律制度下各类规范之间的关系的原则，具有严谨的科学性。

通过对民法典编纂四个意义和五大特征的介绍，告诉同学们，学习民法典要掌握民法典的重要知识点，对以后的学习和工作都会有很大的帮助，也能进一步提升自身的法治素养。

（三）民法典的重要内容

1. 总则编

为了保护民事主体的合法权益，调整民事关系，维护社会和经济秩序，适应中国特色社会主义发展要求，弘扬社会主义核心价值观，根据宪法，制定本法。民法调整平等主体的自然人、法人和非法人组织之间的人身关系和财产关系。一是将"弘扬社会主义核心价值观"作为一项重要立法目的；二是确立了平等、自愿、公平、诚信、守法和公序良俗等民法基本原则；三是将绿色原则确立为民法的基本原则；四是胎儿有权利继承遗产、接受赠与等；五是八周岁以上的未成年人为限制民事行为能力人；六是紧急情况下被监护人无人照料，村居委会或民政部门应安排照料。

2. 物权编

物权是民事主体依法享有的重要财产权。物权法律制度调整因物的归属和利用而产生的民事关系，是最重要的民事基本制度之一。其包括：一是加强对建筑物业主权利的保护。适当降低业主作出决议的门槛，明确共有部分产生的收益属于业主共有；二是明确地方政府有关部门、居民委员会应当对设立业主大会和选举业主委员会给予指导和协助；三是增加规定紧急情况下使用维修资金的特别程序；四是建筑物及其附属设施的维修资金的筹集、使用情况应当定期公布；五是征用组织、个人的不动产或者动产的事由中增加"疫情防控"；六是遗失物自发布招领公告之日起一年内无人认领，归国家所有。

3. 合同编

合同制度是市场经济的基本法律制度。民法典第三编"合同"在现行合同法的基础上，贯彻全面深化改革的精神，坚持维护契约、平等交换、公平竞争，促进商品和要素的自由流动，完善合同制度。一是依法成立的合同，受法律保护；二是完善国家订货合同制度；三是增加规定情势变更制度；四是在物业服务区内违反消防法律法规的行为，物业服务人应予以制止；五是明确规定禁止高利放贷，借款的利率不得违反国家有关规定；六是客运合同对"旅客霸座""抢方向盘"等问题做出回应。

4. 人格权编

人格权是民事主体对其特定的人格利益享有的权利，关系到每个人的人格尊严，是民事主体最基本的权利。民法典第四编"人格权"在现行有关法律法规和司法解释的基础上，从民事法律规范的角度规定自然人和其他民事主体人格权的内容、边界和保护方式，不涉及公民政治、社会等方面权利。一是规定机关、企业、学校等单位有防止和制止性骚扰的义务；二是规定人格权不得放弃、转让或者继承；三是规定了对死者人格利益的保护；四是明确规定人格权受到侵害后的救济方式；五是确立器官捐献的基本规则；六是收集使用未成年人的个人信息应征得监护人同意。

5. 婚姻家庭编

婚姻家庭制度是规范夫妻关系和家庭关系的基本准则。一是规定"婚姻家庭受国家保护"；二是将"树立优良家风，弘扬家庭美德，重视家庭文明建设"入法；三是取消实行计划生育相关条文；四是界定"亲属""近亲属""家庭成员"的范围；五是增加规定最有利于被收养人原则；六是增加登记离婚三十日冷静期规定。

6. 继承编

继承制度是关于自然人死亡后财产传承的基本制度。随着人民群众生活水平的不断提高，个人和家庭拥有的财产日益增多，因继承引发的纠纷也越来越多。根据我国社会家庭结构、继承观念等方面的发展变化，民法典第六编"继承"在现行继承法的基础上，修改完善了继承制度，以满足人民群众处理遗产的现实需要。一是增加规定相互有继承关系的数人在同一事件中死亡，且难以确定死亡时间的继承规则；二是完善代位继承制度，即侄女、侄子、外甥、外甥女，可以代位继承；三是修改遗嘱效力规则，删除现行继承法关于公证遗嘱效力优先的规定；四是增加遗产管理人制度；五是完善遗赠扶养协议制度，明确继承人以外的组织或者个人均可以成为扶养人；六是增加打印、录像等新的遗嘱形式。

7. 侵权责任编

侵权责任是民事主体侵害他人权益应当承担的法律后果，旨在保护民事主体的合法权益、预防和制裁侵权行为。民法典第七编"侵权责任"在总结实践经验的基础上，针对侵权领域出现的新情况，吸收借鉴司法解释的有关规定，对侵权责任制度作了必要的补充和完善。一是确立"自甘风险"规则；二是规定"自助行为"制度；三是将"营养费""住院伙食补助费"明确列为人身损害赔偿项目；四是完善精神损害赔偿制度；五是增加规定生产者、销售者召回缺陷产品应负担被侵权人因此支出的必要费用；六是完善高空抛物坠物治理规则。

【课堂讨论】

案例：近日，"打球撞倒老人被免责"成了舆论焦点。2019年11月3日，大学生张军与同学在大学篮球场进行篮球比赛。68岁的李婆婆横穿篮球场，被在接球跑动过程中的张军不慎撞倒在地。李婆婆将张军及学校告上法院，一审判张军担责40%、学校担责10%。张军上诉。二审张军被判免责，李婆婆负全责。

问题：对于以上新闻，你怎么看？请根据民法典的知识阐述自己的看法。

学生根据自己查找的相关案例进行分享与交流。

五、价值引领

《中华人民共和国民法典》被称为"社会生活百科全书"，是新中国第一部以法典命名的法律，开创了我国法典编纂立法的先河，是民事权利的宣言书和保障书。作为新时代大学生，应通过对民法典的深入学习，正确认识编纂民法典的重大意义及民法典的各项规章制度，知道如何运用法律武器保护自身的权利和利益，同时要懂得什么是犯罪，什么是违法，自觉做到知法、懂法、守法，为社会主义法制建设贡献自己的一份力量，做一个遵纪守法的优秀大学生。

民法典的颁布实施，必将为人民的美好生活提供有力的法律保障。从出生到死亡，几乎所有民事活动都能在民法典中找到法律依据。正如网民所说，民法典"慈母般"的关怀，给予所有人追求美好生活的底气，也如同明灯般点亮法治中国的光明道路。有了这样的保障，未来的日子一定会充满希望。

主题六　如何正确认识校纪校规——学习《学生手册》

班会模块	公正・法治
适用学期	第一学期
班会形式	课堂讲授/案例展示/师生互动

一、班会背景

校纪校规是为了维持正常的教学秩序，使学生在德、智、体、美、劳各个方面获得健康成长而提出的行为准则。作为大学生，应该主动了解、熟悉学校规章的内容，自觉地用学校的规章制度来约束、规范自己的行为，养成良好的纪律习惯，以遵守纪律的良好行为来维护校纪校规的严肃性。对于一名大学生来说，遵守校纪校规，养成良好习惯，是最基本的要求。

二、学习目标

（1）学习校纪校规的内容，清楚自身的权利与义务；
（2）认识到校纪校规的重要性，做到令行禁止；
（3）引导学生遵守校纪校规，规范自身的行为举止，共创文明和谐校园。

三、前期准备

（1）学生在上课前带上《学生手册》和笔，做好学习笔记；
（2）教师要收集学校学生处分案例与文件，在课上解读。

四、班会过程

校纪校规是学校纪律和各项规则的总称，在学生管理中发挥着"法律"的作用。它的实施有利于严肃学校纪律，使学校有一个良好的校风、班风、学风。校纪校规是规范学生日常行为的重要规章制度，是社会主义精神文明的一个方面、对于提升学生素质、培养良好习惯具有重要作用。"无规矩，不成方圆"，校纪校规规范了学生的行为，规定了学生的权利和义务。学习校纪校规是为了维护正常的教育教学秩序，维护学生生活与学习的权益，并为学生安全提供保障。

（一）牢记"校训，校风，教风，学风"

1. 校训：求知思进，厚德载物

其含义为：要求学生在知识技能的学习和训练上努力探索，刻苦钻研，不断创新，积极向上，追求品学兼优的人生境界，力求具备高尚、美好的思想道德品质，并获得广博丰厚的知识、技能。迈出校园，走向社会，成为祖国建设的合格人才。

2. 校风：文明，勤奋，敬业，创新

"文明，勤奋，敬业，创新"是我院倡导的校风，要求全院师生做到语言文明有礼、举止文明高雅、班级文明团结、校园文明优美；在教学工作、学习中，全院师生要勤奋学习、敬业爱岗、钻研不辍、努力创新，力求使我们在教育、教学、科研等方面不断有新举措、新突破、新成果，学习上有新风气、新方法、新收获，使整个校园呈现出"文明，勤奋，敬业，创新"的新风尚、新面貌；实现我院创全国知名、贵州一流的目标。

3. 教风：尚德，精业，爱生

尚德，即崇尚道德，这是良好教风的根基。中国文化是一种典型的"德性文化"，而"君子忧道不忧贫"一向是中国学者的精神取向。为人师者，"德"自然是第一要义。因为学高方能为"师"，身正方可称"范"。尚德，既包含静态中对德的尊崇和拥有，也包含动态中对德的追求和传播，堪为教者之风；精业，即精通于所从事的行业，尽心于所从事的职业，这是良好教风的必要条件。好的老师一方面要业务熟练、学富五车，另一方面要精益求精、不断创新育人之道。否则，尚德将无所依托，爱生也会流于空泛；爱生，即关爱学生，这是良好教风的内在灵魂，也是尚德、精业的出发点和落脚点。古往今来的优秀教师，都能让学生感到浓浓的爱意。教师要通过对学生因势利导、循循善诱的人性化教育，使学生成才，来实现自己的人生价值。

4. 学风：诚信，明理，笃行

诚信，是中华民族的传统美德。古人云："诚者，天之道也。""民无信不立。"同时，诚信是做人做事之根本，是从业人员的基本职业操守。学生理应把诚信作为其人生品质的第一要素，作为职业生涯的基本道德规范；明理，包含三层意思：一是"明情理"，二是"明事理"，三是"明学理"。明情理就是"学会做人"，懂得与人相处时真诚友善的立身之道；明事理就是"学会做事"，懂得处事的轻重缓急；明学理就是"学会学习"，掌握学习的方法，达到学习的目标；笃行，这与我院学生培养目标"零距离上岗"相吻合。"笃"有踏踏实实、坚持不懈之义。笃行，就是要努力实践，学以致用，苦练技能，提高动手能力。

（二）学生管理规定简介

1. 学籍管理

入学与注册；考核与成绩记载；转专业与转学；休学与复学；退学；毕业与结业；学业证书管理。

2. 奖励与处分

奖励：学校对学生的表彰和奖励，可以采取授予"三好学生"称号或者其他荣誉称号、颁发奖学金等多种形式，包括相应的精神鼓励或者物质奖励。

处分：对有违反法律法规、《高等学校学生管理规定》、本规定以及学校纪律行为的学

生，学校给予批评教育，并可视情节轻重，给予如下纪律处分：警告、严重警告、记过、留校察看、开除学籍。

3. 学生申诉

学校成立学生申诉处理委员会，负责受理学生对处理或者处分决定不服提起的申诉。

4. 学生违纪处分办法

处分与解除处分：学校除开除学籍处分以外，给予学生处分一般应当设置 6 到 12 个月期限，到期按学校规定程序予以解除。解除处分后，学生获得表彰、奖励及其他权益，不再受原处分的影响。

学生旷课：旷课 20 节的，给予警告处分；旷课 30 节的，给予严重警告处分；旷课 40 节的，给予记过处分；旷课 50 节的，给予留校察看处分。

赌博：学校禁止学生赌博。涉及赌博的，视情节给予警告，直至留校察看处分；情节严重，违反法律法规，造成严重后果的，给予开除学籍处分，并移交当地公安机关处理。

酗酒：学校禁止学生酗酒。对于酗酒的，给予严重警告处分；酗酒闹事的，给予记过处分；情节严重的，给予留校察看或者开除学籍处分。

5. 宿舍管理制度

宿舍严禁酗酒、赌博、打架斗殴、聚众喧哗；严禁使用电热毯、电炉、电饭锅、电水壶、热得快等违规电器，严禁私接电线网线、改装电路，严禁生火取暖和采用火源性照明，严禁破坏消防设施，严禁开小灶和使用管制刀具。

严格遵守作息时间，按时起床，按时上课，按时就寝，在午休、晚休等时间内严禁大声喧哗及各种娱乐活动。

爱护宿舍卫生，自觉维护公共区域卫生，珍惜他人劳动成果，保持宿舍干净整洁。

爱护公物，节约水电，做到人走灯灭，杜绝"长流水、长明灯"现象。

6. 学生请假管理制度

学生请假，应事先办理手续，除有急病或紧急事情外不得事后补假。请假期满，应及时销假。

学生请假应写请假条（也可在网上请假），2 天以内，由辅导员审批、备案；3 天及以上，由辅导员签署意见，由院（系）领导审批、备案；7 天以上，由辅导员签署意见，院（系）领导审核，报分管院领导审批，由院（系）备案。

学生因病、事假过多，每学期缺课累计超过总学时四分之一者，做休学处理。病假须有本校医务室或县级以上医院证明。

《学生手册》是我们在学校一切行动的指南，希望同学们课下要加强自学，严格遵守，做新时代讲规矩的大学生。

（三）如何做到遵守校纪校规

（1）明礼修身，团结友爱。弘扬中华民族传统美德，遵守社会公德，尊敬师长，关心集体，友爱同学；发扬各民族优良传统，豁达宽容，互帮互助，共同进步。

（2）勤奋学习，钻研技能。养成良好的学习习惯，刻苦钻研，努力拼搏，熟练地掌握专业知识和技能，培养优良的学风，形成终身学习的理念。树立正确的学习观，以实际行动营造健康向上、热爱学习、学风严谨的校园学习氛围。

（3）规范行为，遵纪守法。严格遵守学校的各项规章制度，按时上课，不迟到，不旷课，遵守课堂纪律；考试不作弊，不抄袭他人作业，建设积极向上的正派校风；生活中不饮酒，不抽烟，不打架斗殴，保持整洁干净的宿舍卫生环境，按时就寝，杜绝晚归、夜不归宿及使用违章电器现象，创建人人守纪的平安校园。诚实守信，弘扬正气；履约践诺，知行统一；敬廉崇洁，公道正派；敢于并善于同各种违法违纪行为作斗争。

（4）从我做起，积极参与。校园是我们每个人的共同家园，需要我们共同建设。我们每个人都有责任、有义务通过自己的文明行为，为学校增光添彩。我们要主动参与，从一点一滴做起，积极为创建绿色、文明学校献计出力，多做贡献。

五、价值引领

俗话说：没有规矩，不成方圆。一个学校的发展，离不开好的规章制度。只有认真遵守校规校纪，我们才能营造良好的学习环境，养成良好的生活习惯，培养吃苦耐劳的奋斗精神，成为有素质有涵养的人。

我们要牢固树立"遵守校规校纪，人人有责"的思想，不断进取创新；牢固树立"校兴我荣，校荣我幸"的主人翁意识，脚踏实地，尽自己所能，从身边做起，从现在做起；自觉创立文明班风，做到文明用语、礼貌待人、主动学习、热情接物、行文明事、做文明人。作为当代大学生，我们要知规、学规，更要守规。明确自身的责任与担当，做新时代守法、守规的新青年。

主题七　交通安全，时刻铭记

班会模块	公正·法治
适用学期	第一至六学期
班会形式	课堂讲授/互动讨论/游戏竞答

一、班会背景

交通安全关系到每一个家庭的幸福。据不完全统计，我国每年有超过3万名学生死于道路交通事故，很多事故都是因为交通安全意识淡薄和交通安全常识匮乏造成的。

同学们的健康成长和生命安全需要全社会的关注和重视，增强大学生交通安全意识，让他们掌握必要的交通安全常识，是家庭、学校和社会共同的责任和义务。让同学们养成遵守交通法规、文明出行的良好习惯，确保同学们健康成长，是我们共同的责任；交通安全，靠你靠我靠大家，靠全社会的每一个成员。只有这样，道路交通才会井然有序、安全、畅通，我们的社会才会更加和谐。

二、学习目标

（1）通过学习交通安全视频案例，引起同学们对交通安全的高度重视；

（2）通过了解交通事故发生的常见原因，使同学们深刻认识到遵守交通规则的重要性，掌握预防交通事故的方法。

三、前期准备

（1）通过网络等多种途径搜集整理交通安全相关资料；

（2）根据班级人数，划分讨论小组；

（3）课前布置学生上网查找或在生活中收集有关违反交通安全的案例和交通警示图片。

四、班会过程

（一）常见交通事故原因

影响交通安全的因素很多，人、车、路等关系不和谐的状况在今后一段时间内将长期存在，交通事故稳中有降的基础还不牢固。我国公民交通安全意识不强，发生交通事故的原因主要有：酒驾、毒驾、疲劳驾、无证驾、超速驾、飙车、超载、疏忽（看手机、聊天）、故障失控（刹车失灵）、盲区、追尾、疏忽大意、侥幸、偷懒、违规、追赶拥挤等。常见的原因有以下几种：

1. 酒驾毒驾

酒驾是摆脱不了的话题，每天都有人因酒驾被查。酒驾是造成交通事故的杀手之一，因为酒精让人产生视觉障碍、反应迟钝，这是很危险的。毒驾也是如此，毒品会让人兴奋，产生幻觉，失去判断能力。

2. 疲劳驾驶

疲劳驾驶也是万万不能的。就算快到目的地了也不能硬撑，因为你身边来来往往的都是车，而你自己也在开车，精神萎靡会让你手忙脚乱，只要你一打瞌睡就可能发生车祸，不仅会伤害自己，还会危及他人。

3. 使用手机

手机也成了诱发交通事故的杀手。许多人在开车时都是一只手开车，一只手弄手机，好像手机比开车还重要。其实，低头看手机会分散他们的注意力，他们会忽视车外的情况，当前方有路障时也会来不及刹车。

4. 车辆超载

车辆超载是常见的现象，有的司机为了多运些货或者多载一些人而把车子塞得满满的，他们以为这样做没什么危险，其实他们是把交通法抛在了脑后。超载不仅会对车辆本身造成损伤，而且驾驶时会造成转向沉重、离心力增加以及其他一些问题，从而导致事故发生。所以，不要为了一点点私利而超载。

5. 闯红灯

有些开车的人把红绿灯当成了摆设，看都不看，想闯就闯。有的人为了赶时间，也无视红绿灯，其实这样是相当危险的。有的人还会学别人，别人闯，他也闯。

6. 超速驾驶

开车的时候要掌握速度，路上都会有限速标志，该慢的时候就要慢，这是大家都知道的道理。可是，有些人会因为着急去上班而选择超速，还有的人为了寻找刺激而在公路上飙车，车速更是快得惊人。超速以后，或许他们是不着急了，或许他们已经疯狂了一次，但是别人却早已吓出了一身冷汗，生怕会出事故。

7. 路怒症

路怒者开车也是很危险的。为了和别的司机赌气而任由车子在车流中穿来穿去，一会儿超车，一会儿变道，一会儿又追尾，其实这是很不理智的行为。

（二）大学生发生交通事故的主要原因

大学生交通安全是指大学生在校园内道路上行走、乘坐交通工具时的人身安全。只要有行人、车辆、道路这三个交通安全要素存在，就有交通安全问题。也许只是一个小小的意外，就会造成严重后果，断送美好的前程甚至生命。大学生发生交通事故的主要原因有：

1. 思想麻痹和安全意识淡薄

许多大学生刚刚离开父母和家庭，缺乏社会生活经验，交通安全意识比较淡薄。在校园骑"飞车"现象时有发生。一般高校校园面积都比较大，宿舍与教室、图书馆等之间的距离比较远，所以许多大学生购买了自行车，课间或下课时骑自行车在人流中穿行。但部分学生骑车技术也实在"高超"，居然能把自行车骑得可以与汽车比快慢，殊不知就此埋下了祸根。

2. 不遵守交通规则

部分学生不遵守交通规则。大学生精力旺盛、活泼好动，即使在路上行走也是蹦蹦跳跳、嬉戏打闹，在校园乱骑车，在道路上随意穿行，甚至有时还在路上进行球类活动，更是增加了发生事故的危险。

3. 注意力不集中

最主要的表现形式为：边走路边看书或听音乐，或者左顾右盼，心不在焉。低头族增加，过马路、乘车时都低头玩手机，十分危险。

（三）交通事故的预防

1. 提高安全意识

不管是在校内还是校外，发生交通事故最主要的原因都是思想麻痹、安全意识淡薄。作为一名在校大学生，遵守交通法规是最起码的要求。若没有交通安全意识，很容易有生命之忧。牢记安全乘车"五要、五不要"。"五要"：上车要系好安全带，要从汽车右侧下车，要在车辆停稳后下车，乘坐公交车要坐稳扶好。"五不要"：乘车时不要将头或手伸到车外，不要乘坐超员车辆，不要乘坐农用车辆，不要乘坐酒驾司机的车，儿童不要坐在副驾驶座位上。

2. 自觉遵守交通法规

除提高交通安全意识、掌握基本的交通安全常识外，还必须自觉遵守交通法规，以保证安全。以下几点是大家必须掌握，且应在日常生活中严格遵守的。

（1）在道路上行走时，应走人行道，在没有人行道的地方要靠路边行走。横过马路时，必须走过街天桥或地下通道，在没有天桥和地下通道的地方应走人行横道；在没划人行横道的地方横过马路时，要注意观察来往车辆，发现路上无来往车辆时，迅速穿过马路；走路时要集中精力，"眼观六路，耳听八方"；不与机动车抢道，不翻越护栏或隔离墩，不闯红灯，不进入标有"禁止行人通行""危险"等标志的地方。

（2）骑车出行前，要先检查一下车辆的铃、闸、锁、牌是否齐全有效，保证没有问题后方可上路。应在非机动车道内行驶，遇到没有划分车道的地方要靠右边行驶。通过路口时要严守信号，停车不要越过停车线，不要绕过信号行驶，不要骑车逆行，不扶肩并行，不双手离把骑车，不攀扶其他车辆，不在人行便道上骑车。在横穿4条以上机动车道或中途车闸失效时，须下车推行；骑车转弯时要伸手示意，不要强行猛拐。

（3）乘坐市内公共交通工具时，应待车停稳后，依次上下车，不挤不抢。车辆行驶中，不得把身体伸出窗外。乘坐长途客车、中巴车时不能贪图便宜，乘坐车况不好的车，不要乘坐"黑巴""摩的"，因为这些车辆的安全没有保障。

五、价值引领

同学们，面对着这些触目惊心的交通事故，我们感受到生命是如此美丽，又是如此脆弱。我们一定要爱惜生命，提高交通安全意识，将这些惨痛教训铭记心间。希望同学们通过这次主题班会课，学会珍惜生命，养成自觉遵守交通规则的好习惯，交通安全重于泰山！

主题八　珍爱生命，远离毒品

班会模块	公正·法治
适用学期	第二、四学期
班会形式	课堂讲授/互动辩论/观看视频

一、班会背景

毒品与艾滋病、恐怖活动并称为当前人类社会三大公害，全球化的毒品问题已对人类生存和发展构成重大威胁。《2019年世界毒品报告》显示，全球每年约有2.7亿人吸毒，近3500万人成瘾，近60万人直接死于毒品滥用。随着经济全球化和社会信息化的发展，世界范围内毒品问题日益严重。在中国，周边毒源地和国际贩毒集团的毒品渗透不断加剧，成为中国近年来面临的外部威胁之一。

二、学习目标

（1）让学生知道毒品的种类和构成，知道种毒、制毒、贩毒、吸毒都是违法犯罪行为；

（2）让学生充分认识毒品的严重危害性；

（3）强化和提升学生抵制毒品的意识和能力，培养学生的禁毒意识，激发其社会责任感，使其真正做到珍爱生命、远离毒品。

三、前期准备

（1）认真查阅中国禁毒网中各地方有关禁毒的报道和宣传视频；

（2）学生在课前进行分组，通过网上查阅、翻看书籍等途径了解毒品的种类、吸毒对身体的伤害、吸毒案例等知识，以便在课堂上发言讨论。

四、班会过程

【问题导入】

教师提问：你知道在世界战争史上，唯一用植物命名的战争吗？（鸦片战争）

教师提问：你知道"恶之花"是什么吗？（罂粟花）

教师提问：你知道每年的"6月26日"是什么宣传日吗？（国际禁毒日）

（一）中国禁毒史

中国历史上深受鸦片烟毒之害。清雍正五年（1727），英印殖民政府、东印度公司和鸦片走私商陆续向中国倾销鸦片。道光十九年（1839），输入中国的鸦片达 4 万箱。中国每年因吸毒耗费的白银约 500 万两。鸦片烟毒使中国的社会经济、国防、人民健康和家庭生活深受破坏和摧残。道光十八年，清政府下令禁烟，并派湖广总督林则徐到广东查办。次年 3 月，到达广州的林则徐严厉禁烟，掀起了著名的收缴鸦片、虎门销烟的禁烟行动，但却遭到帝国主义的反对和干涉。鸦片战争以后，禁令从未实施。中华民国时期，国民政府曾经宣布禁烟禁毒，也没有禁绝。一些官吏保护贩毒活动，供给飞机、轮船和武装，为贩毒分子走私运毒提供方便，以致烟毒泛滥成灾。

2019 年，全国共破获毒品犯罪案件 8.3 万起，抓获犯罪嫌疑人 11.3 万名，缴获各类毒品 65.1 吨；查处吸毒人员 61.7 万人次，强制隔离戒毒 22 万人次，责令社区戒毒康复 30 万人次。经过不懈努力，中国禁毒斗争形势稳中有进、趋势向好，吸毒人数继续下降，规模性制毒活动大幅萎缩，制毒物品非法买卖问题得到整治。

（二）毒品种类

1. 传统毒品

（1）海洛因：具有镇痛、镇静、镇咳、平喘、缩瞳、催吐、抑制呼吸、精神欣快、影响内分泌等作用，可经消化道、黏膜和肺等途径吸入，可引起呼吸衰竭，导致死亡。

（2）鸦片：鸦片中毒的轻度症状表现为，初期极度兴奋，继而口渴、心烦、疲乏、嗜睡，瞳孔开始缩小；中度症状表现为，深睡，唤醒后意识不清，并伴有恶心现象；重度症状表现为，脉搏变慢，昏睡不醒，体温下降，反射消失，呼吸变慢，最终因呼吸中枢麻痹而死亡。

（3）吗啡：是鸦片中最主要的生物碱，因而吗啡的中毒症状、成瘾症状及戒断症状多与鸦片相似。长期滥用吗啡可导致精神不振、消沉、思维和记忆力衰退，并可引起精神失常、肝炎病症等，严重的会导致呼吸衰竭和死亡。

（4）可卡因：过量吸食可卡因会引起震颤、眩晕、肌肉痉挛、激动不安、被迫害感、头痛、出冷汗、面色苍白、脉搏微弱且急促、恶心、呕吐、昏迷等不良反应。大剂量服用可卡因则会抑制心肌功能而引起心力衰竭，并严重抑制脑部的呼吸中枢，导致精神错乱、呼吸浅急及不规律、抽搐、惊厥和失去知觉，进而导致死亡。

（5）大麻：在精神活动方面，大麻可以让使用者产生愉悦感，改变心境和对事物的主观感受，损伤思考及解决问题的能力。大剂量使用，可造成幻觉、妄想、精神失常。

2. 新型合成毒品

（1）冰毒：少量服用，表现出精神振奋、清醒、机敏、话多、兴致勃勃、思维活跃、情绪高涨，而且长时间工作或学习无疲劳感、无饥饿感。长期滥用，可造成慢性中毒、体重下降、消瘦、溃疡、脓肿、指甲脆化和夜间磨牙。静脉注射方式滥用者，可引起各种感染并发症，包括肝炎、细菌性内膜炎、败血症和艾滋病等。严重者出现精神错乱、性欲亢进、焦虑、烦躁、幻觉状态。过量使用冰毒可导致急性中毒，甚至死亡。

（2）麻古：因麻古的主要毒性成分是甲基苯丙胺，所以其毒性、滥用症状、体内过程与冰毒晶体相同。

（3）摇头丸：服用后主要表现为活动过度、摇头扭腰、嗜舞、妄想、不知羞耻、性冲动、出现幻觉和暴力倾向，故俗称为"摇头丸"。摇头丸能造成永久性的脑细胞损伤和非永久性的肝细胞损伤，严重中毒者可发生脱水和突发心脏病等致死。

（4）"开心水"：是一种无味、透明、液态的毒品，一般含有冰毒、氯胺酮、苯丙胺、MDMA等毒品成分中的一种或者几种。服用后可以兴奋人的中枢神经，具有欣快、警觉和抑制人食欲等一系列作用，重复使用会使人上瘾。如果大剂量使用，会引起人精神错乱及思想障碍，有人会出现类似于妄想型精神分裂症的情况，变得多疑并出现种种幻听。

（三）染上毒瘾的迹象

（1）面色灰暗，眼睛无神，食欲不振，身体消瘦。

（2）情绪不稳定，心不安，睡眠差，易发怒、发脾气。

（3）在不适当的场合佩戴太阳眼镜，以遮掩收缩的瞳孔。

（4）夏天穿长袖衬衣，以掩盖臂上注射的针孔。

（5）长期躲在自己房间或远离家人、他人，不愿意见人。

（6）外出行动神秘鬼祟。

（7）无故旷工、旷课，学习成绩下降，工作表现和纪律作风突然变坏。

（8）经常出入偏僻的地方，与吸毒、贩毒人员交往。

（9）在家中或工作单位藏有毒品及吸毒工具，如注射器、吸管、羹匙、烟斗、锡纸等。

（10）经常向父母或朋友索要钱或借钱，甚至偷窃家里或单位的钱财物品。

（四）吸毒对身体造成的危害

（1）营养不良。吸毒可引发呕吐、食欲下降，抑制胃、胆、胰消化腺体的分泌，从而影响食物的消化吸收。时间一长，造成吸毒者营养不良和体重下降，特别是经济困难的吸毒者，吸毒时间越长，越骨瘦如柴。

（2）损害呼吸道。毒品中大都掺入滑石粉、淀粉等粉状杂物，吸食后往往引发肺梗死、肺气肿、肺结核等肺部疾病；损害免疫系统，引发许多疾病的传播和感染。

（3）损伤血管。静脉注射毒品，可引起局部动脉梗塞、静脉炎、坏死性血管炎和霉菌性动脉瘤等。

（4）损害神经系统。如急性感染性神经炎，细菌性脑膜炎等。

（5）造成性功能障碍。男性多表现为阳痿、早泄、射精困难；女性多表现为闭经、痛经、性欲缺乏和不孕。吸毒孕妇分娩婴儿死亡率高。

（6）引发多种精神病症状。如自私、冷淡、社会公德意识差，有时出现幻觉冲动，导致自残、自杀和伤人。

（五）毒贩毒招真够狠，火眼金睛全看清

（1）赚大钱：隐瞒贩毒、运毒实情，谎称能够赚大钱，然后诱骗你将毒品携带在身上或者吞进肚子里，把你当成运毒的工具，从而把你拖下水。

（2）免费尝试：毒贩假装很喜欢你，对你非常好，请你吃饭，请你玩耍，谎称吸毒很好玩，并且不收你的钱。一旦上当吸毒了，你就变成他的奴隶。

（3）一次不上瘾：因为青少年对毒品的危害认识不清，不知道毒品究竟有多厉害，毒贩经常谎称吸一次只是好玩，绝对不会上瘾，于是上钩，被他钓走，成了砧板上的鱼肉。

（4）减压提神：青少年面临着学习、生活、工作等压力，经常烦躁不安、忧心忡忡、睡眠不足，毒贩常会谎称吸毒能够减轻压力、提神醒脑。其实，吸毒恰恰会让人神志不清、记忆衰退，什么事情都干不成。

（六）预防、远离毒品

（1）充分认识毒品违法犯罪活动的危害性，加强自身的学习和法律意识修养，培养高尚的情操和伦理道德观念。

（2）积极参加有益健康的文体活动，增强集体观念，培养广泛的兴趣和爱好，避免孤癖的生活方式。

（3）提高对毒品的防御能力，不要结交有吸毒恶习的人或听信他们的诳言。

（4）决不可因好奇而尝试毒品，防止上瘾而难以自拔。

（5）一旦沾染毒品，要积极主动向老师和学校报告，自觉接受学校、家庭及社会有关部门的监督戒除及康复治疗。

五、价值引领

青少年是预防吸毒的重点人群，要做到了解毒品危害，提高药物安全意识，积极传播禁毒知识；养成健康的生活方式，加强自我保护，自觉远离毒品。生命只有一次，它是无价的，也是脆弱的。青少年是祖国的未来、民族的希望，请珍爱唯有一次的生命，远离魔鬼般的毒品！

毒品无异于洪水猛兽，祸国殃民，摧毁所有。为了建设我们美好的家园，让我们携起手来，对毒品说"不"！

主题九　平安假期，快乐成长

班会模块	公正·法治
适用学期	节假日
班会形式	课堂讲授/互动交流

一、班会背景

近年来，大学生安全事故频发，众多的大学生发生意外事故和被骗，日益引起社会的关注。火灾和交通意外事件的发生更是让家长和学校防不胜防，也为青少年的健康成长带来了不和谐音符。如何建立一套有效的安全防范系统，确保学生的生命安全，成为学校亟待解决的问题。为了进一步增强同学们的安全意识，使他们维护好自身安全，有必要在假期前后开展安全教育。通过形式多样的安全教育活动，加强同学们对假期自身安全的思考，进一步提升同学们的安全意识，减少安全事故的发生。

二、学习目标

提高学生遵纪守法观念和自我防范能力，增强学生的假期安全意识，使学生做到居安思危，防患于未然，度过一个平安愉快的假期。

三、前期准备

（1）搜集以往在假期发生的危险事例；

（2）拟定假期安全注意事项。

四、班会过程

【课程导入】

紧张而又忙碌的学期快要结束了，同学们盼望的假期即将到来。在假期中，你们将有更多的时间来放松一下。但是，这期间最容易发生一些不安全事件。现在就请几位同学介绍一下你们搜集到的在假期曾发生的安全案例。

（一）交通安全

（1）在道路上行走，要走人行道；没有人行道的道路，要靠路边行走。

（2）集体外出时，最好有组织、有秩序地列队行走；结伴外出时，不要相互追逐、打闹、嬉戏；行走时要专心，注意周围情况，不要东张西望、边走边看书或做其他事情；与家长一同出行的要跟好大人,做到不乱跑。

(3) 在没有交通民警指挥的路段,要学会避让机动车辆,不与机动车辆争道抢行。

(4) 在雾、雨、雪天,最好穿着色彩鲜艳的衣服,以便机动车司机尽早发现目标,提前采取安全措施。

(5) 横穿马路时,可能遇到的危险因素会大大增加,应特别注意安全:穿越马路,要听从交通民警的指挥;要遵守交通规则,做到"绿灯行,红灯停"。穿越马路,要走人行横道线;在有过街天桥和地下通道的路段,应自觉走过街天桥和地下通道。

(6) 乘坐出租车。冲到马路当中去拦车很危险,在路边招手,司机也能看见;下车时要从右边下车,注意后面的车辆和行人;下车前看看座椅上有没有东西,不要把东西忘在出租车上;如果下车要穿过马路,走到出租车后面比前面更安全。

(7) 乘坐父母开的车:不要去开车门,乖乖地在后排坐好,系好安全带;不能在车里放置尖锐的物品,以免受伤。

(二) 消防安全

1. 灭火常识

(1) 发现火灾迅速拨打火警电话119。报警时要讲清地址、起火部位、着火物质、火势大小、报警人姓名及电话号码,并派人到路口迎候消防车。

(2) 燃气罐着火,要用浸湿的被褥、衣物等捂盖灭火,并迅速关闭阀门。

(3) 家用电器或线路着火,要先切断电源,再用干粉或气体灭火器灭火,不可直接泼水灭火,以防触电或电器爆炸伤人。

(4) 救火时不要贸然开门窗,以免空气对流,加速火势蔓延。

2. 干粉灭火器使用方法

(1) 使用前,先把灭火器摇动数次,使瓶内干粉松散。

(2) 拔下保险销,对准火焰根部压下压把喷射。

(3) 在灭火过程中,应始终保持直立状态,不得横卧或颠倒使用。

(4) 灭火后防止复燃。

(三) 防溺水安全

(1) 教育学生周末、节假日、暑假严禁到江河、池塘等处游泳。不能独自或结伴到池塘边钓鱼、游泳。

(2) 如果发现有人不慎掉进江河、水库、池塘、水井里,应及时拨打"110"求助。

(3) 寻找长竹竿或救生圈,扔向溺水者。(用绳子系起来,以免随着水流漂走。)

(4) 不可手拉手救助他人,以免被拉入水中。

(5) 落水后,尽量保持平静。

(6) 把衣物中的东西扔掉。不可脱衣裤,因为衣物等可产生浮力。

(7) 在被救时不可紧抓救助人,应放松自己。

(四) 自然灾害

1. 什么是自然灾害

自然灾害主要包括水旱灾害、气象灾害、地震灾害、地质灾害、海洋灾害、生物灾害和森林草原火灾等。

2. 洪涝灾害的预防措施

(1) 洪水突来,如何应对?冷静观察,迅速转移。

(2) 冷静观察水势和地势,然后迅速向附近的高地、楼房转移。

(3) 就近无高地楼房可避,可抓住有浮力的物品,如木盆、木椅等。必要时爬上高树也可暂避。

(4) 切记不要爬到土坯房的屋顶,这些房屋浸水后容易倒塌。

3. 遇到冰雹如何避险

(1) 关好门窗,妥善放置室外物品。

(2) 切勿随意外出,确保老人小孩留在家中。

(3) 如在户外,不要在高楼屋檐下、烟囱、电线杆或大树底下躲避冰雹。

(4) 在防冰雹的同时,也要做好防雷电的准备。

4. 地震自救

(1) 高层楼撤下,电梯不可搭。

(2) 平房避震有讲究,是跑是留两可求,因地制宜做决断,错过时机诸事休。

(3) 次生灾害危害大,需要尽量预防它,电源燃气是隐患,震时及时关上闸。

(4) 强震颠簸站立难,就近躲避最明见,床下桌下小开间,伏而待定保安全。

(5) 震时火灾易发生,伏在地上要镇静,沾湿毛巾口鼻捂,弯腰匍匐逆风行。

5. 避免雷击

(1) 远离建筑物的避雷针及其接地引下线。

(2) 远离各种天线、电线杆、高塔、烟囱、旗杆。如有条件,应进入有防雷设施的建筑物或金属壳的汽车、船只,但帆布的篷车、拖拉机、摩托车等在雷雨发生时是比较危险的,应尽快远离。

(3) 尽量离开山丘、海滨、河边、池塘边,尽量离开孤立的树木和没有防雷装置的孤立建筑物。铁围栏、铁丝网、金属晒衣绳边也很危险。

(4) 外出时应穿塑料材质等不浸水的雨衣;不要骑在牲畜上或自行车上;不要用金属杆的雨伞;不要把铁锹、锄头扛在肩上。

(5) 人在遭受雷击前,会突然有头发竖起或皮肤颤动的感觉。这时应立刻躺倒在地,或选择低洼处蹲下,双脚并拢,双臂抱膝,头部下俯,尽量降低自身位势,缩小暴露面。

(6) 关好门窗,防止球形雷窜入室内造成危害;在雷雨天把电视机室外天线与电视分离，而与接地线连接；尽量停止使用电器，拔掉电源插头；不要打电话和手机；不要靠近室内金属设备，不要靠近潮湿的墙壁。

（五）饮食安全

（1）饭前、便后要洗手，使用干净的餐具，食用健康的食物，不和别人共用碗筷杯碟。不吃生冷食物，不吃不洁瓜果，不吃腐败变质食物，不吃未经高温处理的饭菜。在吃东西前，要一闻二看三品，如有异常，应该立即停止食用。

（2）寒假期间也要坚持规律的饮食习惯，一日三餐按时食用，不暴饮暴食，也不要节食。油炸类、膨化类食品要尽量少吃，发育期的孩子要均衡膳食，保证充足的营养摄入。生吃瓜果一定要洗干净，不喝生水，不随便吃野菌、野果、野菜，避免食物中毒。

（3）要去正规的商场购买合格的食物，最好不要去路边小摊购买食物。不要购买三无食品饮品。选择饮料或食物前，要看清楚生产日期和保质日期，确保食材新鲜洁净。

五、价值引领

安全重于泰山，同学们要自我监督，严格要求，防患于未然，安全意识要警钟长鸣。假期是同学们亲近自然、融入社会、学会生活、增长才干的好时机，希望大家多读书，读好书，提高明辨是非、分清善恶、识别美丑的能力；鼓励、支持同学们在放松身心的同时，有计划、有目标地投身社会实践活动，丰富实践经验、增长见识，切身体验社会的发展和社会的需要。

学贵有恒。希望同学们多参加社会实践活动的同时，也能关注自己的学习。疫情期间，部分学生在学习、情感、择业、交友、成长环境、家庭背景等方面存在焦虑和抑郁等情况。大家要关心他们的身心健康，敞开心扉，为他们答疑解惑，确保他们度过一个平安、快乐、有意义的假期。

主题十 做一个正直的人

班会模块	公正·法治
适用学期	第一学期
班会形式	课堂讲授/互动辩论

一、班会背景

诚实与正直，是东西方文明自律法产生以来最重要的、共同的价值指引，是所有人间美德的基石。几千年来，人类文明的发展道路跌宕起伏，充满着消亡与成长并存、没落与繁荣相映的局面，但不管各方冲突与斗争如何激烈，始终没有影响对诚实与正直品格的敬畏与尊重。

正直就是公正刚直，不畏强势，敢作敢为，能够坚持正道，勇于承认错误；正直意味着有勇气坚持自己的信念，包括在需要的时候义无反顾、坚定不移、心地坦荡地公开反对你坚信是错误的东西。当前在青年学生中培养公正、无私、正直的品德，对营造自由、平等、公正、法治的社会氛围具有重要意义。

二、学习目标

（1）让学生了解"正直"的含义，更能引起学生对"正直"的重视；
（2）引导学生不畏强势、敢作敢为、坚持正道、勇于承认错误，让学生懂得如何去做一个正直的人。

三、前期准备

（1）提前做好对该主题的深入理解，收集导入故事和相关典故；
（2）结合学生的实际情况和近期发生的类似事件，搜集视频材料。

四、班会过程

【故事导入】

伟大的弗兰克·劳埃德·赖特曾经对美国建筑学的师生们发表讲话，他说："什么是一块砖头的名誉呢？那就是一块实实在在的砖头；什么是一块板材的名誉呢？那就是一块地地道道、名副其实的板材；什么是人的名誉呢？这就是要做一个正直的人。"

（一）什么是正直

"正"，即正当、公正、刚正；"直"，即率直、刚直、坦直。正直就是不畏强势，敢做敢为。要能够坚持正道、勇于承认错误。正直意味着有勇气坚持自己的信念。这一点包括：坚持你认为是正确的东西，在需要的时候义无反顾，并能公开反对你坚信是错误的东西。

（二）衡量正直的标准

1. 有责任感

责任感是健全人格的重要组成部分。它是指个人对自己和他人、对家庭和集体、对国家和社会所负责任的认识、情感和信念，以及与之相应的遵守规范、承担责任和履行义务的自觉态度和情绪体验。

责任感的培养是一个人健康成长的必由之路，也是一个成功者的必备条件。一个人的学识、能力、才华很重要，但缺乏责任感、责任意识、责任心，就不可重用。

2. 说真话

表里如一，敢于直言，实际上意味着他有某种内在的一定之规。一个人的一言一行、一举一动都反映着他的个性特征。正直有时可以创造出神奇的力量，这种力量是成功的基石。提到讲真话，我们很多人都很自然地想起了一个人，这个人便是中国现代文学的奠基人鲁迅。因为在大家的眼里，鲁迅是一个敢于讲真话的人。特别是在鲁迅那个年代，他说话刻薄，如刀子一样，令很多人都不舒服，但鲁迅的话很多人都认为是真话，直击很多人的痛点。

3. 做实事

毛泽东曾提出"实事求是"的科学含义："'实事'就是客观存在着的事物，'是'就是客观事物的内部联系，即规律性，'求'就是我们去研究。我们要从国内外、省内外、县内外、区内外的实际情况出发，从中引出其固有的而不是臆造的规律性，即找出与周围事物的内部联系，作为我们行动的向导。"

4. 讲诚信

诚信是做人的名片。言而有信、待人以诚，才会有广阔的朋友天地，才会在人生的道路上走得平稳顺利。做一个诚信的人，要朴实无华、忠厚本分。要认认真真干事、老老实实为人。要保持自己的本色，得意时不可忘形，得势时不可凌人，用一颗平常的心去感受生活、享受人生。做一个诚信的人，要言行一致，里表如一。办不到的事不要轻率承诺，承诺的事就要努力办到。

【典故分享】

典故一：故事出自《吕氏春秋·去私》。晋平公问祁黄羊："南阳没有县官，你看谁可以当这个县官？"祁黄羊说："解狐这个人不错，他当这个县官合适。"晋平公很吃惊，问祁黄羊："解狐不是你的仇人吗？你为什么要推荐他？"祁黄羊笑答道："您问的是谁能当县官，不是问谁是我的仇人呀。"晋平公认为祁黄羊说得很对，就派解狐去南阳作县官。解狐上任后，为当地办了不少好事，受到南阳百姓普遍好评。

过了一段时间，晋平公又问祁黄羊："现在朝廷里缺一个法官，你看谁能担当这个职务?"祁黄羊说:"祁午能担当。"晋平公又觉得奇怪,说道:"祁午不是你的儿子吗?"祁黄羊说:"祁午确实是我的儿子,可您问的是谁能去当法官,而不是问祁午是不是我的儿子。"晋平公很满意祁黄羊的回答,于是又派祁午当了法官。后来,祁午果然成了能公正执法的好法官。

孔子听说这两个故事后称赞说:"好极了!祁黄羊推荐人才,对别人不计较私人仇怨,对自己不排斥亲生儿子,真是大公无私啊!"

(三) 如何成为一个正直的人

正直,就是要品行端正,言行正大光明。严于律己,以诚待人。守规矩,讲信义。不说谎,不作假。不拉拉扯扯,不阿谀逢迎。坚持真理,主持正义,真正做到一身正气,两袖清风。

1. 做正直的人,办事为人要有原则

要确立自己的世界观、人生观、价值观,不随大流。浮躁的社会充斥着欲望,人心不古。要做到"众人皆醉我独醒,众人皆浊我独清",就要做到三个字——做自己。坚守自己的信念,不为他人的秽语所动摇,做一个正直的人,办事公道,有正义感。所作所为要符合社会道德和良知。

2. 做正直的人,处世待人要真

无论大事小事,无论对待何人,都应该完全真诚。即使在不便直说的特殊场合下,也不要编造哪怕是小小的谎言,这样才不用担心遭人误解。一个真诚的人最终是会使人折服的。做正直的人是要讲本领的,也是要讲技巧的。聪明人善于以正直做人带动做事,以做事扩大成果,并把这两项视为人生牢不可破的定律。

3. 做正直的人,脚踏实地不虚伪

"勿以善小而不为,勿以恶小而为之。"脚踏实地,做一个不违背良心的正直善良的人,才不会觉得良心不安,才能获得心灵的平安和宁静。对朋友、对同事,甚至是对自己的亲人,说话做事如果总是绕圈子、躲躲闪闪,反易让人疑心。光明正大,实话实说,态度诚恳、谦卑、恭敬,做人正直,不用故意讨好别人。

4. 做正直的人,主持公道,有正义感

就是说,所作所为要符合社会道德和良知。不贪图私利,不受人事关系所左右。不需要别人命令,完全是一种自觉自愿的服从。在关键时刻能毫不迟疑地挺身而出。正直、诚实的人更显难能可贵。正直像一面镜子,照出我们内心的污浊;它像一位道德判官,时时在拷问我们。对于任何事物,既心态平和又坚持原则。正直是一种做人的美德,也是一种积极的心态。做一个正直的人,才不会违背自己的良知。

5. 做正直的人,宽容博大胸怀阔

做一个正直的人,也许你吃的是粗茶淡饭,穿的是破旧的衣衫,住的是简陋一室,但你的心安,吃得甜,也睡得香。做一个正直的人,也许你会让一些人都忌恨你,但是你至少可以让大多数人都信赖你。一个正直的人日久天长会逐渐具有宽容博大的胸怀，周围充满微笑和友爱。一个刚正不阿的人会渐渐被人所知晓，一定会受到公正的评价。

五、价值引领

"正直"是可贵的。世间有一件事最难，那就是做人。"做人难，难做人，人难做。"仅仅九个字就道尽了人世间的种种酸甜苦辣。人活在这个复杂的社会中，做一个正直的人更是难上加难。

诚实与正直就像一面镜子，一旦打破，你的人格就会出现裂痕，要修复它可能要花上一辈子，而且永远存在着曾经打破的痕迹。一个人不可能一辈子不犯错，只有内心与外在都待人真诚的人，才会得到宽恕和改过的机会；然而，一个人在犯错后是最容易说谎的，企图掩盖事实，从而又落入不诚实的恶性循环里。所以说，坦诚地承认错误是需要勇气的，更是改过的前提。

第五部分

爱国·敬业

"爱国、敬业、诚信、友善",是公民基本的道德规范,是从个人行为层面对社会主义核心价值观基本理念的凝练。它覆盖社会道德生活的各个领域,是公民必须恪守的基本道德准则,也是评价公民道德行为的基本标准。爱国是基于个人对自己祖国的深厚情感,也是调节个人与祖国关系的行为准则。它同社会主义紧密结合在一起,要求人们以振兴中华为己任,促进民族团结,维护祖国统一,自觉报效祖国。敬业是对公民职业行为的价值评价,要求公民忠于职守,克己奉公,服务人民,服务社会,充分体现了社会主义职业精神。

本部分通过开展爱国、爱校、爱家等感恩教育,让学生树立正确的历史观、国家观、民族观、文化观,了解中华历史,增强爱国意识和爱国情感,增强民族自豪感和文化自信心,使爱国主义精神在心中牢牢扎根。通过开展职业规划和就业指导,让同学们树立正确的就业择业观,把个人的价值同祖国的发展结合起来,无论从事何种工作,都应该全身心地去热爱它,全身心地投入,保持积极乐观的态度和高度负责的精神。将个人利益融合在人民的利益之中。我们从不否定人们的正当利益,而且还要保护这种利益,不断改善生活条件、工作条件、教育条件,使人们能发挥自己的特长,更好地为人民服务。

主题一　树立正确的爱国观

班会模块	爱国·敬业
适用学期	第一学期
班会形式	课堂讲授/观看视频/互动讨论

一、班会背景

爱国主义是一个国家的灵魂，也是人民感情的纽带和民族团结的基础，它能形成国家的巨大凝聚力和向心力，成为推动一个国家发展强大的重要因素，甚至可以决定一个国家的命运。在每个人一生所受的教育中，爱国主义教育应该是最重要的教育。因为它是一项基础教育，也是一项公民教育。我国人民需要团结一致，需要明辨是非，需要坚定勇敢地与一切邪恶势力作斗争。当然，我们更需要爱国主义这面旗帜不断地指引我们、鼓舞我们、激励我们奋勇前进。在各个学校开展爱国主义教育，是非常重要的。

职业院校培养的主要是生产或服务一线的职业技术人员。而这部分一线工作人员的思想政治觉悟的高低将直接影响我国现代化建设。因此，对于职业院校的学生，不应该只注重其职业技能的养成，还应该兼顾其思想政治教育，其中的重中之重就是爱国主义教育。只有具备爱国主义精神的劳动技术人员，才是社会主义事业合格的劳动者。

二、学习目标

（1）让学生了解祖国灿烂的文化、辽阔的疆土、丰富的资源和伟大的成就，培养他们的民族自尊心和自豪感；

（2）让学生了解历史，特别是中国近代史，激励学生勿忘国耻、自强不息；

（3）引导学生树立热爱祖国、热爱人民的思想。懂得如何用实际行动来表达自己的爱国热情；

（4）增强学生的"祖国利益高于一切"的责任感，做有理想、有道德、有文化、有纪律的社会主义公民，为祖国的繁荣、富强和统一而奋斗。

三、前期准备

（1）收集有关图片、视频、音频，整理资料，制作多媒体教学课件；

（2）准备国旗国徽实物；

（3）确定二至三个在课堂讨论的人物或热点话题，可提前让学生去找相关内容，或准备"我爱我的祖国"演讲。

四、班会过程

（一）国旗、国徽、国歌

1. 国旗

中华人民共和国国旗是五星红旗。五星红旗的旗形为长方形，长与高的比例为三比二。旗面红色，似红霞满天；红色表达庄严热烈，象征革命；红色易引起希望、活跃、喜悦之感。五颗五角星居旗的左上方，颜色为黄色，显示光明；黄色还表明中国人是黄种人；黄色往往让人和金色联系起来，能表达优美、温和与珍贵。五星中，一星较大，代表中国共产党；环拱于大星之右的四星较小，并各有一个尖角正对大星的中心点。这四星代表中华人民共和国成立时中国人民所包括的四个阶级：工人阶级、农民阶级、城市小资产阶级、民族资产阶级。五颗五角星的相互关系象征中国共产党领导下的人民大团结。

2. 国徽

国徽：国徽呈圆形，圆形的中间上方是璀璨夺目的五颗金星，下方是雄伟壮丽的天安门城楼，天安门城楼的正下方是一个金色的齿轮，齿轮两边的稻穗对称地向上环抱，至居中的顶部相合，齿轮的中心又系着两幅红绸，呈弧形伸向两边，而后向下垂挂，使圆形的国徽有了坚定、稳定之感。国徽的基本色彩是红、黄两色，热烈、美丽、崇高、庄严。天安门图案是我们中华民族的象征。具有民族特色的雄伟壮丽的天安门城楼的正面图景，横贯国徽的中下方，象征着中华民族的优秀文化和威武不屈的英姿。齿轮、稻穗象征着工人阶级和农民阶级。金色的齿轮，仿佛带动整个国家飞转向前；硕大的稻穗，也同样象征着人民的幸福、祖国的繁荣。国徽上的五颗星代表中国共产党领导下的中国人民大团结，正上方的一颗大星代表着中国共产党。党是灯塔，是太阳，没有共产党就没有新中国。四颗小星在一面呈半圆形环抱，象征亿万人民心心向着共产党，坚强团结，众志成城。

3. 国歌

《义勇军进行曲》是由田汉作词、聂耳作曲的歌曲，是电影《风云儿女》的主题歌，被称为中华民族解放的号角，自1935年在民族危亡的关头诞生以来，对激励中国人民的爱国主义精神起了巨大的作用，后成为中华人民共和国国歌。国歌是中华人民共和国的象征和标志。一切公民和组织都应当尊重国歌，维护国歌的尊严。2004年3月14日，第十届全国人大第二次会议通过了《中华人民共和国宪法修正案》，正式将《义勇军进行曲》作为国歌写入宪法。

（二）回顾中国近代历史及发展情况

1. 发展三阶段

站起来——中华人民共和国建立；

富起来——改革开放新时期；

强起来——2017年10月，党的十九大报告。

2. 新中国成立以来创造的伟大奇迹

经济：国内生产总值逐渐增长，生产力逐步提升，中国成为世界第二大经济体。

民生：人民生活水平从解决温饱到总体实现小康，现已全面建成小康社会。

重大成就：成功研制原子弹、氢弹，发射航天卫星，举办北京奥运会，培育杂交水稻等。

（三）了解中国的"世界之最"

观看视频《绝美祖国大好河山——盛世中华》（摘自网络平台）。

中国是世界闻名的文明古国，有着悠久的历史文化和丰富的文物古迹遗存。几千年来，中华民族文化一直传承不断，可以说是世界上任何一个文明古国都难以相比的。

世界上人口最多的国家：中国；

世界上历史最悠久的民族服饰：汉服；

世界上最大最重的青铜器：后母戊鼎；

世界上最长的防御建筑：长城；

世界上最大的皇宫：故宫；

世界上最高的宫殿：布达拉宫；

世界上最早的字典：东汉文字学家许慎所著的《说文解字》；

世界上最早的瓷器发明于中国；

世界上最早的立体地图：《使契丹图》；

世界上最著名的寺院：少林寺；

世界上线路最长的运河：京杭大运河；

世界上最早的造纸术、指南针、活字印刷术和火药发明于中国；

世界上最早最大的百科全书：《永乐大典》。

是的，身为中国人，我们应该感到骄傲和自豪。可是，当我们翻开五千年的中国历史长卷，我们发现原来伟大的祖国母亲，竟经历了那么多的风雨、那么多的沧桑。就像我们祖国生命象征的长城一样，记载了多少沧桑、多少血泪。当侵略者的铁蹄践踏我们美丽山河的时候，当帝国主义肆意蹂躏欺压我们的人民的时候，每一个有良知的中国人脸上流着泪，心中淌着血。可是，祖国母亲给了我们无尽的动力和坚不可摧的力量，为了心中神圣不可侵犯的祖国母亲，他们在黑暗中摸索，在屈辱中抗争。

（四）大学生如何树立爱国主义思想

（1）爱国需要激情，但爱国更需要的是理性。理性爱国是指以理性为基础和方式来实现和表达爱国的情感。

（2）爱国，首先应学会明辨是非、透过事物的表面现象抓住本质。

（3）刻苦学习才是最好的爱国方式。理性爱国要求每一个人都能认真做好本职工作。我们身为学生，学习是第一要务，任何时候都不能"本末倒置"。

（4）理性爱国要求当代的大学生有吃苦耐劳的精神。我们应该积极响应国家的号召，"到西部去，到基层去，到祖国最需要的地方去"，到最艰苦的地方去锻炼自己、磨炼自己的意志。这样，既可以开辟出另一片就业的空间，也能够更好地实现自己的人生价值。

（5）当代的大学生要有坚定的政治信仰，并且要不断加强自己的道德修养。政治信仰可以通过政治理论的学习得到不断的提高。有了信仰，我们就会去追求真理，把理论更好地应用到实际生活中。

五、价值引领

作为一名爱国的公民，都希望自己的祖国繁荣昌盛、经济发达、百姓富足、人民安居乐业；都希望自己的祖国政治稳定、人民能够当家作主；都希望有一个公平的社会环境，人们能够过着平等、自由的生活，人的言行受到法律的保障；都希望邻里之间和谐友善，人与人之间诚信交往，每个人在各自的岗位上尽职尽责。爱国的标准是什么？爱国是一种态度，不是一双拳头；爱国是一种理性，不是一根铁棍；爱国是让自己的国家变得更好，不是去伤害自己的同胞。让我们拒绝暴力，展现理性，在遵纪守法的前提下，在践行社会主义核心价值观的基础上去爱国。

主题二 爱国·爱校·爱家

班会模块	爱国·敬业
适用学期	第一学期/第三学期
班会形式	课堂讲授/知识竞赛/学生互动

一、班会背景

"国是我的国，家是我的家，我爱我的国，我爱我国家。"当我们唱起《国家》这首歌时，在亿万炎黄子孙的心中已凝结。有国才有家，国兴家旺，国破家亡。正所谓国家兴亡，匹夫有责。国是千万家，家是最小国，爱国，从爱家做起；祖国是我们每个公民的家，学校是我们学生的家园，我们要充分认识爱国、爱校、爱家是相辅相成的，是紧密联系在一起的。

二、学习目标

（1）树立国家兴亡、匹夫有责的家国情怀，增强学生学好文化、报效祖国的决心；

（2）正确理解爱国、爱校、爱家的关系，感恩父母、回报家庭、回报学校和社会就是爱国具体行动。

三、前期准备

（1）教师前期搜集资料：与爱国、爱校、爱家有关的名言；

（2）学生提前通过网络及图书了解祖国近几年的科技发展成就；

（3）教师准备与爱国爱校爱家的相关视频以及歌曲《国家》《爸爸妈妈》。

四、班会过程

（一）爱国

1. 习近平总书记关于爱国的经典语录

"爱国，是人世间最深层、最持久的情感，是一个人立德之源、立功之本。"

"只有坚持爱国和爱党、爱社会主义相统一，爱国主义才是鲜活的、真实的。"

"国家富强，民族复兴，人民幸福最终要体现在千千万万个家庭都幸福美满上，体现在亿万人民生活不断改善上。"

2. 科技——迅速发展的中国

2011年，中国航天——"天宫一号"目标飞行器由"长征二号"运载火箭送入太空，这标志着中国已经初步拥有建设空间站的能力。

2017年5月，中国大飞机——中国自主研制的C919大型民用客机试飞成功。

2017年11月，造岛神器——亚洲最大绞吸挖沙船"天鲲号"在江苏启东下水。

2019年，5G的到来——全国首个"5G火车站"在上海虹桥站启动建设。

3. 社会的转变

科技给人类带来了太多的发明创造，像火药的发明，使人类能开山、修路、架桥、建筑，带动了各项事业的发展，军工也得到迅速发展；

现在的杂交稻、超级稻的科技成果，提高了粮食产量，解决了世界上许多人口的吃饭问题；

像神舟五、神舟六……这些飞行器帮助我们探索月球、探索火星，让宇航员在太空中漫游；

人造卫星为我们提供了卫星云图和天气预报，还能传播电视信号。

4. 国家英雄诠释爱国精神

周恩来——"言必信，行必果。"他用一生的事迹告诉我们，爱国这件事情要说到做到！联合国前秘书长哈马舍尔德，在北京会见过他后说过一句广为流传的话："与他相比，我们简直就是野蛮人。"美国国务卿亨利·基辛格评价他："我所见过的给人留下最深刻印象的两三个人物之一。""文雅，非常富有忍耐性，极为聪慧、机敏。"英国外交大臣艾登对美国记者说："你们早晚会知道，他可不是平凡的人。"法国外交部部长E.马纳克说："中国的这位总理，他是'一个完人'"。

钱学森——中国导弹之父。为中国火箭导弹技术、航天技术乃至整个国防高科技事业做出奠基性贡献。1949年新中国成立时，任加利福尼亚工学院超音速实验室主任和古根罕喷气推进研究中心负责人的钱学森深为祖国的新生而高兴。他打算回国，用自己的专长为新中国服务。但那时候在美国的中国科学家归国不易，而钱学森的专长又直接与国防有关。美国千方百计要将他留下，迫害、阻绕他回国。他历尽艰辛才终于回到祖国怀抱。

（二）爱校

1. 习近平总书记关于学校的经典语录

"学校是立德树人的地方，必须坚持坚定正确的政治方向。"

"高校立身之本在于立德树人，只有培养出一流人才的高校，才能够成为世界一流大学。"

2. 爱校的具体行为

（1）努力学习知识，增强本领。增强本领首先在于学习，人只有努力读书、勤奋学习，才能掌握知识、获取信息、增长见识、做好工作，才能提高能力、成为强者、走向成功。我们爱校最主要的体现是成为社会有用的人，成为社会主义事业的接班人。如果我们没有知识和技能，爱校就无从谈起。

（2）尊敬师长，团结同学。尊敬师长，感念师恩。老师是我们的启蒙者，引导着我们学习知识。老师教会我们明事理、辨是非，教会我们在纷繁的世界里保持一颗纯净的心。良好的同学关系是和谐校园的一部分。团结互助，是在同学遇到困难时及时伸出援手，是在同学犯了错误时设法促其改正，是在同学有了烦恼时帮他忘掉忧愁。真正的团结互助，应当建立在思想品德和学业共同进步的基础上。同学们都是学校的一分子，我们都应该团结友爱，这样社会才会发展得更好。这也是我们爱校的具体行动。

（3）积极参加学校各项活动，遵守校纪校规。纪律和规则是我们平时学习和生活中不可缺少的。很多事实都能说明这个道理，比如买票要排队；走在马路上要遵守交通规则；甚至我们平时的一举一动都受到一定的要求和约束，否则任何事情都无秩序可言。而我们作为在校的学生，处在迈进社会的过渡时期，更是要用纪律和规则来严格要求自己。

从规范日常行为做起，用规范来要求自己。自尊自爱，注重仪表，穿戴整洁，朴素大方，讲究卫生，养成良好的卫生习惯。不随地吐痰，不乱扔废弃物。自觉抵制不良思想的侵蚀，不接触不健康、低级趣味的东西。做品德高尚的人，尊重他人的人格、宗教信仰、民族风俗习惯。诚实守信，礼貌待人，尊敬老师。在校期间要勤奋学习，按时到校，不迟到、不早退、不旷课，上课专心听讲，勤于思考。爱护学校公物，不在黑板、墙壁、课桌、布告栏等处涂改刻画。积极参加学校组织的活动，正确对待困难与挫折，保持心理健康。成长为有理想、有道理、有文化、守纪律的合格大学生，给社会、学校和家庭一份合格的答卷。

（三）爱家

播放歌曲：《爸爸妈妈》

教师引导：请同学们一起倾听并回忆一下自己与家的美好往事。

1. 名言领读

家庭是社会的细胞，是人生的第一所学校。不论时代发生多大变化，不论生活格局发生多大变化，我们都要重视家庭建设。

中华民族历来重视家庭。正所谓"天下之本在家"。尊老爱幼、妻贤夫安，母慈子孝，兄友弟恭，耕读传家，勤俭持家，知书达礼，遵纪守法，家和万事兴。这些中华民族传统家庭美德，铭记在中国人的心中，融入中国人的血脉，是支撑中华民族生生不息、薪火相传的重要精神力量，是家庭文明建设的宝贵精神财富。

在我们的成长道路上，要感谢的人太多太多，因为他们让我们过上了幸福的生活，因为他们让我们没有忧虑地成长。常怀感恩之心的人是最幸福的，常怀感恩之情的生活是最甜美的。同学们，让我们学会感恩，学会感激，用感恩之心去生活吧！

2. 故事分享

请同学们分享一下我与家的故事。

谢谢各位同学的分享。家，是一个最最温馨的字眼，用文字难以表达家的含义。在外孤单时，想到家，心里就会温暖；一个人走夜路时，想到家，就不再害怕；软弱时，想到家，就会获得新的力量；为工作拼搏受挫时，想到家，就有了目标、方向和动力；面对诱惑时，想到家，就会有拒绝的勇气……虽然家有时会给你负担，但家永远不会抛弃你，不会背叛你，家永远是你可靠的支柱、不变的港湾。

以《国家》这首歌曲为结尾。大家合唱这首歌，用心感受我们的"家"与"国"。

同学们，爱国，就应该心怀热爱祖国、热爱中华民族的感情，坚定为振兴中华而努力奋斗的信念。最重要的是，现在努力用功读书、充实自己，是为以后更好地报效祖国！爱校，是从一点一滴中体现的：捡起地上的一片废纸，向老师打一次招呼，遵守校规，热爱自己的班级。爱家，为父母做一些力所能及的事情，关心父母。

五、价值引领

习近平总书记说"爱国，是人世间最深层、最持久的情感，是一个人立德之源、立功之本。"大学生是未来社会发展和建设的主力军，要谨记"每个人的前途命运都与国家、民族的前途命运紧密相连"。学校要加强学生思想政治方面的培养，正确认识爱国、爱校、爱家的关系，并将家国情怀厚植在心灵深处，落实在具体的行动当中，把自己的小我融入祖国的大我、人民的大我，把个人梦、家庭梦融入中国梦，努力奔跑，做追梦人，用无限的智慧和不竭的热情，建设我们伟大的祖国。

主题三 升旗礼仪

班会模块	爱国·敬业
适用学期	第一至六学期
班会形式	课堂讲授/互动讨论/知识竞答

一、班会背景

国旗是国家的标志和象征。"五星红旗,你是我的骄傲;五星红旗,我为你自豪……"一寸山河一寸血。新中国的万里江山是无数革命前辈一枪一弹打下来的,五星红旗的每一根经纬是无数革命烈士用自己的鲜血染成的。

从1949年10月1日起,天安门广场上一次次升起的五星红旗,与古老的故宫一起,见证了中华民族从站起来、富起来到强起来的伟大征程。对中国人民解放军来说,护卫国旗,就是护卫国家、守护人民。

热爱祖国是每个公民最基本的认同和责任。倡导爱国主义、表达爱国热情,在任何时代、任何国家,都是主旋律。瞻仰一次烈士陵园、高唱一首红色歌曲,都是抒发爱国情怀的方式。升旗仪式,不仅是一种形式,更是一次唤醒、一番激励、一回寄托。

二、学习目标

(1)使学生对升旗仪式有更深层次的了解;

(2)教育学生热爱祖国、热爱家乡、勤奋学习,增强学生为祖国的富强而勤奋学习的使命感和责任感,使学生的心和祖国贴得更紧,让五星红旗永远飘扬在学生心中。

三、前期准备

(1)教师准备。查阅国旗相关知识、升旗礼仪读本,准备知识竞赛题目,准备国歌和《我和我的祖国》歌曲及歌词;

(2)学生准备。请同学们收集一些有关国旗和祖国今昔变化的材料。在教室黑板上,由同学们画出国旗的图案并写下"面对国旗的思考"。

四、班会过程

【课堂引入】

全体起立,高唱国歌,唱毕全体落座。

(一) 国旗背后的故事

故事一：国旗诞生背后的故事

1949年10月1日，中华人民共和国诞生了，新中国的两个伟大的符号——国旗和国歌也诞生了。

五星红旗的设计者来自上海，名叫曾联松。那年7月，他从报纸上看到了新政协筹备会刊登的征求国旗图案的通知，他决定尝试一下，然后就夜以继日地构思设计。他的灵感来自仰望星空时的"盼星星，盼月亮"这个联想。

最终他决定，以大五角星来象征中国共产党，以几颗小星环绕大星来象征广大人民围绕在党的周围，团结奋斗，从胜利走向胜利。但究竟应该有几颗小星，这是他当时的一个纠结。后来他读到了毛主席在《论人民民主专政》一文中讲的人民所包含的四个阶级：工人阶级、农民阶级、小资产阶级和民族资产阶级，便决定画四颗小星，分别代表四个阶级，同时也可以从广义层面指整个中国人民。接下来他又反复构思，如何在这面旗帜上放置这五颗星。

故事二：江姐与国旗的故事

"他们走得太早了，我很想念他们。"干净整洁的房间内，95岁的郭德贤奶奶欣喜地展开一面红旗。这面红旗上有五颗金黄色的五角星，但它们的排列与五星红旗不尽相同。此刻，她的脸颊上映着红旗的色彩，仿佛是胜利的曙光。这面由《开学第一课》节目组与重庆白公馆监狱旧址联系复制给老人的红旗，还原了一个历史中真实的故事，几位革命志士制作"五星红旗"，冲出禁锢，迎接新中国的故事。

郭德贤奶奶曾是革命烈士"江姐"（江竹筠）的狱友，她们曾在渣滓洞被一起关了8天。今年95岁的郭奶奶面色红润、神采奕奕、精神饱满，讲起话来依然思路清晰。在她的话语起伏间，充沛的情绪感染了所有观众。郭奶奶是一名革命者，她是白公馆脱险志士，曾与《红岩》的作者罗广斌及其他一些革命志士一起，被关押在重庆白公馆狱中。而小说《红岩》中所描写的"绣红旗"的故事，便来自他们的真实经历。在《开学第一课》中，郭奶奶用生动的回忆讲述起那段往事。

看着95岁的郭奶奶展开这面"不一样的五星红旗"，我们的心也为之一震。这面特殊的"五星红旗"对当年被关押在狱中的人来说，是胜利的曙光，是活下去的希望，更是心中至高无上的信念和荣耀。而今，那些艰苦奋斗、百折不挠的革命志士给予了我们延绵不绝的精神力量。郭德贤奶奶的意气风发，不禁让人想起那句"革命人永远是年轻"。他们就好比大松树，冬夏常青，不怕风吹雨打，不怕天寒地冻，永远挺立在山岭。今天，我们能在这里聆听这段故事，正是因为千千万万像他们一样的人，用生命为我们"绣"出了一面最美丽的五星红0旗。

【互动讨论】

由同学（2~3名）向大家演讲关于国旗的故事（向大家介绍关于祖国、国旗的革命历史),以生动、感人的事例介绍无数革命先烈为维持祖国尊严,为了让五星红旗在世界东方高高飘扬,用生命和鲜血铸起共和国大厦的丰功伟绩。(学生自查资料。)

(二)升旗礼仪

在每周一举行的升旗仪式中,要求大家做到遵守升国旗礼仪:

(1)集队时队伍整齐、安静、有序、安全,不说笑,不打闹;

(2)着装整洁、规范;

(3)升旗时全体肃立,脱帽,行注目礼;

(4)聆听"国旗下讲话"时,要做到神情专注,适时适度鼓掌;

(5)若有特殊原因,未按时到达指定地点,在国歌声响起时要原地肃立,参加升旗仪式。

(三)《贵州电子信息职业技术学院升国旗仪式实施方案》

五星红旗和国歌是中华人民共和国的标志和象征,升国旗仪式是一件庄严、神圣的仪式,尊重国旗、高唱国歌是每个中国公民的义务。为进一步规范、改进升国旗仪式的有关程序,展示学院师生对国家和民族的崇高敬意和热爱,增强民族自豪感,现对升国旗仪式程序及要求做进一步规定:

1. 升国旗仪式时间

安排在每周一9:50—10:20,具体时间安排:

9:50下课;

10:00集合;

10:00—10:05,升国旗,唱国歌;

10:05—10:15,国旗下的讲话;

10:15—10:20,返回教室上课。

2. 升国旗仪式程序

(1)全体肃立,出旗;

(2)升国旗,唱国歌,全体人员行注目礼;

(3)国旗下讲话;

(4)举行表彰仪式或宣布重要决定(根据具体情况安排);

(5)升国旗仪式结束,有序退场。

3. 升国旗仪式纪律

(1)升国旗仪式开始前,各部门教职工、各班级学生于10:00前到指定位置集中,辅导员(班主任)在学生班级队伍最前列。

(2)升国旗时,全体师生要肃立,行注目礼,唱国歌,不得做小动作、讲话、随意走动。

（3）辅导员（班主任）要做好学生考勤记录，考勤情况将纳入学生的个人综合素质量化考核，记入学年成绩。

（4）学生会干部将对各班级升国旗情况（出勤和质量）和辅导员（班主任）出勤情况进行登记，记入班级量化考核月总评。该项考评与学年先进班级和先进辅导员（班主任）评比挂钩。

（5）升国旗仪式结束后，全体人员按指定方向有序退场，学生会干部负责维持现场秩序。

4. 升国旗仪式人员

（1）参加人员：学院全体师生。

（2）讲话人员：为保障爱国主义教育活动效果，讲话人员一般为学院领导、中层干部、优秀教师代表、学生会和团委学生干部、优秀学生代表等。

五、价值引领

从东方第一哨那面迎着第一缕晨曦冉冉升起的五星红旗，到西藏边陲次仁曲珍老人一个人在农家小院升起的五星红旗；从航天员翟志刚在太空挥动的五星红旗，到蛟龙号在南海海底插上的五星红旗……不一样的旗手，不一样的观众，不一样的仪式，但表达的都是对祖国的浓浓之情、拳拳之心。

同学们通过今天的学习，更加了解国旗，受到深刻的爱国主义教育。今后，我们要把这种爱国之情、报国之志，化为效国之行。为了红旗在祖国大地上高高飘扬，有多少中华仁人志士前赴后继，用自己炽热的真情和宝贵的生命抒发对祖国无尽的爱。作为新时代的大学生，我们不仅要严肃对待升旗仪式和在国旗下讲话的活动，更要努力学习，把专业知识学扎实，把专业技能练纯熟，为社会主义建设添砖加瓦。

主题四　校徽·校歌·校训

班会模块	爱国·敬业
适用学期	第一学期
班会形式	课堂讲授/互动分析/分组讨论

一、班会背景

校徽、校歌、校训是一所学校精神风貌、办学理念和发展成果的具体表现，一般各大高校都有自己专属的校徽、校歌、校训。它们是校园文化的重要组成部分，常常是一个学校对内的号召和激励、对外的形象展示和宣言。它反映的既有办学者、教育者的理想、要求、愿望，又有受教育者的感受、追求和成长心声。

二、目的和意义

（1）通过主题班会学习，加深学生对学校历史、文化和精神的了解；

（2）通过解读校徽、校歌、校训，引导学生领会学校精神，感受校园文化的精神力量，增强学生的归属感和认同感；

（3）通过介绍知名校友，激励学生从榜样身上汲取力量，刻苦学习。

三、前期准备

（1）通过网络等各种途径收集整理班会主题相关资料；

（2）下载校歌 MP3；

（3）收集学校校风、学风和文化建设事迹相关资料。

四、班会过程

（一）学校历史

贵州电子信息职业技术学院始建于1973年，是经教育部批准独立设置的公办全日制普通高等职业技术学院，目前已发展成为一所以工科为主，集文、理、经、管等学科为一体的省属优质高职学院。

学院新校区位于贵州省凯里市高铁经济圈，占地1 615余亩（1亩=667平方米），建筑面积43万平方米；老校区位于凯里市城区，占地面积400亩。学院先后获得了"全国职业教育先进单位""全国职业指导工作先进学校""贵州省职业教育先进单位""贵州省信息产业'十五'先进单位""贵州省绿化先进单位""贵州省高等学校优美校园""贵州省省直机关文明单位""贵州省学校安全稳定综合治理工作先进单位"等荣誉。2003 年，在省内第一家通过国家高职高专办学水平评估，是贵州省首批"工学结合"试点职业院校；2011 年，建成贵州省示范性高职院校；2017 年，立项建设贵州省优质高等职业院校；2018 年，被教育部评为全国职业院校实习管理 50 强；2019 年，被教育部评为全国职业院校学生管理 50 强。

2017 年，在全国职业院校技能大赛中，学院获奖数量排在全国第 17 名，信息化教学大赛荣获全国一等奖，实现了我省在此赛项一等奖"零的突破"；2018 年，在全国职业院校技能大赛中，学院获奖数排在全国第 19 名，获得国赛一等奖 2 项，是贵州省 2018 年仅有的两个国赛一等奖；连续两年排名全国高职院校前 20 强；在南非举行的 2018 金砖国家技能发展与技术创新大赛（南非赛区）总决赛物联网赛项中，以第一名的成绩荣获一等奖；2019 年，在全国职业院校技能大赛中，学院获奖数排名全国第 9，贵州省排名第一，学院荣获国赛一等奖 2 项、二等奖 3 项、三等奖 7 项；在 2019 "一带一路"暨金砖国家技能发展与技术创新大赛第二届数字化控制技术大赛、物联网技术与技能大赛国内赛暨国外赛区选拔赛中，荣获一等奖（2 项）；在第三届全国工业机器人技术应用技能大赛中，学院师生共获得一等奖 3 项、二等奖 1 项，教师组获奖成绩全国排名第一，两位参赛教师被授予全国技能能手和青年岗位能手荣誉称号。

（二）校徽、校训

校徽、校训在激励学生成长、凝聚学校精神、推动校园文化建设等方面发挥着重要作用，有助于增强广大师生的凝聚力、向心力，丰富学院生活，增进团结奋进，营造和谐向上、健康文明的校园文化氛围，培养高雅的审美情趣和爱校荣校意识。

1. 校徽

如图 5 - 1 所示，贵州电子信息职业技术学院校徽是由贵州的首字母"G"变形简化而成。而在标准图形中的三条横块代表了三条起跑线，同时也代表了学校最主要的三个专业。圆球体象征太阳，学院学子迎着朝阳向前奔跑、向前进。

图 5 - 1 贵州电子信息职业技术学院校徽

标志的大部分颜色采用蓝色，局部采用红色。蓝色象征着大海、天空等，给人一种拼搏、奋进的感觉，而红色充满激情。

"贵州""电子"的英文字头"GE"为设计元素，变为电子运行轨道、无限延伸的条束和舞动的人形。其中，电子运行轨道突出学院的专业特色，电子又似冉冉朝阳，象征学院各项事业发展欣欣向荣、蒸蒸日上的繁荣景象。无限延伸的条束排列有序，象征各学科间协调持续发展的良好势态；条束又似向上的阶梯，象征学院勇攀职业教育事业高峰的强大实力和十足自信。舞动的人形象征学院以人为本、为社会培养高级应用型电子信息人才的目标和理念。

2. 校训

校训：求知思进、厚德载物。

其含义为：要求学生在知识技能的学习和训练上，努力探索，刻苦钻研，不断创新，积极向上，追求品学兼优的人生境界，力求使自己在校学习期间具备高尚、美好的思想道德品质，并获得广博丰厚的知识、技能。迈出校园，走向社会，成为祖国建设的合格人才。

3. 校风、教风、学风

（1）校风：文明、勤奋、敬业、创新。

其含义是：要求全院师生做到语言文明有礼、举止文明高雅、班级文明团结、校园文明优美；在教学工作、学习中，全院师生要勤奋学习，敬业爱岗，钻研不辍，努力创新，力求使我们在教育、教学、科研等方面不断有新举措、新突破、新成果，学习上有新风气、新方法、新收获，使整个校园呈现出"文明、勤奋、敬业、创新"的新风尚、新面貌；实现我院创全国知名、贵州一流的目标。

（2）教风：尚德、精业、爱生。

尚德，即崇尚道德。这是良好教风的根基。中国文化是一种典型的"德性文化"，而"君子忧道不忧贫"一向是中国学者的精神取向，为人师者，"德"自然是第一要义。因为学高方能为"师"，身正尚可称"范"。尚德，既包含静态中对德的尊崇和拥有，也包含动态中对德的追求和传播，堪为教者之风。

精业，即精通于所从事的行业，尽心于所从事的职业，这是良好教风的必要条件。好的老师一方面要业务熟练、学富五车，另一方面要精益求精、不断创新育人之术，否则，尚德将无所依托，爱生也会流于空泛。

爱生，即关爱学生，这是良好教风的内在灵魂，也是尚德、精业的出发点和落脚点。古往今来的优秀教师，都能让学生感到浓浓的爱意。教师要通过对学生因势利导、循循善诱的人性化教育，使学生成才，来实现自己的人生价值。

（3）学风：诚信、明理、笃行。

诚信，是中华民族的传统美德。古人云："诚者，天之道也。""民无信不立。"同时，诚信是做人做事之根本，是从业人员的基本职业操守。学生理应把诚信作为其人生品质的第一要素，作为职业生涯的基本道德规范。

明理，包含三层意思，一是"明情理"，二是"明事理"，三是"明学理"。明情理就是"学会做人"，懂得与人相处真诚友善的立身之道；明事理就是"学会做事"，懂得处事的轻重缓急；明学理就是"学会学习"，掌握学习的方法，达到学习的目标。

笃行，这与我院学生培养目标"零距离上岗"相吻合。"笃"有踏踏实实、坚持不懈之义；笃行，就是要努力实践，学以致用，苦练技能，提高动手能力，就是笃行的具体要求。

【校歌赏析】

起 航
——贵州电子信息职业技术学院校歌

殷海春 邱兴萍 娄性诚 词
郑建安 曲

1=F 4/4

坚定 自信 豪迈地

（简谱乐谱）

歌词：
我们从清水江畔扬帆起航，时代精神激励着跨越梦想。青春如歌我们激情飞扬，文明敬业创新不负人民期望。啊——电子学院，人才的摇篮，校企合作，桃李芬芳，求知思进谋发展，厚德载物谱华章。求知思进谋发展，厚德载物谱华章。

我们在苗岭之都铸就辉煌，军工传统鼓舞着矢志超力。前程似锦我们展翅翱翔，奋勇做民族脊梁。啊——电子学院，人才的摇篮，校企合作，桃李芬芳，求知思进谋发展，厚德载物谱华章。

（结束句）求知思进谋发展，厚德载物谱华章！

【知名校友】

学校为社会培养了数万名毕业生，他们走向世界各地，活跃在祖国各条战线。有些成为企业家、工程师、领导干部，服务于国防、科技、文化、教育、体育、卫生等各个领域。也产生了一批劳模、先进工作（生产）者。当然，大多数是普通劳动者。他们在各自的岗位上不断做出贡献。学生可以从榜样的身上汲取刻苦学习、明理笃行的精神力量。以下遴选了四位知名校友，我们一起向他们学习。

曾胜强，湖南长沙人。1983年就读于贵州无线电工业学校（现贵州电子信息职业技术学院）计算机软件专业。毕业后他被分配到国家电子工业部下属的怀化国营建南机械厂工作。1989年，他出任该厂在深圳蛇口工业区设立的窗口单位建博电子公司常务副总经理。1993年9月，创建深圳市证通电子有限公司，同年成功开发出国内第一代商用密码产品——刷卡型证券交易自助终端。1995年以后，一直从事商用密码产品的研究开发，组织开发的SZD-01密码键盘通过国家密码管理委员会的鉴定。现任深圳市证通电子股份有限公司董事长兼总经理。

朱先德，1984年毕业于贵州无线电工业学校（现贵州电子信息职业技术学院），后毕业于国防科技大学计算机应用专业，本科学历，高级工程师。1984年至1993年，就职于电子工业部韶光电工厂；1993年，创建长沙三德科技开发公司；1993年至1998年，任长沙三德科技开发公司（后更名为长沙三德实业公司）经理；1998年至2004年，任长沙三德执行董事、总经理；2004年，创建湖南三德科技发展有限公司；2004年至2012年，任三德有限公司执行董事、总经理；2012年12月至2013年7月，任湖南三德科技股份有限公司董事长、总经理；2013年8月至今，任三德科技董事长。

郑建国，1991年毕业于贵州无线电工业学校（现贵州电子信息职业技术学院）。现任中国塑料机械工业协会副会长、浙江省机械工业联合会副会长。1991年至2000年，就职于浙江塑料机械总厂（后更名为浙江申达塑料机械有限公司）；2001年至2012年，担任泰瑞机械董事长、总经理；2006年至2012年，担任泰瑞有限公司董事长、总经理；2012年至今，担任泰瑞机器股份有限公司董事长、总经理。2015年，获科技部"创新人才推进计划科技创新创业人才"。

胡德芳，贵州三穗县人，1983年毕业于贵州无线电工业学校（现贵州电子信息职业技术学院），是著名资金管理专家，中国资金管理第一人，深圳市科技专家库专家。1985年，开发出第一个银行软件系统——深圳市工商银行通存通兑系统。1997年，研发的结算中心软件获得国家五部委授予的"国家重点新产品"称号。2000年，胡德芳在深圳创办了拜特科技股份有限公司，任董事长。2009年起，他将公司1%的股份捐赠给共青团三穗县委，指定用于资助三穗县贫困学生。截至目前，胡德芳已资助超过100个学生圆了大学梦。

五、价值引领

校徽、校歌、校训是反映学校精神风貌的重要标志，它集中体现了学校的教育理念、办学特色、优良传统，是学校优良校风及教风、学风的高度概括，是引领学校发展方向的精神宣言。

作为一名大学生，理应树立积极向上、健康文明、爱校荣校的思想意识，时刻激励自己，为社会主义事业和中华民族的伟大复兴贡献自己的力量。

主题五　铭记一二·九，峥嵘自少年

班会模块	爱国·敬业
适用学期	第一、三、五学期
班会形式	课堂讲授/互动讨论

一、班会背景

一二·九运动纪念日是为了纪念 1935 年 12 月 9 日在北京（当时的北平）发生的由中国共产党领导的一次大规模学生爱国运动。一二·九精神的实质就是爱国精神，概括起来就是"不怕困难，不怕牺牲，勇于担当，勇于胜利"。它是一次以青年学生为先锋的运动，它是一次青年学生的爱国运动，它体现了中华民族以爱国主义为核心的民族精神。

引导教育广大学生铭记历史，勇承青春担当。学习先辈与祖国和人民同呼吸、共命运的精神，把实现个人的人生价值同建设祖国、振兴中华、服务人民紧密地结合在一起，甘于奉献，锐意进取，追求卓越，勇攀高峰。一二·九精神值得我们永远铭记和传承。

二、学习目标

（1）通过缅怀历史让学生真切地感受到革命斗争的严酷与艰辛，同时也认识到党在中国人民解放事业中做出的贡献；

（2）在新的历史条件下，传承一二·九爱国精神，发扬革命先辈的爱国传统，激发青年学生奋发图强、报效祖国的爱国热情；

（3）引领学生发挥时代急先锋的作用，永怀赤子之心，坚定理想信念，树立家国情怀，担当起建设祖国的历史使命，为实现中国梦不懈奋斗。

三、前期准备

（1）收集和整理关于一二·九运动的资料和图片；

（2）在课前将学生进行分组，通过网上查阅、翻看书籍等途径，了解一二·九运动相关知识，以便在课堂上发言讨论。

四、班会过程

【歌曲导入】

展示关于一二·九运动的图片,配合播放《共青团团歌》。

问题一:你是否还记得,86年前那些惊天动地的呐喊?你是否能想起,86年前无数青年学子为国前行?你是否知道,这是怎样一段让人敬畏难忘的爱国岁月?

问题二:对往昔岁月,为何要缅怀于心、反复歌颂?生于和平美好时代,为何还要弘扬传统、铭心践行?

学生分组讨论、发言和交流。

这激昂的音乐、震撼人心的画面诉说着那个激情燃烧的岁月中,青年学子们的爱国情感和抗争意识。一二·九运动是以一批先进青年和知识分子为先锋、广大人民群众积极参加的伟大运动,革命青年为救亡图存、振兴中华奔走呼号,奋不顾身。

(一)历史背景

九·一八事变后,日本帝国主义加紧侵略中国,在东北地区推行殖民统治的同时,利用南京国民政府的不抵抗主义,把侵略魔爪一步步伸向华北。民族危机日益严重。

1935年5、6月间,日本侵略者密谋策划,在天津和河北等地制造事端,并以武力相威胁,先后迫使南京国民政府接受达成了"何梅协定"和"秦土协定",把包括平津在内的河北、察哈尔两省的大部分主权奉送给日本。之后,日本帝国主义积极策动所谓华北五省"防共自治运动",策划成立由其直接控制的傀儡政权,全面在华北进行政治、经济、文化侵略。"华北之大,已经安放不下一张平静的书桌了。"日本帝国主义的侵略行径激起了北平各阶层人民的极大愤慨。

(二)事件过程

1. 走上街头

1935年12月9日凌晨,广大爱国学生的抗日怒火像火山一样爆发。东北大学、中国大学、北平师范大学等校学生举着大旗和标语,分别朝着新华门进发。清华大学和燕京大学近千名爱国学生离城较远,到达西直门时,城门已被军警关闭,请愿队伍无法进城。两校学生就在西直门一带召开群众大会,向附近居民和守城军警进行抗日宣传,并提出反对华北成立防共自治委员会、停止内战、立即释放被捕学生等6项要求。国民党政府对于其对日妥协、对内反共的政策依然百般狡辩。同学们对其答复极为愤慨,振臂高呼:"打倒卖国贼""请愿不成,我们示威游行去!"当游行队伍行至西单牌楼平津卫戍司令部附近时,遇到军警的阻拦和袭击。同学们不畏强暴,高呼抗日救国口号,继续前进,队伍也越来越壮大。

2. 救亡怒潮

一二·九运动的抗日怒吼,震撼了古都北平,很快传遍了国内外。中共北平市临时工委、北平市学联及时总结，对下一步行动进行部署。12月11日，全市各大中学校学生联合起来罢课。国民党当局对北平学生的爱国行动极为恐慌，下令严禁学生的爱国行为，还派军警封锁一些重点学校。国民党当局不顾广大人民群众的强烈反对，决定在12月16日成立"冀察政务委员会"。中共北平临时工委获知这一消息后，决定在这一天举行更大规模的示威游行。

　　12月16日凌晨，1万余名北平爱国学生陆续走上街头，一场声势浩大的抗日救亡大示威爆发了。游行队伍抵达前门时，遇到大批军警和保安队的阻截，爱国学生就在前门火车站广场举行第二次市民大会。大会决定继续进内城示威游行，并派代表与军警交涉，要求打开城门。当局为了分割示威游行队伍，答应让一部分学生从前门进城，但大部分学生须从和平门和宣武门入城。

　　下午4时，黄敬率北京大学、中国大学等校部分同学由前门入城后，城门马上关闭了。清华大学、燕京大学、东北大学、北平大学等校同学沿着西河沿赴和平门和宣武门。但城门都已紧闭，同学们多次试图撞开城门，均未成功。后来几经交涉，军警答应以清华、燕京大学的队伍先撤走为条件，可以打开城门让其他学校的学生入城。此时已是晚上9点多钟，当两校队伍离开后，城外四周的路灯全部熄灭，大批军警挥刀舞棍从四面八方向学生扑过来，许多人遭到毒打。由前门入城的学生想去宣武门接应，当走到西单绒线胡同西口时，遭到大批军警扑打，数十名学生被砍伤，街道上血迹斑斑。在"一二·一六"大示威中，全市学生共有22人被捕，300余人受伤。

　　3. 声援北平

　　北平学生的爱国斗争，打击了日本帝国主义的嚣张气焰，揭露了国民党当局的卖国行径，得到了各界爱国人士的支持响应，促进了抗日救亡运动的开展。

　　12月18日全天，北京大学、清华大学等6所大学的校长联名要求释放被捕学生。同日，中华全国总工会向全国工人紧急呼吁，援助学生的救国运动。各地工人纷纷举行罢工，支持学生斗争。20日，共青团中央发表宣言，号召青年学生深入到工农群众中去，扩大抗日救国运动。各地社团组织纷纷发表通电和宣言，声援北平学生的爱国运动。

　　两次游行示威之后，在党的领导下，北平学联成立了南下扩大宣传团，深入工厂农村，发动各地工农士兵群众开展反日反蒋斗争，也使爱国学生们得到了锻炼和教育。1936年，南下扩大宣传团在北平召开团员代表大会，正式成立了民族解放先锋队（后改名中华民族解放先锋队），这是党领导成立的先进青年组织。它的诞生和发展大大推动了一二·九运动的深入发展。

　　在中国共产党的领导和号召下，由北平爱国学生首倡、迅速席卷全国的一二·九运动，极大地促进了中国人民的觉醒，标志着中国人民抗日民主运动新高潮的到来。

　　（三）历史成果

　　大会通过了反对冀察政务委员会，反对华北任何傀儡组织，要求停止内战、一致对外，收复东北失地，争取抗日和爱国自由等8个决议案。

12月18日，中华全国总工会发表《为援助北平学生救国运动告工友书》，号召全国各业、各厂的男女工友起来；召集群众会议，发表宣言和通电，抗议汉奸卖国贼出卖华北与屠杀、逮捕爱国学生。12月21日，上海市总工会通电声援北平学生，呼吁全国同胞一致兴起，集合民族整个的力量，反对任何伪组织之存在，以维护主权而保国土。广州铁路工人、上海邮务、铁路工人举行集会，发通电，要求对日宣战。鲁迅、宋庆龄等爱国知名人士赞扬爱国学生的英勇奋斗精神，捐款支持学生抗日救国运动。海外华侨也以各种方式支援爱国学生。一二·九运动广泛地宣传了中国共产党的"停止内战、一致对外"的抗日主张，掀起了全国抗日救国运动的新高潮。

（四）历史意义

1. 推动抗日民族统一战线的建立

北平学生的爱国行动得到了全国学生的响应和全国人民的支持，形成了全国人民抗日民主运动的新高潮，推动了抗日民族统一战线的建立。

2. 全民族的运动

一二·九运动公开揭露了日本帝国主义侵略中国、吞并华北的阴谋，打击了国民党政府的妥协投降政策，大大促进了中国人民的觉醒。它配合了红军北上抗日，促进了国内和平和对日抗战。它标志着中国人民抗日民主运动新高潮的到来。正如毛泽东所指出的：一二·九运动"是抗战动员的运动，是准备思想和干部的运动，是动员全民族的运动，有着重大的历史意义"。

3. 一二·九精神

【问题导入】

一二·九运动狂飙般的呐喊声早已散去，一二·九精神却一直沉浸在中华民族奋斗的血脉里。那么，一二·九精神的内涵是什么呢？

学生分组讨论、发言和交流。

一二·九精神的内涵是不怕困难、不怕牺牲、勇于担当、勇于胜利。其实质为升华了的爱国主义精神。毛泽东给予一二·九运动高度的评价："一二·九运动是动员全民族抗战的运动，它准备了抗战的思想，准备了抗战的人心，准备了抗战的干部。"

历史的车轮碾过86载，把一二·九精神深深印刻在了中华大地上。其爱国主义的精髓仍激励着一代又一代青年肩负起强国的历史使命和责任担当。一二·九运动彰显了青年学生勇于担当的民族精神。

（五）做新时代有为青年

结合新时代特点，将一二·九运动精神与时代精神相结合，对学生进行教育，引导学生自觉弘扬和践行爱国主义精神，积极投身到中国特色社会主义建设中去；教育引导学生传承和弘扬一二·九精神，做新时代有为青年。

韶华流逝，青春不老。今天的青年与86年前的青年血肉相连、精神赓续。我们更应该"常思奋不顾身"，更应该思考如何投身时代洪流，"殉国家之急"，多想想"我们能为祖国做什么"。

问题：作为当代青年大学生，应该如何弘扬一二·九精神，做新时代有为青年？

【学生分组讨论、发言和交流】

一是要树立远大理想。树立对马克思主义的信仰、对中国特色社会主义的信念、对中华民族伟大复兴中国梦的信心，到新时代、新天地中去，让青春在创新创造中闪光。

二是要热爱伟大祖国。听党话、跟党走，胸怀忧国忧民之心、爱国爱民之情，以一生的真情投入、一辈子的顽强奋斗来体现爱国主义情怀，让爱国主义的伟大旗帜始终在心中高高飘扬。

三是要担当时代责任。让青春在新时代改革开放的广阔天地中绽放，让人生在实现中国梦的奋进追逐中展现出勇敢奔跑的英姿，努力成为德智体美劳全面发展的社会主义建设者和接班人。

四是勇于砥砺奋斗。勇做走在时代前列的奋进者、开拓者、奉献者，在劈波斩浪中开拓前进，在披荆斩棘中开辟天地，在攻坚克难中创造业绩，用青春和汗水创造出让世界刮目相看的新奇迹。

五是要练就过硬本领。增强学习紧迫感，努力学习马克思主义立场、观点、方法，努力掌握科学文化知识和专业技能，努力提高人文素养，以真才实学服务人民，以创新创造贡献国家。

六是要锤炼品德修为。自觉树立和践行社会主义核心价值观，明大德、守公德、严私德，追求更有高度、更有境界、更有品位的人生，让清风正气、蓬勃朝气遍布全社会。

五、价值引领

一二·九运动是中国共产党领导的一次伟大的学生爱国运动，是一场中国人民为拯救民族危亡、捍卫民族尊严、凝聚民族力量而掀起的伟大社会革命运动。通过本次主题班会，同学们加深了对一二·九运动的认识和了解，进一步感受到了祖国的强大和繁荣来之不易。今天，一二·九精神的火炬已经传到我们这一代青年手中，广大青年要用青春作桨、以梦想为帆，让青春之光照亮奋进之路。

主题六 树立正确的劳动观

班会模块	爱国·敬业
适用学期	第二、四、六学期
班会形式	课堂讲授/互动讨论

一、班会背景

2020年3月，中共中央、国务院印发了《关于全面加强新时代大中小学劳动教育的意见》（以下简称《意见》），就全面贯彻党的教育方针、加强大中小学劳动教育进行了系统设计和全面部署。劳动教育是中国特色社会主义教育制度的重要内容，对于培养社会主义建设者和接班人具有重要战略意义。《意见》的出台是贯彻落实新时代党对劳动教育的新要求。2018年9月，习近平总书记在全国教育大会上明确提出将劳动教育纳入社会主义建设者和接班人的总体要求，必须构建大中小学劳动教育体系，全面落实党的教育方针。同时，劳动育人功能亟待加强。劳动教育被淡化、弱化，一些青少年中出现不珍惜劳动成果、不想劳动、不会劳动的现象，与社会主义建设者和接班人的培养要求有较大差距。全党全社会必须高度重视，切实加强大中小学劳动教育。

二、学习目标

（1）帮助学生树立正确的劳动观，理解和形成马克思主义劳动观，牢固树立"劳动最光荣、劳动最崇高、劳动最伟大、劳动最美丽"的观念，认识到劳动是财富创造的源泉；

（2）引导学生走向社会，认识社会，强化责任担当意识，体会社会主义平等、和谐的新型劳动关系；

（3）以动手实践的方式，引导学生在认识世界的基础上，学会劳动，塑造自己，实现以劳树德、以劳增智、以劳强体、以劳育美的目标。

三、前期准备

（1）通过网络收集和整理"劳动教育"相关资料，如《习近平在全国劳动模范和先进工作者表彰大会上的讲话》《习近平总书记在2018年全国教育大会上的重要讲话》《大中小学劳动教育指导纲要（试行）》；

（2）通过网络收集与整理相关视频和音乐，如《全国劳动模范和先进工作者表彰大会隆重举行》《劳动托举梦想，奋斗书写华章》《劳动最光荣》等。

(3) 准备"找一找"游戏题卡，在题卡上写出同学们劳动观出现偏差下的问题。

四、班会过程

【音乐导入】

播放音乐《劳动最光荣》，并打开歌词。

"劳动最光荣"从小就深入人心，它带给我们精神上的荣誉感。从懂事起，每个人就开始接受劳动教育了。在幼儿园，老师就告诉学生要热爱劳动；在小学，老师告诉学生要做德智体美劳全面发展的好学生。反观现在的我们，到了大学，对寝室卫生不积极打扫，有的学生变得厌恶劳动、逃避劳动，缺乏劳动的积极性和主动性，出现铺张浪费、相互攀比、乱丢垃圾和剩菜剩饭等不尊重和不珍惜他人劳动成果的行为。

（一）劳动

1. 劳动的含义

劳动是人类社会生存和发展的基础，主要是指生产物质资料的过程，通常是指能够对外输出劳动量或劳动价值的人类活动。劳动是人维持自我生存和自我发展的唯一手段。按照传统的劳动分类理论，劳动可分为脑力劳动和体力劳动两大类。

2. 劳动的价值

劳动是人类活动的一种特殊形式。在商品生产体系中，劳动是劳动力的支出和使用。马克思给我们下了这样的定义："劳动力的使用就是劳动本身。劳动力的买者消费劳动力，就是让劳动力的卖者为其提供劳动。"

劳动是生存和生活的需要，也是生命的需要，更是人类发展、成长和存在的需要。我们通过劳动改变自己，改善生活，改造世界。因此，不同的劳动有着不同的收益，不同的人群有着不同的需要，不同的追求有着不同的劳动，不同的职业有着不同的奉献。

（二）劳动教育

劳动教育的目的，是使学生树立正确的劳动观点和劳动态度，热爱劳动和劳动人民，养成劳动的习惯。劳动教育是培养人德智体美劳全面发展的主要内容之一。

1. 劳动教育的目标

树立正确的劳动观念，懂得劳动的伟大意义。要让学生懂得：人类的历史首先是生产发展的历史，是劳动人民创造的历史；辛勤的劳动是建设社会主义的根本保证；劳动是公民的神圣义务和权利；轻视体力劳动和体力劳动者，是数千年来剥削阶级思想的残余；把脑力劳动同体力劳动相结合具有重要意义。

培养学生热爱劳动和劳动人民的情感。养成劳动的习惯，形成以劳动为荣、以懒惰为耻的品质。抵制好逸恶劳、贪图享受、不劳而获、奢侈浪费等恶习的影响。

学习是学生的主要劳动，要教育学生从小勤奋学习，将来担负起艰巨的建设任务。还要教育学生正确对待升学就业。

2. 开展劳动教育的意义

劳动教育是新时代党对教育的新要求，是国民教育体系的重要内容，是中国特色社会主义教育制度的重要内容，是全面发展教育体系的重要内容，是大中小学必须开展的教育活动。劳动教育是学生成长的必要途径，具有树德、增智、强体、育美的综合育人价值。实施劳动教育，重点是在系统的文化知识学习之外，有目的、有计划地组织学生参加日常生活劳动、生产劳动和服务性劳动，让学生动手实践、出力流汗、接受锻炼、磨炼意志，培养学生正确的劳动价值观和良好的劳动品质。

劳动教育是中国特色社会主义教育制度的重要内容，直接决定社会主义建设者和接班人的劳动精神面貌、劳动价值取向和劳动技能水平。长期以来，各地区和学校坚持教育与生产劳动相结合，在实践育人方面取得了一定成效。同时也要看到，近年来一些青少年中出现了不珍惜劳动成果、不想劳动、不会劳动的现象，劳动的独特育人价值在一定程度上被忽视，劳动教育正在被淡化、弱化。对此，全党全社会必须高度重视，采取有效措施切实加强劳动教育。

（三）如何树立正确的劳动观

【视频导入】

观看视频：《劳动托举梦想，奋斗书写华章》（摘自好看网络视频）。

问题：作为社会主义的建设者和接班人，应如何树立正确的劳动观？

学生分组讨论、发言和交流。

1. 树立正确的世界观、人生观、价值观

劳动最光荣，劳动创造幸福，奋斗成就梦想。美好的幸福生活从来不是靠在床上躺着、在桌前刷着手机就能获得的，而是需要用勤劳的双手、理性的思维创造出来。大学生活不像高中生活那样紧张，但张弛有度的大学生活往往是一个人静心学习、潜心提升自我的最好时光。因此，刚走进大学的学生，必须树立正确的世界观、人生观、价值观，必须给自己接下来的大学生活做个合理的长远规划。

2. 积极创造，参与劳动

纵观整个人类历史，人类社会的进步离不开劳动。要充分调动学生的劳动积极性、主动性和创造性，为社会创造出更多的财富。当然，劳动分为体力劳动和脑力劳动，大学生作为未来社会发展的重要推进力量，不光要有智慧的头脑，还要有一个好身体，还要与时俱进。因此，当代最好的劳动者，要德才兼备，一专多能。要积极参与校内劳动实践，以便提前了解和适应社会。在劳动过程中提升劳动意识和劳动精神，养成良好的劳动习惯和敬业的劳动态度。积极参加勤工俭学，通过勤工助学岗位参与劳动并获得一定的劳动报酬，从而体会劳动的艰辛，尊重他人的劳动和劳动成果，提升自身的综合能力。

3. 培养"工匠精神"

俗话说："艺多不压身。"大学生作为即将步入社会的高级劳动者，所掌握的知识技能不仅要有广度，更要有深度。要把自己的兴趣爱好和工作有机地结合起来，把自己的人生理想和国家发展的需要结合起来，把个人的发展方向与社会进步的潮流趋势结合起来，干一行，爱一行，专一行，培养"工匠精神"。"三百六十行，行行出状元"，只有在某个领域成为真正的专家，才能为国家和社会的发展做出更大的贡献。

五、价值引领

新时代的劳动教育要引导学生懂得劳动最光荣、劳动最崇高、劳动最伟大、劳动最美丽的道理，形成劳动创造美好生活、劳动不分贵贱的积极劳动价值观。随着新型劳动的不断涌现，劳动教育内容必须主动扩容，以涵盖变化着的劳动现实。针对劳动新形态，深化产教融合，改进劳动教育方式，树立发展的教育观。当前青少年中普遍存在攀比与过度消费的现象，侧面反映出消费教育在劳动教育中的缺失。人们从生产走向消费，要求劳动教育除关注基本的生产劳动外，更应关注作为消费的劳动。新时代的劳动教育，要让学生在系统学习文化知识之外，有目的、有计划、有组织地参加日常生活、生产和服务性劳动，即在将教育与生产劳动作为两个独立系统的基础之上，通过科学技术将二者有机结合，让学生动手实践、出力流汗、接受锻炼、磨炼意志，培养具有正确劳动价值观和良好劳动品质的时代新人。

主题七　职业生涯规划

班会模块	爱国·敬业
适用学期	第五、六学期
班会形式	课堂讲授/案例分析/分组讨论

一、班会背景

随着改革开放的深入，我国教育事业得到了前所未有的迅猛发展，高校毕业生的人数也逐年攀升，毕业生求职困难增多，就业形势复杂严峻，毕业即失业的状况日趋严峻。党中央、国务院高度重视高校毕业生就业工作，及时做出一系列重要决策部署。各地各高校既要充分认识当前做好高校毕业生就业工作的重要性、紧迫性，切实增强责任感和使命感，又要认清我国经济长期向好的基本面和国家出台一系列政策大力促进就业等有利因素，进一步增强和坚定做好毕业生就业工作的信心。促进高校毕业生就业是就业工作的重中之重。如何看待就业、择业、创业的关系？如何规划自己的专业发展、职业发展？当前的大学生急需正确的引导和帮助。

二、学习目标

（1）通过理解生涯规划的定义和重要作用，了解生涯规划的步骤，使大学生能够对自己生涯规划的情况进行简单评估；

（2）通过职业生涯规划主题班会，使大学生学会运用职业生涯规划理论进行自我认知与职业发展的匹配，提高生涯规划的决策力和执行力。

三、前期准备

（1）通过网络等多种途径收集整理职业生涯规划相关资料；

（2）提前对学生进行分组，做好讨论和发言准备。

四、班会过程

【课程导入】

请大家认真思考以下4个问题：

第一个问题："我是谁？"回答的要点是：面对自己，真实地写出每一个想到的答案，写完了再想想有没有遗漏，认为确实没有了，按重要性进行排序。

第二个问题:"我想干什么?"可将思绪回溯到孩童时代,从人生初次萌生"想干什么"的念头开始,直到随着年龄的增长,自己真心向往过想干的事,并一一记录下来。写完后再想想有无遗漏,确实没有了,就进行认真的排序。

第三个问题:"我能干什么?"把确实能够证明的能力的事情和自认为还可以开发出来的潜能一一列出来。认为没有遗漏了,就进行认真的排序。

第四个问题:"环境支持或允许我干什么?"回答则要稍作分析:环境,有本单位、本市、本省、本国和其他国家,自小到大,只要认为自己有可能借助的环境,都应在考虑范围之内。在这些环境中,认真想想自己可能获得什么支持和允许,搞明白后一一写下来,再按重要性排列一下。(最后一个问题,请大家听完课后再认真完成。)

(一) 生涯规划的含义与原则

1. 生涯规划的含义

生涯规划是指个体在自我认识和环境分析的基础上,对各种可能的发展方向进行评估,并做出生涯决定,而后制定和实施相应的生涯行动方案,并在方案施行的过程中对各个环节进行实时评估和调整,以实现生涯目标。生涯规划的内容应该涵盖个体生活的每一个层面。首先,职业生涯规划要对自身的健康做出规划。身体是革命的本钱,一个人要立足于社会,就必须有一个健康的身体。其次,生涯规划的重点在于对个人的工作和职业进行规划。工作是一个人安身立命的根基所在。在一定程度上说,"职业是人的第二生命"。而且,工作、职业也是实现自身价值和社会价值的基本途径。职业生活与家庭生活、公共生活和休闲生活一样,是个体生活不可或缺的一部分。

2. 生涯规划的原则

生涯规划是对于人的整体生命过程的设计,因此对于人的生存、发展和幸福至关重要。个体在进行生涯规划的过程中,需要遵循生涯规划的特定规律,做到按客观规律来办事。在进行生涯规划的过程中,需要遵循以下四个原则:

一是择己所爱。从事一项你所喜欢的工作,工作本身就能给你一种满足感,你的职业生涯也会从此变得妙趣横生。兴趣是最好的老师,是成功之母。调查表明:兴趣与成功概率有着明显的正相关性。在设计自己的职业生涯时,务必考虑自己的特点,珍惜自己的兴趣,择己所爱,选择自己所喜欢的职业。

二是择己所长。任何职业都要求从业者掌握一定的技能,具备一定的能力。而一个人一生中不可能将所有技能全部掌握。所以,你必须在进行职业选择时择己所长,从而有利于发挥自己的优势。运用比较优势原理充分分析别人与自己,尽量选择冲突较少的优势行业。

三是择世所需。社会的需求不断变化,旧的需求不断消失,新的需求不断产生,新的职业也不断产生。所以,在设计自己的职业生涯时,一定要分析社会需求,择世所需。最重要的是,目光要长远,能够准确预测未来行业或者职业发展方向,以使做出选择。不仅是有社会需求,并且这个需求要长久。

四是择己所利。职业是个人谋生的手段，其目的在于追求个人幸福。所以你在择业时，首先要考虑的是自己的预期收益——个人幸福最大化。明智的选择是在由收入、社会地位、成就感和工作付出等变量组成的函数中找出一个最大值。这就是选择职业生涯中的收益最大化原则。

（二）个性特点与职业选择

1. **气质与职业选择**

气质是人的典型的、稳定的心理特点，一般分为胆汁质、多血质、黏液质和抑郁质4种，每一种气质都与职业选择有一定的关系。

胆汁质的人热情、直率、精力旺盛、勇敢积极，但情绪容易激动，脾气暴躁，具有很高的兴奋性和较弱的抑制力。胆汁质的人适合做开拓性的工作。

多血质的人神经过程平衡而灵活、活跃好动、情绪外露、善于交际、适应性强，但做事缺乏持久性，注意力容易转移，适合从事多变和多样化的工作。

黏液质的人神经过程均衡，但灵活性差，表现为安静稳重、善于忍耐，但反应缓慢、不够灵活。他们能够较好地克制自己的冲动，严格遵守既定的生活秩序和工作制度，固定性有余而灵活性不足。黏液质的人是最佳的合作者，也是最容易得到上司认可的下属。

抑郁质的人细心谨慎、感情细腻、较孤僻、善忧思、疑虑重重、缺乏果断。他们能够与别人很好地相处，胜任别人的委托，能够克服困难，但优柔寡断，面临危险情势时容易紧张、恐惧。抑郁质的人成为艺术家的概率比较大。

2. **性格与职业选择**

从事财务工作的人细致谨慎，从事销售工作的人热情主动，从事技术工作的人富有理性、逻辑性强。不同类型的人在从事相应类型的工作时会更加得心应手，取得好的绩效，因为他具备完成该项工作的性格。性格是一个人稳定的态度和习惯的行为方式。可以说，性格是气质和其他心理特征的外在表现形式。与气质的稳定性不同，性格具有更大的可变性，更容易因为经历和遭遇的不同而改变。同时，虽然气质可以影响性格的形成和发展，但性格也可以在一定程度上掩盖和改造气质。

3. **能力与职业选择**

心理学把人的能力分为一般能力和特殊能力两大类，一般能力是指观察力、记忆力、注意力、思考力、想象力等，也就是我们通常说的智力。而计算机程序设计、音乐、绘画等创造性的工作需要一些特殊的能力。不同的职业对能力的要求是不同的，比如医生需要更为敏锐的观察力，教师要有较好的记忆力，而记者在敏锐的观察力之外，还需要思考问题的能力。对自己的能力做一个客观的评估是很重要的，因为有些职业，如果你不具备所要求达到的能力，你就是再努力勤勉，也收效甚微。如果受过良好的教育和系统的训练，再加上自身的努力，则可能由普通变为优秀。因此，我们这里所说的能力并不是一成不变的。

4. 兴趣与职业选择

兴趣对职业选择的重要性可能是你所始料不及的，因为一开始的时候，决定你的选择的往往是薪水的高低，可是你慢慢会发现，当你从事不喜欢的工作时，可能会倍感厌倦。这个时候，你只是一个简单的赚钱的机器，虽然有高薪，但你并不快乐。很多人忽视了这样一个事实：工作本身也是生活的一部分，工作质量的高低也决定了你的生活质量的高低。工作并不是毫无感情的，它对于你的意义可绝不仅在于供你吃穿，实际上，它是你实现理想的途径，是使你生活得快乐幸福的隐形伴侣。

所以，在面对工作选择的时候，在心里问一下："这份工作能给我带来什么？"做一份自己能胜任同时又喜欢的工作，这才是人生真正的乐事。

（三）职业生涯规划的步骤

职业生涯是指一个人从职业学习开始到职业劳动最后结束的一生职业工作历程，是每个人都要面对的人生课题。个人职业生涯规划，是指个人对自身的主观因素和客观环境进行分析、总结和测定后，确立自己的职业生涯发展目标，然后选择实现这一目标的职业，制订相应的工作、培训和教育计划，并按照一定的时间安排，采取必要的行动实现职业生涯发展目标的过程。要做好职业生涯规划，就必须按照职业生涯设计的流程，认真做好每个环节。职业生涯设计的具体步骤主要有以下几个方面：

1. 自我评估

就是要全面了解自己。一个有效的职业生涯设计必须是在充分且正确认识自身条件与相关环境的基础上进行的。要审视自己、认识自己、了解自己，做好自我评估，包括自己的兴趣、特长、性格、学识、技能、智商、情商、思维方式等，即要弄清我想干什么、我能干什么、我应该干什么、在众多的职业面前我会选择什么等问题。

2. 生涯机会评估

一是环境评价。职业生涯规划还要充分认识与了解相关的环境，评估环境因素对自己职业生涯发展的影响，分析环境条件的特点、发展变化情况，把握环境因素的优势与限制。了解本专业、本行业的地位、形势以及发展趋势。

3. 职业定位

职业定位就是要为职业目标与自己的潜能以及主客观条件谋求最佳匹配。良好的职业定位是以自己的最佳才能、最优性格、最大兴趣、最有利的环境等信息为依据的。职业定位过程中，要考虑性格与职业的匹配、兴趣与职业的匹配、特长与职业的匹配、专业与职业的匹配等。

4. 发展目标设定

确立目标是制定职业生涯规划的关键，通常目标有短期目标、中期目标、长期目标和人生目标。长远目标需要个人经过长期艰苦努力、不懈奋斗才有可能实现。确立长远目标时，要立足现实、慎重选择、全面考虑，使之既有现实性，又有前瞻性。短期目标更具体，对人的影响也更直接，它是长远目标的组成部分。

5. 制订行动方案与计划

就是要制定实现职业生涯目标的行动方案和计划，要有具体的行为措施来保证。没有行动，职业目标只能是一种梦想。要制定周详的行动方案，更要注意去落实这一行动方案。

6. 生涯评估与反馈

对于整个职业生涯规划，要在实施中去检验，看效果如何，及时诊断生涯规划各个环节出现的问题，并找出相应对策，对规划进行调整与完善。

五、价值引领

在人生舞台上，能够演绎精彩的人大多对自己的人生发展方向有着清晰的认识和规划。怎样设定人生目标？如何通过努力达到目标？这就需要对自己的生涯做出规划。合理的生涯规划是迈向成功的第一步。

本次班会课让学生了解生涯规划的概念及相关知识，并拓展到大学生如何进行职业生涯规划。通过该课程的学习，激发大学生学习能动性，帮助大学生深入认知自我、探索职业世界，指导其解决职业发展过程中可能遇到的困惑及问题，构建职业发展与未来自我之间良好的互动与促进关系，提升自我，实现自我价值。

职业生涯规划并不是神秘莫测的，它不同于就业指导，更不同于传统的求职准备、职业发展，而是在更高的层面上，着眼于人们对自己的整体生涯进行布局规划，并以此为出发点，制定目标，努力经营自己的人生。

主题八　树立正确的就业择业观

班会模块	爱国·敬业
适用学期	第四、五、六学期
班会形式	课堂讲授/互动讨论

一、班会背景

大学生是整个社会中充满活力、富于创造性的群体，是国家宝贵的人才资源，是未来一二十年乃至更长时间社会主义事业建设的生力军。大学毕业生的就业问题，不仅是一件关乎千家万户切身利益的大事，更关系到国家经济建设和社会稳定。

近几年来，大学生在就业方面的思想观念发生很大变化，但仍有部分学生就业观念滞后、理想与现实错位、创业意识较差，择业观与现实存在着矛盾。有些人缺乏正确的自我认知，对社会生活的估计失之于简单或片面，存在择业期望值过高的现象。他们把知名企业、大公司、外资企业作为理想的择业目标，不屑于到基层单位、民营企业、私营企业施展才干，强调自身价值而忽视社会需要，一味追求个人利益，重地位，重名誉，轻事业，轻奉献，缺少艰苦奋斗的精神和强烈的责任感，不能及时调整就业期望值，以致后来处于高不成、低不就的尴尬境地。

当前就业压力大，大学生们不仅要学会调节自己，不断提高自己的心理承受能力，还要认清就业形势，珍惜就业机会，树立正确的就业观，顺利实现就业。

二、学习目标

（1）帮助学生树立正确的就业观，把职业当作事业去追求，真正做到干一行、爱一行；

（2）使学生了解就业形势的严峻，帮助他们形成立足个人实际、立足社会需要、立足长远发展的择业就业观。

三、前期准备

（1）通过网络收集和整理近几年的大学生就业数据；

（2）通过网络收集和整理就业典型案例；

（3）通过网络收集与就业有关的文件，如：《人力资源和社会保障部关于做好2021年全国高校毕业生就业创业工作的通知》《关于引导和鼓励高校毕业生到城乡社区就业创业的通知》。

四、班会过程

(一) 当前我国的就业形势

1. 供需不平衡

近年来,高等院校不断扩大招生数量,使得大学毕业生人数不断增加。每年的应届毕业生再加上往年未就业的大学毕业生和再择业的工作者,使得就业的竞争和压力越来越大。然而作为需求方的企业、事业单位等就业岗位存在着严重不足的现象。产业的新生职业远远不能满足大学毕业生就业的需要,而且很多毕业生所学专业与企事业单位所需的人才不对口,不能实现大学毕业生最大限度地就业。

2. 专业、就业领域不平衡

大学生在入学选择专业时,总是倾向于经济、管理、法学、财会等热门专业,使得大学毕业生普遍地存在专业人数分布不平衡现象。热门专业的毕业生找不到工作,而急需专业的用人单位找不到职员。此外,就业区域的分布也存在着不平衡。一般高等院校主要集中在大城市,毕业的大学生往往存在"就近"心理,其择业意愿倾向于这些较发达的城市,这无疑增加了这些城市的就业压力。而西部较偏远的城市,其大学毕业生人数较少,就业压力也比较小。因此,出现了人才分布的不均匀现象,不利于社会的发展。

3. 现实与理想不平衡

当前的大学毕业生中普遍存在的一个现象就是追逐高薪的企事业单位,他们的心理预期远远高于社会现实。公务员热、事业单位热等,都表明大学毕业生在择业时,心理期望值较高,且总是倾向于东部沿海等大城市,而且渴望专业对口。然而在现实中往往很难实现,这样就出现了所谓的"高不成、低不就"现象,使得很多大学毕业生产生了不愿意就业的心理。

(二) 我国大学生就业难的原因

(1) 企业对大学生要求高。大学毕业生就业市场不完善;社会及用人单位对毕业生的要求进一步提高;大学生就业走向"买方市场";大学生就业过程中的结构性矛盾越来越突出;大学生毕业初期失业率上升。

(2) 从国家层面来看,国家经济增长速度放缓,企业对劳动力的需求不大,雇佣需求的增长速度赶不上大学毕业生人数的增长速度。大学生就业难的问题已经逐渐成为一个社会问题。

(3) 从用人单位来看,过分关注文凭;存在性别歧视、生源地域歧视;过分看重社会经验。

(4) 从大学毕业生自身来看,大学生整体素质有下降趋势;大学生的预期收入与用人单位提供的工资不匹配;很多大学生选择在发达地区、高薪部门就业,而到欠发达地区或基层工作的较少;绝大多数人认为创业不如就业。

（三）大学生就业存在的问题

(1) 缺少工作经验是影响就业的最大困难;

(2) 培养模式陈旧,学生的综合能力得不到有效提高;

(3) 对就业形势认识不足,影响选择;

(4) 渴望得到专门的就业指导与服务;

(5) 普遍认为就业形势严峻,合适的工作难找;

(6) 求职费用较高,对经济困难学生造成负担;

(7) 就业市场存在性别歧视和信息不真实等现象。

【政策解读】

政策一:《人力资源和社会保障部关于做好2021年全国高校毕业生就业创业工作的通知》。

政策二:《关于引导和鼓励高校毕业生到城乡社区就业创业的通知》。

（四）树立正确的就业择业观

1. 大学生择业时优先考虑的因素

物质因素:经济收入、工资福利、报酬、待遇、工作环境等;

职业发展因素:个人兴趣、专长的发挥、自我价值的实现、工作发展前景、发展机会、社会地位等。

就业项目:企事业单位、特岗教师、三支一扶、国家基层项目就业、公务员考试、自主创业。

2. 正确的就业择业观

(1) 先就业,再择业。在落实、选择工作单位和岗位时,不求一步到位。在现阶段,面临新的就业形势,广大毕业生要对自己和社会有一个正确的认识,对就业单位、岗位的选择要适度,适当降低就业期望值,迟就业不如早就业。因此,大学毕业生应该先就业、后择业,积累工作经验和社会经验。工作若干年后,由于自己知识的更新、能力的提高,还可以根据自己的实际情况与发展方向,重新选择就业单位和岗位。

(2) 专业对口是相对的,不是绝对的。根据市场经济对人才的需求,要求毕业生必须摈弃旧的、传统的择业观念,自觉顺应市场的发展要求,灵活机动地调整自己的就业目标。一旦出现不能专业对口、不能用己所长、需要改行的情况,要调整自我,发现不足,及时补救。市场需要什么,我就学什么,从而把自己培养成为一专多能、能上能下的新一代劳动者。

(3) 树立竞争观念。大学生求职择业是素质与能力的竞争过程,竞争促进了优胜劣汰和取长补短。大学生要抛弃眼高手低、好高骛远的不实心态,消除听天由命、不思进取的传统思想，树立强烈的市场竞争意识，掌握合理的竞争原则，拥有正确的人生观，培养良好的心理素质。

（4）全面提高个人素质，提高就业竞争力。作为当代的大学生，我们必须学会自强自立，努力增强综合素质，树立科学就业观。必须有把自己的事业与国家、社会的发展及人类的文明融为一体的品格。崇尚真善美，坚持真理，有强烈的事业心和社会责任感，并具有良好的职业道德，树立正确的世界观、人生观、价值观。大学生应该知识广博，具备合理的知识结构，有一定的科学文化素养，具有创新精神，以及灵活的思维方式，做到因人、因时、因事而异。有良好的心理素质，面临激烈的社会竞争时，能视变化为机遇，视困难为坦途，有顽强的自制力、坚定的信念，且对生活充满期望，充满热情。

（5）树立到基层就业的观念。基层一线、中小城市、劳动密集型产业、中小企业和民营企业需要大量人才，是大学生择业的广阔天地。选择从基层岗位做起，并不意味着止步基层，而是踏踏实实为自己的职业道路打好基础。

【课堂讨论】

案例一：某高校艺术系女大学生主动应聘到农村去养猪

陈娟从大学毕业后，学艺术设计的她没有步入自己心目中的艺术殿堂。在网上招聘中，她选择了农村的生态养猪基地。董事长傅珍检说："见面一看是位小美女，还是个刚毕业的大学生，当时我就呆了。反复告诉她3次，我们这是招聘养猪的；她也连续坚定地回答3次，就是来应聘养猪的。""其实，当时来应聘，也是抱着一种'过渡'的心理。"心直口快的陈娟告诉记者。当时，快毕业的陈娟到处找工作投简历，可没有一家单位接收她。后来在网上看到望城八曲河养猪基地招人，就报了名。当学生时，陈娟特爱上网，但自从到养猪基地上班后，几乎与网络绝缘了，因为养猪基地没有网线、没有电脑。后来，惜才的傅珍检将网线拉到了养猪基地，并买回一台5 000元的新电脑给陈娟专用。"只要是用来学习知识，我愿意投这个资。"傅珍检说。有了电脑，开通了网络，陈娟忙开了。她和其他技术人员一起，将每头猪编号、拍照，建立了电子档案，哪头猪生病，哪头猪脾气不好，哪头猪在什么时间可以出栏等，只要把电子档案一点击，便一目了然，以至于周边的养猪户纷纷跑来看新鲜。陈娟甚至开通了自己的养猪博客，每天都要发表她的养猪心得，并且拥有了一群支持她的粉丝。有网友称赞她："人美，行为美；猪靓，养猪公主更靓。"一位名叫"教授"的网友在陈娟的博客上留言说："你作为一名女大学生，毕业去打养猪的工，实在是难能可贵。如果众多的大学生毕业后，像你一样转变择业观念，到乡里去，到农村去，一定会拥有自己的一个小舞台。"（来源：百度，有修改。）

问题一：怎样看待这位同学的择业行为？

问题二：面对我国当前的就业形势，大学生应当树立什么样的就业观？

学生分组讨论、交流和发言。

五、价值引领

高等教育不仅可以让人获得知识,还能让人获得对社会的适应性。受教育而就不了业,就算不上人才;如果是人才,不就业更是浪费。作为大学生,所想的应该是如何适应社会和企业的需求。只有在这个前提下,才可能实现自己的价值。今天不能抱着昨天的就业观念去面对明天的就业局面。应当树立起"哪里有用武之地,就到哪里去;哪里需要,就到哪里去"的择业观念。大学生们要认清日趋严峻的就业形势,树立与经济和社会发展相适应的崭新的就业观,从思想观念上真正实现转变。调整就业心态,转变就业观念,正确认识自己,从自身的实际情况出发,把眼界打开一点,把眼光放长一些,牢固树立"先就业,后择业,再创业"的意识。

正如习近平总书记勉励大学生指出:"当代大学生要志存高远,脚踏实地,转变择业观念,坚持从实际出发,勇于到基层一线和艰苦地方去,把人生的路一步步走稳走实,善于在平凡岗位上创造不平凡的业绩。"广大高校毕业生要改变择业观、就业观,明确自己的定位,到基层去,到祖国最需要的地方去,建功立业,实现自己的人生理想。

主题九　应聘宝典

班会模块	爱国·敬业
适用学期	第五、六学期
班会形式	课堂讲授/现场模拟

一、班会背景

近年来，随着我国人才强国战略和义务教育的普及，社会对教育的关注度和重视度普遍提高，大学教育也逐渐由精英教育转化为一种大众化的普及教育。全民素质有了普遍提升的同时，也给社会带来不小的就业压力。高校毕业生数量的逐年增长导致就业压力增大，大学毕业生之间的竞争也更加激烈。而现在的企业在招聘大学生时，并不只看中大学生的书本知识，而更看重其综合能力和综合素质，这就需要注重对学生的综合能力培养，以及提高大学生的自学能力、适应能力、反应能力和应变能力等。为了使学生们顺利通过应聘的门槛，找到一个理想的职业，在做好专业知识准备的同时，还应做好应聘相关知识的储备和积累。应聘是求职者和招聘者之间双向交流和相互选择的过程。因此，通过对应聘知识的学习与技巧的掌握，使学生做到能够与招聘者进行有效沟通，更加充分、全面地展示自我，实现人职匹配。

二、学习目标

（1）通过应聘知识的学习，正确认识求职过程中遇到的问题，明确求职目标，提高求职效率，增加求职成功率；

（2）帮助学生掌握简历制作、面试礼仪、面试技巧，识别招聘陷阱，学习劳动法律知识，树立良好求职心态。

三、前期准备

（1）通过网络等途径收集整理"应聘"相关资料；

（2）收集整理课堂讨论案例。

四、班会过程

【问题导入】

问题一：什么是应聘？

问题二：假如你是公司内部负责招聘或者网络海投招聘的人员，你会喜欢什么样的简历？

问题三：面试流程有哪些？面试环节中，面试官的关注点是什么？

学生分组讨论，进行分享和交流。

(一) 求职材料

求职材料包括：求职信、个人简历、推荐信、成绩单、各类证书。其中，求职信和个人简历是最主要的求职材料。

1. 求职信

求职信是呈递给求职单位的，它属于书信的范畴，所以其基本格式应当符合书信的一般要求。内容包括正文、结尾、署名、日期、附件。

2. 个人简历

【案例导入】

案例一：某同学诉苦，她从上学期开始策划简历，甚至花200元上相关培训班，最后花费2 000多元用多幅艺术照、各种大小奖项以及几大页热情的求职信装点了简历，没想到，最后竟然被用人单位以"没有重点，缺乏创意"为由拒之门外。（来源：百度百科）

案例二：据美国劳动部对雇主的调查统计，雇主们在每份简历上所花的平均时间为15秒，每245份简历中有1份获得面试机会，有的大公司每年会收到超过10万份简历。雇主们在报纸上登出一个招聘职位，通常会收到200份左右的简历，有85%~95%最终的结局都是被扔进垃圾桶。（来源：百度百科）

问题：简历，到底是越简越好，还是越繁复、越花哨越好？

启示：简历就是个人的一张名片、一份广告，好的简历会使人在众多应聘者中脱颖而出，好的简历能证明求职者是这份工作的最佳人选。

个人求职简历是求职者给招聘单位发的一份简要介绍，它向未来的雇主表明求职者拥有能够满足特定工作要求的技能、态度、资质。求职简历属于常用应用文的一种，包含个人的基本信息、教育背景、实践经历、获奖情况、能力特长、主修课程、自我评价、求职意向。

个人求职简历撰写原则：整洁、简明、诚实、通俗、准确、定制。

(二) 求职礼仪

求职礼仪是最好的介绍信。求职礼仪是求职者在求职过程中与招聘单位接待者接触时应具有的礼貌行为和仪表形态规范。它主要通过语言、仪表、着装打扮、诚实守信等方面体现求职者的文化水平、道德水准和个性特征，是求职者最重要的基本素质之一。

1. 着装礼仪

男士：夏季，建议男性穿白色短袖衬衫，搭配蓝、黑西裤，配上黑色皮鞋；春、秋、冬季，推荐男生选择蓝、灰、黑西装，配上单色领带和黑色皮鞋。着装打扮应端庄大方，可以稍加修饰。

女士：穿着的基本要求就是干净、整洁、熨烫平整，色彩柔和而不过于艳丽，更不能珠光宝气。饰品可以佩戴，以少量、精致、淡雅为宜。适合自己的才是最好的，不能为了装扮而装扮，一定要合身。

2. 仪容礼仪

修饰仪容的原则是美观整洁、卫生、得体。男士保持面容清爽，头发清爽干净，胡子剃干净。女士带点淡妆面试，保持头发干净清爽。

3. 仪态礼仪

坐姿端正，神态自然，不能过分谦恭，也不能弯腰弓背，更不能做些不文雅的动作，比如随地吐痰、乱丢垃圾、公共场所大声喧哗、公共场所吸烟等。另外，不要满身烟味去面试，那样形象就会大打折扣。克服平日里的小动作。

4. 谈吐礼仪

谈吐中最重要的就是克服紧张情绪，如果在面试时过于紧张，即使功课做得再充足，能力再突出，也会影响发挥。保持平常积极的心态尤其重要。

【互动讨论】

问题：怎样在面试时让自己有一个平常的心态？

学生分组讨论，进行分享和交流。

（三）面试类型与应聘技巧

1. 电话面试

电话面试是指多数用人单位在从众多求职简历筛选出合适的申请人之后，在正式的面试之前，采用打电话的方式进行首轮面试，从而了解应聘者的实际情况。

流程：铃声响起→拿起听筒→报出名字并问候→确认对方名字→询问来电事项→汇总确认来电事项→礼貌地结束电话

2. 小组面试

俗称"群面"，更科学的说法是"无领导小组讨论"。许多公司为考查应聘者的沟通能力、分析能力、应变能力、团队合作能力、人际影响及自信心，将许多应聘者组织在一起，就某个选题进行自由讨论，借以观察应聘者的综合素质及技能，从而决定是否聘用。

技巧：①临场表现与岗位特征相吻合；②做到有效发言，即支持或反对别人的意见时，一定要做到有理有据；③注重对问题的准备。

3. AC 面试

主要是通过小组讨论、公文筐、角色扮演等情景模拟方法，再加上一些传统的测试方法，对应聘者的知识、能力、个性、动机进行测评，从而在静动态环境中为招聘方提供多方面、有价值的关于应聘者的评价资料和信息。

4. 行为面试

从基于行为的连贯性原理发展起来的。其假设前提是一个人过去的行为能预示他未来的行为。通常考查四种能力和素质：领导能力、创新能力、团队合作能力、解决问题能力。

技巧：第一步，明确任务是什么类型的，怎样产生的，当时情况是怎样的；第二步，针对这样的情况进行分析，决定行动方式；第三步，告诉面试官结果怎样，在这样的情况下你学到了什么。

5. 压力面试

故意制造紧张气氛、语言陷阱、情景陷阱；

技巧：绕开陷阱（保持镇定→耐心解释→提出反问）；奋战到底。

6. 结构化面试

即标准化面试，是相对于传统的经验型面试而言的，是根据所制定的评价指标，运用特定的问题、评价方法和评价标准，严格遵循特定程序，通过测评人员与应聘者面对面的言语交流，对应聘者进行评价的标准化过程。

技巧：保持谦逊有礼的态度；做到正确有效地倾听；冷静客观地回答；合理控制时间。

（四）求职陷阱

1. 虚假广告陷阱

小张看到一条"诚聘有事业心人士担任市场经理"的招聘广告，考虑再三，准备充分后前往应聘。工作后才知道，自己的工作是推销公司的产品，"市场经理"只是一个好听的头衔而已。

2. 色情陷阱

在某高校的广告栏上，某单位贴出广告："星级饭店招聘男女公关经理，无须工作经验，无学历要求：底薪3 000元，月薪可达数万元，具体情况根据个人所得的小费而定，女身高165cm以上，男身高175cm以上，长相好。"单看广告，就能发现其中隐含的陷阱信息。

3. 传销陷阱

"只要你加入我们的团队，3个月后，你的月薪就能达到3 000元，并且随着业绩的增加，工资将逐月增加。"这种以高薪诱惑求职者加入传销行列的招聘，是近年来常见的招聘陷阱。一些大学生在被骗至外地，花了冤枉钱后，才明白是被骗来搞传销的，有苦说不出。

4. 协议陷阱

小赵是应届毕业生，12月与一家用人单位签订了《高校毕业生就业协议书》。签协议书前双方商定：如果小赵违约，将向用人单位缴纳3 000元违约金。却没有约定，如果用人单位违约的处理办法。双方签约后，小赵就一直没有找其他工作。直到次年5月，小赵得到签约单位通知，说由于该单位经营策略上的变化，原本计划招收的20名应届毕业生现缩减为6名。该单位打算解除与小赵的就业协议。

5. 试用期陷阱

应届毕业生小王到大连市开发区一公司应聘，与该公司签订一年的劳动合同，试用期6

个月，工资400元。试用期到期前10天，该公司表示还要对其进行考查，如果小王同意，公司再与小王续签3个月的试用期。小王为了今后留在公司工作，便同意再签3个月的试用期。合同再次到期前，该公司通知小王在试用期未达到录用条件，不再录用。

6. 智力陷阱

白某是北京某重点大学的一名计算机专业应届本科毕业生，编程能力很强。在学校举办的一次大型双选会上，以优异的专业成绩和实习单位较高的评价，被一家小有名气的内资IT企业相中，并很快签订用人合同，双方商定试用期为3个月，试用期间月薪为1 500元。当其他同学还在为找工作东奔西走的时候，满心欢喜的她已经开始上班了。可是天有不测风云，刚结束春节休假上班的白某一到公司，便接到人事部门一纸解约通知，称"通过试用，发现她不适合在本公司工作，决定解除双方的试用合同……"公司的决定，让她感到非常突然，"就在春节前，她通宵达旦、加班加点设计出来的一个财会软件还受到部门经理的夸奖，怎么突然就变卦了呢？"她感到十分不解。后来，一位共过事的公司员工向她道明了事情的真相："公司根本没想要你这个人，只是需要你设计的软件，公司只是想无偿占有你开发的软件而已。"她这才幡然醒悟，原来自己天真地掉进了用人单位设下的智力陷阱中。

7. 押金陷阱

张某是某大学经济学院的毕业生，一心想进金融机构。一天，在报上看到一家知名保险公司的招聘启事：招收储备干部数名，公司提供完善的培训机会。他便兴冲冲地前去面试。面试很容易就通过了，对方提出，先交145元培训费，马上开始培训。接下来是一个星期的培训，培训师泛泛谈了些书上的理论，都是现成的句子。培训过后，感觉并没有学到什么真实本领。培训结束后，公司便开始与他签约。对方又要求，签约前每人先交1 000元的押金。当时，他想了半天，没有签约。但身边有同学签约了，他们都交了这笔钱。后来他得知，这家保险公司录用的所谓"储备干部"，其实是保险代理人，并非公司的正式员工。

（五）大学生就业权益保护

1. 大学生就业的基本权利

自主择业权：《中华人民共和国劳动法》（简称《劳动法》）第三条规定：劳动者享有选择职业的权利。

平等就业权：《劳动法》规定："劳动者享有平等就业和选择职业的权利。"毕业生在参加就业求职过程中，同样享有平等就业权。

信息知情权：在双向选择的过程中，毕业生有权向用人单位了解具体的使用意图、工作环境、薪酬待遇、发展前景等情况，从而做出符合自身条件的选择。

公平录用权：用人单位使用毕业生的过程中，必须公平、公正、一视同仁。

违约求偿权：毕业生就业协议一经签订，毕业生、用人单位、学校三方都应严格履行。任何一方提出变更或解除协议，均须得到另外两方的同意，并应承担违约责任。

2.《全国普通高等学校毕业生就业协议书》

"就业协议书",俗称"三方协议",是由教育部高校学生司统一制定的,各省市(自治区)教育主管部门印制的,为维护国家就业计划的严肃性,明确毕业生、用人单位、学校三方在毕业生就业工作中的权利和义务,由毕业生、用人单位、学校三方签订的协议。

3.《劳动合同》

《劳动合同》是劳动者与用人单位确立劳动关系、明确双方权利和义务的协议。

《就业协议》与《劳动合同》的区别:签订时间不同、主体不同、内容不同、目的不同、适用的法律不同;

违约责任:

用人单位违约:追究违约责任;申诉;仲裁;向法院起诉。

毕业生个人违约:①必须承担违约责任并履行违约手续;要征得原用人单位同意,并出示原单位向学校开具的退函,将因此造成的对学校的不良影响减少到最小;②违约调整要符合国家就业政策导向;③学校审核同意毕业生个人违约后,毕业生提供新单位的接收函,重新办理相关手续。

【课后练习】

1. 学会撰写求职信和制作求职简历。
2. 从现在开始,做好应聘各项准备。

五、价值引领

应聘就好比是一场考试,在测试每个人的能力,也在测试每个人的心理素质和临场发挥。面试是应聘的重要环节,是一种经过组织者精心设计、在特定场景下以考官对应聘者面对面交谈与观察为主要手段的测试。因此,要成功面试,首先就要充满信心,保持良好的状态、快乐的心情会大有好处。其次,要抓住招聘者的心理。招聘者可能会先评价一个求职者的衣着、外表、仪态及行为举止,也可能会对求职者的专业知识、口才、谈话技巧做整体性的考核。面试贯穿于求职的全过程。对求职者求职技巧的训练和指导是帮助其实现就业的重要手段。求职者应当不断学习和提高自己的求职技巧。当然,任何策略都是在真正具备实力的基础上才能发挥作用。所以,求职者特别是高校学生应该把主要精力放在职业素质的培养上。在此基础上,辅助以适当的求职技巧,一定能够顺利实现就业。

主题十　创业也是一种选择

班会模块	爱国·敬业
适用学期	毕业季
班会形式	课堂讲授/分组讨论/人物故事分析

一、班会背景

就业是民生之本，对整个社会生产和发展具有重要意义。目前，呈现在所有大学毕业生面前的共同难题就是就业难的问题。随着我国各项改革的不断深入，社会对大学生各方面素质的要求不断提高。大学毕业生数量逐年增加也加大了就业竞争，"毕业即失业"成为大学生们的心病。因此，培养创新创业意识就显得尤为重要。面临严峻就业压力的毕业生要意识到将科技创新运用到创业中的重要性。青年学生富有想象力和创造力，是创新创业的有生力量。加强创新创业教育，是推进高等教育综合改革、提高人才培养质量的重要举措。高校不断加强创新创业教育，对提高高等教育质量、促进学生全面发展、推动毕业生创业就业、服务经济社会发展发挥了重要作用。新形势下，高校必须着眼长远、聚焦聚力，下大力气解决存在的问题，进一步加强创新创业教育。

二、学习目标

（1）进一步激发学生创新创业意识；

（2）写好一份商业计划书；

（3）引导学生树立正确的创业观、择业观；

三、前期准备

（1）搜集当前大学毕业生就业的社会背景资料，如毕业生人数从1998年的82.98万人增加到2019年的834万人，在这短短的21年里增加了10倍，且还在保持增长的趋势。现在，高等教育的录取率已经达到了75%，比1998年增加了一倍多，比刚恢复高考的时候增加了15倍；

（2）让学生通过网络了解当前大学生就业现状并分析原因，进行课堂交流；

（3）提前完成学生分组，4至6人一组。

四、班会过程

(一) 当前大学生的就业状况

目前,我国正处于经济转型的机遇期和挑战期,为保持就业形势的稳定和社会的和谐发展,坚持就业优先战略有着更加现实的意义。当前,大学生就业形势十分严峻,用工市场已经出现了"僧多粥少"的局面,大量毕业生"飘浮"于社会。随着精英教育向大众教育的发展,国家已迎来了高校扩招后大学生的就业高峰期,莘莘学子都有幸接受高等教育,于是乎,越来越多的毕业生涌入就业市场。他们不再是新时代的宠儿,而是弱肉强食的竞争者。面对如此严峻的就业形势,学生自主创业将成为重要的就业形式,更多的大学生选择自主创业解决就业问题。

(二) 创业相关知识

【案例导入】

陈某中职毕业后,经过十年的努力拼搏,积累了一定的资金,在北京市大兴区开办了自己的公司。为了降低成本,他雇佣了当地农民。尽管公司规模不大,也没有什么大的收入,但当老板的感觉让陈某很陶醉。几个月后,一名"多事"的农民辞职后就把公司告了,并要求公司为他补缴社会保险。根据北京市的相关规定,公司要给这个农民补缴近万元的社会保险费。事实很清楚,陈某败诉了。得知这个情况后,与官司中情形相似的员工纷纷提出诉讼,要求公司缴社会保险。这样一来,补缴金额将超过 10 万元。这样的情况让陈某几乎无法收拾,因为如果缴纳有关费用,公司的资金周转将面临严重的困难。

【小组讨论】陈某为什么会败诉?

【小组代表发言】就陈某败诉原因做出分析。

【教师总结】教师结合学生发言,总结陈某败诉的原因。

1. 缺乏相关的创业知识。

2. 贪图利益,钻法律的漏洞。

【案例目的】通过创业失败案例,让学生认识到,在创业之前必须了解创业相关知识。

1. 创业的内涵

创业,狭义上是指具有创业能力的人创设新的职业、创立新的企业;广义上包括以工资形式就业后,在已有的工作岗位上努力工作,不断创新,把原有的事业开拓壮大。

所谓创业,就是创业者按照国家的有关法规和政策规定,并结合自身的条件,通过发现商业机会成立组织,利用各种资源提供产品和服务,创业者对自己拥有的资源或通过努力对能够拥有的资源进行优化整合,从而创造出更大经济或社会价值的过程。

2. 创业的基础知识

合法开业知识、营销知识、货物知识、资金及财务知识、服务行业知识、经济法常识、劳动用工及社会保障知识、公关及交际知识等。

3. 创业相关法律法规

创业企业运营和管理的相关法律法规、创办企业及特定行业管理的相关条例和许可证制度等。

（三）创业需具备的心理准备

1. 创业者需要具备的几个品质

诚信：创业的根本；

自信：创业的动力；

勇气：创业的基石；

魄力：创业的胆识；

爱心：创业的催化剂；

领袖精神：创业的途径；

社交或合作能力：创业的捷径；

创新精神：创业的激素；

敏锐眼光：创业的关键。

2. 创业者需要具备的四个"商"

德商（MQ）：体贴、尊重、容忍、宽恕、诚实、负责、平和、忠心、礼貌等。

智商（IQ）：对知识的掌握程度、观察力、记忆力、想象力、创造力等。

情商（EQ）：情绪控制和社会交际能力。

财商（FQ）：理财能力，特别是投资收益能力。

（四）创业融资知识

1. 融资的含义

"融资"是指为完成资金筹集而采取的货币交易手段。

直接融资，亦称"直接金融"，是指在没有金融中介机构介入的情况下，以股票、债券为主要金融工具进行资金融通的方式。

间接融资，亦称"间接金融"，是指拥有闲置货币资金的单位通过存款的形式进行的融资。

2. 融资的步骤

（1）准备融资商业计划书。

有了融资计划书，就需要有一种渠道和方式来向潜在的投资人介绍与展示自己的团队及产品，让潜在的投资人了解到团队与产品。融资商业计划书就是实现这一目的的方式，它往往是投资人了解团队与产品的第一个渠道或第一份材料，在很大程度上定格了投资人对团队与产品的第一印象，甚至决定了投资人是否继续对团队与产品进行进一步的接触与了解。

(2) 寻找投资人并洽谈。

初创企业或创业团队在准备好融资商业计划书后,通过毛遂自荐或熟人介绍等方式将融资商业计划书递送到投资人手中,希望能得到投资人的垂青。有的初创企业或创始团队也会参加某些知名的早期投资机构举办的"创业大赛"或"融资路演"活动,借此展示与推介自己的产品与团队。

(3) 与投资人定下投资意见,并签署投资条款清单(Term Sheet)。

初创企业、创业团队通过各种渠道接触不同的投资人,并最终找到对自己产品与团队感兴趣的投资人,然后与其进一步沟通、介绍自己的产品与团队。经过进一步的了解与沟通,对初创企业的产品(或服务)及其模式、方向与前景进行分析后,投资人会确定其投资意向,并就此与初创公司及团队商讨,确定投资条款清单。一旦签署投资条款清单,初创企业及团队会受到一个排他期的约束,在排他期结束前,不得与其他投资人就融资事宜进行接触、协商,也不得接受其他投资人的投资请求。

(4) 投资人对企业及团队进行商业、财务、技术及法律等方面的尽职调查

投资人与初创企业及团队签署投资条款清单后,会组织相关专业机构从商业、财务、技术及法律等方面对初创企业及团队进行全面与详尽的尽职调查,并将调查的情况报告给投资人的"投资决策委员会",由投资决策委员会根据调查情况决定是否继续推进该项目的投资。

(5) 对公司结构及业务进行重组与搭建(如需要)。

如有需要,对公司结构及业务进行再次重组与搭建,以保证新组建的公司保持活力与发展动力。

(6) 谈判并签署投资交易文件。

商业、财务、技术及法律等方面的调查结果令投资人满意后,投资人会与初创企业及创业团队签署正式的投资交易文件。在实践中,为节省时间,投资交易文件的起草与协商的工作往往与尽职调查的工作同步进行,投资文件起草与协商的工作往往需要初创企业与投资人双方的律师来主导并推进完成。

(7) 投资交割(即交易成交)。

在签署正式的投资交易文件后,初创企业及团队完成与满足投资人在投资文件中规定的交割的先决条件。待交割条件全部满足(或被投资人豁免)后,进行投资交易的交割,即投资人向初创企业汇入投资款,初创企业给投资人发股。

五、价值引领

创业是"大势所趋",是实现高质量发展的战略举措,创新创业教育是一项校内外多部门协同、跨专业合作、社会多元主体参与的系统工程。在贯彻落实创新驱动发展战略、建设科教强国过程中,把大学生创新创业作为推进高等教育综合改革的突破口和重要抓手,坚持

以创新驱动为导向,坚持以成果转化为引领,坚持以平台建设为根基,坚持以竞赛活动为载体,努力实现大学生创新创业与学业、专业、就业相结合,为大学生打上最鲜亮的时代底色。专业教育是人才培养的基本途径,创新创业教育是人才培养的延伸途径,也是专业教育的重要补充。只有推动创新创业教育与专业教育更加紧密结合,让学生在创新创业中巩固专业知识,在专业教育中提高创新创业能力,才能为经济社会发展培养大批能创新、会创业的高素质人才。

大学生更要充分地利用当前政策营造的宽松和广阔的就业环境,认清形势,转变就业观念,以市场需求为核心,以进取的态度,从现实和自身的条件出发,做好参与就业竞争和科学创业的各种准备,当就业机会来临或创业条件成熟时,果断出击,在激烈的竞争中开拓自己事业的新局面。

第六部分

诚信·友善

  诚信即诚实守信，是人类社会千百年传承下来的道德传统，也是社会主义道德建设的重点内容。它强调诚实劳动、信守承诺、诚恳待人。友善强调公民之间应互相尊重、互相关心、互相帮助、和睦友好，努力形成社会主义的新型人际关系。友善是公民优秀的个人品质，是构建和谐人际关系和社会关系的道德纽带，更是维护健康良好社会秩序的伦理基础。

  本部分通过社会上出现的不诚信行为，以案说法，在学生中大力开展诚信、友善教育，让学生充分认识到友善待人、诚实守信的重要性。习近平总书记指出："人与人交往在于言而有信，国与国相处讲究诚信为本。"让广大同学充分做到善待他人、诚实做人、信守承诺。做到心正、言正、行正，做到言必信、行必果。

主题一　人无信不立

班会模块	诚信·友善
适用学期	第二、四学期
班会形式	课堂讲授/互动辩论

一、班会背景

古往今来，一个社会的诚信程度是衡量国民人文素质以及社会生活水准的重要标准，更是衡量其政治制度和政治秩序的重要标准。我们今天之所以强调诚信问题，是因为在一定程度上存在着诚信危机，它已经影响到社会生活的方方面面，引起了社会的广泛关注。现在人们普遍关注的问题是：一个诚信的社会生活环境究竟是如何遭到破坏的？一个普遍诚信的社会生活环境究竟是如何形成的？这确实是非常值得我们研究和思考的问题。

二、学习目标

(1) 使学生明确"诚信"的含义，理解"诚信"对于个人成长和发展的重要意义；

(2) 使学生崇尚"诚信"，远离虚伪和欺诈，把诚信当作为人处事的基本原则；

(3) 使学生树立积极向上、诚实守信的价值观，懂得"人无信不立"的道理。

三、前期准备

(1) 搜集社会上有关企业"不诚信"的典型案例和严重的后果；

(2) 搜集社会上有关做人做事"不诚信"的实际案例及后果。

四、班会过程

【思考导入】

让学生思考：如果人不讲诚信，会对社会造成什么危害？

（一）诚信的定义

"诚"即诚实、诚恳，主要指主体真诚的内在道德品质；

"信"即信用、信任，主要指主体"内诚"的外化。

"诚"更多地指"内诚于心"，"信"则侧重于"外信于人"。"诚"与"信"一组合，就形成了一个内外兼备、具有丰富内涵的词汇，其基本含义是诚实无欺、讲求信用。千百年来，诚信被中华民族视为个人的行为规范和道德修养，形成了具有丰富内涵的诚信观。因此，人无信则难以立足于社会。

（二）诚信的历史典故

1. **徙木为信**

商鞅变法之初，恐民不信，便把一根三丈之木立于国都之南门，然后宣布：能将此木徙置北门者，赐 10 金。搬动一根木头，何须如此重赏！人们自然不信，于是他又下令：将赏金加至 50 金。有人将信将疑地把木头搬到北门。商鞅即赏 50 金，以示不欺。

2. **一诺千金**

古时候，有个叫季布的人，说话很算数，非常讲信用，只要答应了别人的事，不管怎样都一定办到。人们都说，得到一千两黄金不如得到季布的一个承诺。现在用"一诺千金"比喻一个人说话算数，非常讲信用。相反，美国总统尼克松因在"水门事件"中撒谎败露而被迫引咎辞职；克林顿也因为在不光彩的绯闻案中撒谎而险遭弹劾。一人因诚实而受到爱戴和尊敬，两人因撒谎而在历史上留下污点。

3. **曾子杀猪**

曾子是孔子的学生。有一次，曾子的妻子准备去赶集，由于孩子哭闹不已，曾子妻许诺孩子回来后杀猪给他吃。曾子妻从集市上回来后，曾子便捉猪来杀。妻子阻止说："我不过是跟孩子说着玩的。"曾子说："和孩子是不可以说着玩的。小孩子不懂事，凡事跟着父母学，听父母的教导。现在你哄骗他，就是教孩子骗人啊！"于是曾子把猪杀了。曾子深深懂得，诚实守信、说话算话是做人的基本准则，若食言而不杀猪，虽然家中的猪保住了，却在一个孩子纯洁的心灵上留下不可磨灭的阴影。

4. **一棵樱桃树**

华盛顿用小斧头砍断了他父亲的一棵樱桃树。父亲见心爱的树被砍，非常气愤，扬言要给那个砍树的人一顿教训。而华盛顿在盛怒的父亲面前毫不避讳地承认了自己的错误。父亲被感动了，称华盛顿的诚实比所有樱桃树都要宝贵得多。

5. **狼来了**

从前，在一个小村庄里，住着一个放羊娃。放羊娃总是喜欢说谎。他放牧的时候，经常大声向村里人喊："快来人啊，有狼来吃我的羊了！救命啊！"开始的时候，村里人听到放羊娃的叫声，就会马上跑过来救他，关心地问他："怎么啦？狼在哪里呀？"这个时候，放羊娃哈哈大笑："你们太笨了，根本就没有狼，我是骗你们的。"大家一听非常生气，可是村民们都很善良，每次听见放羊娃的叫声，都会赶过来看看。每次放羊娃都是在骗人，大家只好又走回去。

后来有一天，放羊娃赶着他的羊群又去外面放牧，他走啊走，走到了很远很远的地方。这时候，狼真的来了，一下子窜入羊群，凶猛地咬着这些小羊。牧羊娃很害怕，他向着村里拼命地跑，边跑边大声叫："快来人啊，狼来啦！它在吃我的小羊！救命啊！"村里人听见了都说："看啊，说谎的放羊娃又在骗我们啦！"结果，没有人理他。最后，放羊娃的羊群都被狼吃掉了。从此以后，放羊娃再也不敢撒谎了。

这个故事说明，那些常常说谎话的人，即使再说真话，也无人相信。

6. 烽火戏诸侯

在商鞅"立木为信"的地方，在早它400年以前，却曾发生过一场令人啼笑皆非的"烽火戏诸侯"的闹剧。周幽王有个宠妃叫褒姒，为博取她的一笑，周幽王下令在都城附近20多座烽火台上点起烽火——烽火是边关报警的信号，只有在外敌入侵、需召诸侯来救援的时候才能点燃。结果诸侯们见到烽火，率领兵将匆匆赶到，弄明白这是君王为博妃子一笑的花招后，只得愤然离去。褒姒看到平日威仪赫赫的诸侯们手足无措的样子，终于开心一笑。五年后，酉夷太戎大举攻周，幽王烽火再燃而诸侯未到——谁也不愿再上当了。结果幽王被逼自刎，而褒姒也被俘虏。

（三）诚信教育的重要意义

（1）诚信是中华民族的传统美德，是公民道德的基本规范，是人们在日常生活和交往中待人接物的重要行为规范，也是人享誉于群体、立足于社会的基本道德准则。诚信是现代文明的重要标志，是为人之道、做人之本，也是当代大学生塑造健康人格、实现人生价值的道德基石。

（2）诚信是就业的"敲门砖"，是大学生顺利就业的前提条件。

（3）随着高校的扩招和就业市场的日渐饱和，大学生就业形势日益严峻。今年的金融危机使大学生就业雪上加霜。大学生要想找到合适的工作，不仅要转变观念，响应国家的号召，走出大城市，到基层去，到祖国最需要的地方去，而且最根本的是要有诚信这块"敲门砖"，否则你就会被社会抛弃，也就谈不上找到工作了。现代社会需要诚信的人，因为随着经济的发展，市场经济日益规范化，诚信已不仅是一个基本道德问题，而且日益成为一种重要的社会资源。它是资本，是财富，是竞争力。一个没有诚信的人，就失去了找工作的资本，失去了竞争力，很难在社会上立足，也就很难找到工作。

（四）诚信的准则

1. 戒欺

戒欺，即不自欺，亦不欺人。《礼记·大学》说："所谓诚其意者，毋自欺也。"意谓真诚实意就是不自欺。宋代哲学家陆九渊也说："慎独即不自欺。"即使在闲居独处时，自己的行为也要谨慎、不苟且，这就是不自欺。中国现代学者蔡元培先生说过："诚字之意，就是不欺人，亦不可为人所欺。"可见，戒欺是诚信的重要准则之一。

2. 过而能改

《左传·宣公二年》中有一句话："人谁无过？过而能改，善莫大焉。"孔子曰："过而不改，是谓过矣。"韩愈曰："告我以吾过者，吾之师也。"陆九渊曰："闻过则喜，知过不讳，改过不惮。"申居郧曰："小人全是饰非，君子惟能改过。"中国古代圣贤认为，如何对待过错是君子与小人的重要区别之一。

3. 信守承诺

《左传·僖公十四年》中有一句话:"弃信背邻,患孰恤之?无信患作,失援必毙。"意思是说,若自己丧失信用,背弃邻国,遇到祸患,有谁会同情自己?失去了信用,一旦祸患发生,没有人来支援自己,就必定会灭亡。

由此可见,重诺守信是十分重要的。如果我们对别人许下诺言,就应该认真对待,对自己的承诺负责,切勿失信于人。在平日待人处事时,我们可先从守时开始做起,然后对家人、朋友信守承诺,以诚信待人。

4. 诚信待人

中国古代哲学家认为,诚信是人的修身之本,也是一切事业成功的保证。《河南程氏遗书》卷二十五有言:"学者不可以不诚,不诚无以为善,不诚无以为君子。修学不以诚,则学杂;为事不以诚,则事败;自谋不以诚,则是欺其心而自弄其忠;与人不以诚,则是丧其德而增人之怨。"说明诚信对于做人、做事是何等重要。

5. 言行一致

中国古代哲人要求言行一致。《礼记·中庸》中说:"言顾行,行顾言。"切不可"自食其言""面诺背违""阳是阴非"。所以,朱熹认为"信是言行相顾之谓",要求"口能言之,身能行之";如果"口言美,身行恶",是君子所不齿的。

孔子说过:"始吾于人也,听其言而信其行;今吾于人也,听其言而观其行。"意思是说,从前我对于人,只要听了他讲的话,就会相信他的行为;现在我对于人,听了他讲的话后,还要观察他的行为。在这里,孔子肯定道德实践是评价诚信品格的标准。

五、价值引领

诚信即待人处事真诚,老实,讲信誉;言必信,行必果;一言九鼎,一诺千金。诚信是诚恳,诚信是守信,诚信是一句承诺,诚信是许诺后的行动,诚信更是一根不屈的脊梁,是人生的一把尺。诚信,作为一种传统美德,深深地镌刻在中华民族五千年的文明史上。"一诺千金""一言九鼎""一言既出,驷马难追",这些反映古人重诺言、重信用的典故,千古流传,至今依然是我们为人处世的座右铭。

主题二　考之以诚，答之以信

班会模块	诚信·友善
适用学期	每学期期末
班会形式	课堂讲授/互动辩论/案例分析/情景重现

一、班会背景

社会的文明进步需要人的明礼诚信，明礼诚信已成为公民道德的基本准则和要求。诚实守信是中华民族的传统美德，是我们每个人的立身之本。以诚信考试为突破口，在大学生中开展诚实守信教育十分必要。

时光飞逝，转眼一学期的学习又将告一段落，迎来了期末考试。学生面临的既是一次学习成果的检阅，又是一场道德与诚信的考验。面临期末，全校已经进入备考阶段，严肃考风考纪成为普遍关注的问题。

二、学习目标

（1）端正学习态度，树立以诚信参加考试的底线意识；
（2）教育学生从小事做起、从现在做起，做一个诚实守信的文明学生。

三、前期准备

（1）整理关于诚信的典故、名言警句，以便在讲授时穿插使用，丰富课堂内容；
（2）搜集诚信与不诚信行为的真实案例，从正反两面给学生讲解诚信的重要性，引导学生深刻认识诚信的可贵；
（3）认真学习关于诚信考试的相关法律规定，正确地给学生解读。

四、班会过程

（一）诚信的含义

诚信是一个道德范畴，是公民的第二个"身份证"，为人之本、交往之基，是日常行为的诚实和正式交流的信用的合称。即待人处事真诚、老实、讲信誉，言必信、行必果，一言九鼎，一诺千金。

(二) 不诚信的案例

1. 留学生的求职遭遇

一名中国留学生在德国某著名大学毕业，想留在德国就业，按他的成绩应该不难在大公司找到高薪水的职位。不过，他去了几家公司面试，人家都很客气地拒绝了他。后来，一家小公司也是如此。他忍不住问，为什么？后来才知道，招聘单位按照他的名字在网上查找他的资料，发现他在德国读书期间有三次乘电车逃票的记录，认为他人品有问题，那就是不诚实、不诚信，而一个公司的员工如果不具备诚信的话，这家公司是无法经营下去的。所以，做人不诚信，往往会因"小"失大。

2. 现实中一些不诚信的行为

学术不端、偷税漏税、做假账、欠债不还、地沟油、三无产品、"豆腐渣"工程等。

诚信就是诚实、守信用。信，是做人处事的基本原则，又是公民必须遵守的规范，调节着人与人之间的关系，维系着社会秩序。

(三) 诚信考试

（1）考试目的：测试你对某门课的掌握程度，测试你的学习技巧和记忆力，评估教师的教学质量，了解哪些课教得不错、哪些需要加强。最重要的是，测试你是否诚实。

（2）国家法律规定。

《国家教育考试违规处理办法》第六条明确规定：考生违背考试公平、公正原则，以不正当手段获得或者试图获得试题答案、考试成绩，有下列行为之一的，应当认定为考试作弊：

①携带与考试内容相关的文字材料或者存储与考试内容相关资料的电子设备参加考试的；

②抄袭或者协助他人抄袭试题答案或者与考试内容相关的资料的；

③抢夺、窃取他人试卷、答卷或者强迫他人为自己抄袭提供方便的；

④在考试过程中使用通信设备的；

⑤由他人冒名代替参加考试的；

⑥故意销毁试卷、答卷或者考试材料的；

⑦在答卷上填写与本人身份不符的姓名、考号等信息的；

⑧传、接物品或者交换试卷、答卷、草稿纸的；

⑨其他作弊行为。

第七条 教育考试机构、考试工作人员在考试过程中或者在考试结束后发现下列行为之一的，应当认定相关的考生实施了考试作弊行为：

①通过伪造证件、证明、档案及其他材料获得考试资格和考试成绩的；

②评卷过程中发现同一科目同一考场有两份以上（含两份）答卷答案雷同的；

③考场纪律混乱，考试秩序失控，出现大面积考试作弊现象的；
④考试工作人员协助实施作弊行为，事后查实的；
⑤其他应认定为作弊的行为。

3. 学校关于考试作弊的处分

贵州电子信息职业技术学院学生违纪处分办法（试行）第三章第十一条有代替他人或者让他人代替自己参加考试、组织作弊、使用通信设备或者其他器材作弊、向他人出售考试试题或者答案谋取利益，以及其他严重作弊或者扰乱考试秩序行为的，学校可以给予开除学籍处分。

（四）考试作弊的危害

1. 引起焦虑

作弊是一种欺骗行为，作弊过程中要躲过老师，这就必然会引起考生的紧张不安，使得考生因为这种特殊的情景与心理状态而产生不必要的焦虑，影响考试作答。

2. 影响未来

作弊可能使考生在某一次考试中获得高分，但这并不等于他真正掌握了知识，而在以后的学习工作中，考试分数并非衡量一个人知识水平的标准。所以，从表面看来，作弊是考生欺骗老师，但从本质上看，作弊则是一种自欺欺人的行为。它并不能使考生得到任何实际的利益，既不会有利于考生的学习，更不会有利于他今后的工作。

3. 不利于心理健康

在作弊过程中，难免被发现。一旦被发现，考生就会感到羞愧与失望，各种沮丧心情都可能产生。有时还会在考试后持续许久，从而影响考生的心理健康。如果作弊被发现后，下面还有别的考试，这种羞愧感就会影响到下一科目的成绩，更不利于考生心理上的恢复。

4. 损坏个人形象，破坏学风班风

由于你的作弊行为，一部分同学必定会对你存在一些看法，从而破坏你在他们心目中的形象，信任危机由此产生；同时，也有一部分同学对你产生"羡慕嫉妒恨"的思想，他们也可能学着提高自己"成绩"，学风班风由此遭到破坏。

（五）应试技巧

1. 心理技巧

树立信心，克服怯场：信心是成功的一半，没有信心就没有希望，信心不足就会临场心慌意乱，影响自己水平的发挥。所以，学生拿到试卷后，应先填写好考生信息（如考号、座位号等），然后粗略看一遍试题，做到心中有数。对试题的难易不必在意。从整体来看，我难你也难，你易我也易。纵观近几年中考试题，多数题目并不比平时练习的题目难，也并不都是新题，有好多题目都是我们平时练习过的知识，或熟题略加改造而成的。如果平时训练的题目多数都会做，那么要坚信，中考你也一定能考出好成绩。

2. 答题技巧

审题要慢，答题要快：即所谓欲速则不达，看错一个字可能会遗憾终生，所以审题一定要慢，有了这个"慢"，才能形成完整的合理的解题策略，才有答题的"快"。

运算要准，胆子要大：考试可能没有足够的时间让你反复验算，更不容你再三地变换解题方法，往往是拿到一个题目，马上就要动手做，这时，除了你的每一步运算务求正确外，还要求把你当时的解法坚持到底。也许你选择的不是最好的方法，但如回头重来，将会花费更多的时间。当然，坚持到底并不意味着钻牛角尖，一旦发现自己走进死胡同，还是要立刻迷途知返。

先易后难，敢于放弃：答题的次序应尽量做到先易后难，这是因为，一方面，做容易题准确率高，用时短，能够增强信心，使思维趋向高潮，对发挥水平极为有利；另一方面，如果先做难题，可能会浪费好多时间，即使难关被攻克，也已没有时间去得那些易得的分数。所以，关键时刻敢于放弃，也是一种明智的选择。

先熟后生，合理用时：面对熟悉的题目，自然像吃了定心丸，做起来得心应手，会使你获得好心情，并且可以在最短时间内完成，留下更多的时间来思考那些不熟悉的题目。

书写规范，既对又全：试卷不是给自己批的，要给批卷人留下良好的印象，必须书写规范、层次分明、要点清晰、重点突出，要力争既对且全，把该得的分都得到。

3. 复查技巧

检查试卷和答题卡上的姓名、考号、座位号是否已按规定准确地书写（填涂）齐全；答题卡上有无漏涂、错涂（错位错号），填涂的信息点是否清晰。

仔细检查有没有遗漏或没有做完的题目，如果有，就抓紧补全。

复查各题的解答过程和结果。如果时间已经不多，就重点复查有疑问的地方。对于选择题，没有足够的把握，不要随意更改已有的结果。解答题，着重检查有没有可以补充的计分点和答题的关键步骤。实际问题，检查计算结果是否与生活实际和常识相悖等。

五、价值引领

诚信，是中华民族的传统美德，也是我们当代大学生必备的素质。考试诚信教育是学生思想教育过程的重要环节，诚信考试是抓好学风建设的重要保证。诚信考试，既是对我们学习效果的考察，又是对我们个人品质的考验。通过诚信考试，我们能真正认识到自己在学习上的不足，并从中吸取经验，取得进步！

主题三 诚信之人际关系

班会模块	诚信·友善
适用学期	第一学期
班会形式	课堂讲授/案例分析/分组讨论

一、班会背景

诚实守信是中华民族的传统美德,"诚信"是立国之本,"诚信"是立业之本,"诚信"是立身之本,"诚信"是处世之宝。当今中国经历着空前复杂的大变革,许多人出现道德迷失,产生诚信危机。我国现实生活中存在的诚信缺失、欺骗欺诈等道德失范问题及不诚信的"病毒"进一步在人群中扩散,如果得不到及时有效的解决,必然扰乱正常的社会经济秩序,影响改革发展稳定的大局及和谐社会的构建。大学阶段是学生树立正确的世界观、人生观、价值观的关键时期,所以在这一阶段开展诚信教育很有必要。

二、学习目标

(1) 理解"诚信"对于学生自身发展和为人处世的重要意义;
(2) 强化学生的诚信意识,培养诚实守信的良好品质;
(3) 崇尚"诚信",营造全社会诚信待人、诚实做人的良好氛围;

三、前期准备

(1) 根据学生的实际情况和近期发生的类似事件,选择合适的教学方式,进行大体上的思考和梳理;

(2) 提前准备关于诚信的视频,播放一些片段给学生观看,使抽象的概念化知识具体化和形象化,调动学生的积极性。

四、班会过程

【问题导入】

大家认为诚信和人际关系有联系吗?

同学们能否说说自己身边发生的一些关于诚信的事例?

(一) 诚信与处世

诚信,就是用一颗真诚的心来做守信义的事。诚,就是真实、诚恳;信,就是信任、守信。所以说，诚信，是指为人处世真诚，诚实，尊重事实，实事求是。可以细化为：

（1）立人之本。人若不讲信用，在社会上就无立足之地，什么事情也做不成。

（2）齐家之道。夫妻、父子和兄弟之间以诚相待、诚实守信，就能和睦相处，达到家和万事兴。

（3）交友之基。与朋友推心置腹、无私帮助，才能建立真正的友谊。

（4）为政之法。如果人民不信任统治者，国家政治根本立不住脚。因此，诚信是治国的根本。

（5）经商之魂。诚信是各种商业活动的最佳竞争手段，是市场经济的灵魂。

（6）心灵良药。做到真诚无伪，才可使内心无愧，坦然宁静，给人带来最大的精神快乐。诚信是人们安慰心灵的良药。

（二）诚信对人际关系的意义

"诚实守信"是人和人之间正常交往、社会生活稳定、经济秩序得以保持和发展的重要力量。对一个人来说，"诚实守信"既是一种道德品质和道德信念，也是每个公民的道德责任，更是一种崇高的"人格力量"。从人际关系来看，"诚实守信"是人和人在社会交往中最根本的道德规范，也是一个人最主要的道德品质。人们在交往中，相互信任是相处的基础，其关键就在于"诚实守信"。

一个人讲诚信，就代表他是一个讲文明的人。讲诚信的人，处处受欢迎；不讲诚信的人，人们会忽视他的存在。所以，人人都要讲诚信。诚信是为人之道，是立身处世之本。子曰："人而无信，不知其可也。"认为人若不讲信用，在社会上就无立足之地，什么事情也做不成。只有"与朋友交，言而有信"，才能达到"朋友信之"，推心置腹、无私帮助的目的。否则，朋友之间充满虚伪、欺骗，就不会有真正的朋友。

（三）当代大学生诚信品质的现状

1. 在学习及学术上出现的腐败现象

有些大学生放松了对学习的重视，把大学校园作为消遣和娱乐的场所，把学习和学业束之高阁。他们平时游手好闲，放荡度日，不用功学习；考试时左顾右盼，交头接耳，偷窥别人的答案；写论文时抄袭别人的文章。

2. 在社会活动和人际交往中诚信缺失

在学校的集体活动中往往存在着许多不公平的现象，少数大学生沾染了社会上的不良风气。在班干部、党团干部、学生会干部的竞选过程中存在请客送礼、拉选票、游说老师等一系列不该有的现象，使本来有着公平、公正原则的学校集体活动丧失了公平。此外，在当代大学生人际交往中还存在消费攀比、言而无信、借钱不还、诈骗、偷盗同学贵重物品和现金、在恋爱中欺骗他人感情和金钱等诚信缺失现象。

有些家庭并不困难的学生钻国家助学贷款、国家贴息的空子，伪造证明，骗取助学贷款；有些学生把助学贷款用在和同学攀比吃、穿、用上；有的学生完成学业后，为了不还贷款，向银行提供虚假的工作单位和通信地址；更有甚者，干脆不向学校和银行提供工作单位和通信地址，以此逃避偿还贷款的义务。

3. 求职过程中的诚信缺失

一些大学生为了在激烈的就业、择业竞争中处于较有利的位置，在制作简历和面试中弄虚作假，甚至伪造各种获奖证书、各类资格考试合格证书，还凭空杜撰社会实习经历等，伪造得几乎可以乱真。

大学生在求职就业过程中诚信缺失的一种表现是：违约。大学生中任意变更合同、不履行合同规定义务的行为时有发生，特别是在毕业生就业过程中，不履行就业协议的情况更是突出。

（四）大学生出现诚信危机的原因

大学生诚信缺失行为产生的原因是复杂的，既有体制上的缺陷，也有管理上的漏洞；既有外部环境因素的影响，也有主观认识上的偏差。大学生诚信的缺失，实际上是社会、家庭、学校诚信缺失的一个缩影。导致学生诚信缺失的原因主要有以下几个方面：

1. 社会诚信危机侵蚀着学生思想

大学生的诚信行为很大程度上取决于周围环境，社会上出现的坑蒙拐骗、制假售假现象，少数干部的贪污、受贿、腐败等失信甚至违法行为，扰乱了社会正常经济秩序，败坏了社会风气，造成了社会的诚信危机。大学生的成长环境恶化导致其无法形成正确的世界观、人生观和价值观，一定程度上淡化了大学生的诚信观念。

2. 教育出现的问题

学校教育是诚信教育的主要阵地，高校诚信教育是以小学、中学诚信教育为基础的。道德诚信教育没有被摆在重要的位置，学校里普遍存在唯分数论的现象，诚信教育流于形式，把诚信当作知识进行传授，教育手段单一，方式枯燥，内容陈旧，成为一种空泛的政治说教。

3. 家庭教育的失当

家庭是孩子的第一所学校，父母是孩子的第一任教师。家庭对孩子的影响是潜移默化的，也是根深蒂固的。部分家长当着孩子的面所做的违背诚信的事，影响了孩子诚信品质的形成。学生从家长身上观察到某种不诚信的行为，并且这种行为并没有受到处罚。学生在对这种行为的后果进行估量时，会认为这是一种解决问题的办法，尽管他个人主观认为那样做不是诚信的表现。

4. 社会竞争力的压力

现代市场经济竞争激烈，大学生的社会经历单一，道德心理发育还不成熟，理性思维和分析选择的能力较差，缺乏对个人与社会、现实与未来、社会的光明面与黑暗面的全面理解，缺乏对诚信缺失危害性的认识。

5. 重技能而轻道德

多数大学生认为，要想在社会上立足，就得掌握一定的专业技能。但他们忽视了道德修养这种软实力的重要性。

（五）如何构建和谐的人际关系

【故事警示】

秦朝末年，楚国有一个叫季布的人，个性耿直，而且非常讲信用，只要他答应的事，就一定会努力做到。因此，他受到许多人的称赞，大家都很尊敬他。季布曾经在项羽的军中当过将领，而且率兵多次打败刘邦，所以当刘邦建立汉朝，当上皇帝的时候，便下令捉拿季布，并且宣布：凡是抓到季布的人，赐黄金千两；藏匿他的人将遭到灭门三族的惩罚。可是，季布为人正直而且时常行侠仗义，所以大家都想保护他。起初季布躲在好友的家中，过了一段时间，捉拿他的风声更紧了，他的朋友就把他的头发剃光，将他化装成奴隶，和几十个家僮一起卖给了鲁国的朱家当劳工。朱家主人很欣赏季布，于是专程去洛阳请刘邦的好朋友汝阴侯滕公向刘邦说情，希望能撤销追杀季布的通缉令。后来，刘邦赦免了季布，而且给了他一个官职。季布诚信、正直，因此名气越来越大。

季布的为人、品质对他个人的发展有着积极的作用。讲求诚信，对于今天的我们来说仍不过时。诚信依然对个人的发展有着极大的促进作用。那么大家认为，我们平时该怎么做，才能做一个讲诚信、有品质的人？

构建和谐的人际关系，应该做到：

（1）树立正确的网络道德，开发健康积极的信息资源，利用网络构建思想文化阵地；

（2）加强自立意识、自主意识，增强自我教育、自我管理、自我评价能力，引导学生充分认识诚信和诚信教育的必要性、重要性和紧迫性；

（3）学生干部、学生党团员要发动和组织同学积极参加各种实践，把诚信认识化为诚信情感，变为诚信行为；

（4）在实习阶段重视对学生诚信实践的指导，树立契约精神，建立实习诚信档案；

（5）开展以诚信为主题的各种校园文化、社会实践活动，在服务、劳动、调查、参观、宣传中传播诚信文化，宣讲诚信思想，学习诚信事例，实践诚信原则，塑造诚信品质。

五、价值引领

人是群居动物，具有一定的社会性。大学生更是多人寓居一室之内，大家来自五湖四海、性格迥异，人际关系处理不好则矛盾重重，会出现一个宿舍多个群聊或者打架斗殴等现象。以诚信与人交往，从身边做起，从小事体现，以诚信品质去待人接物。

诚信与人际关系密切相关、相辅相成。诚信作为当代社会人际交往和社会秩序的最基本内容，在我国和谐社会构建中具有举足轻重的作用。而作为未来我国现代化建设者和接班人的大学生群体，是国家的希望。诚实守信是社会对大学生提出的要求，也是大学生自身发展的必备素质。当代大学生更应当深刻认识诚信的价值，认真理解诚信缺失的危害，自觉地将诚信作为自己的行为准则，在生活、学习、求职和交友等方面，做到诚信做人、以诚为本。

主题四　学生档案那些事

班会模块	诚信·友善
适用学期	第一学期
班会形式	课堂讲授

一、班会背景

学生档案是学生在校期间形成的，反映学生个人学习经历、思想品德、专业技能、身体状况、诚信状况、家庭政治状况的个人档案材料，是学生不可或缺的重要材料。根据学生档案管理相关工作经验总结，发现主要的问题在于以下两点：一是学生对于档案的认识不够，不了解学生档案的重要性，不了解档案的作用，在毕业时不关心自己档案的去向，只有在工作需要时才会向学校咨询自己档案的去向，或者放在学校里置之不理，部分学生不填写自己的档案材料；二是填写学生档案内容不准确、不规范，个人信息填写错误，对档案内容进行涂改，时间填写错误，档案内容与自己情况不符合。

二、学习目标

让学生了解档案的作用，认识档案的重要性，明白档案与自己的生活和工作息息相关；引导学生准确规范地填写档案内容，认真对待自己的档案材料，避免档案内容出现错误和遗漏，影响今后的工作与生活。

三、前期准备

收集学生档案相关材料，让学生了解什么是档案，档案在生活与工作中具有哪些重要作用；学生档案需要的材料有哪些，怎样填写学生档案材料；总结学生在填写档案过程中的主要错误，并将其一一列举。为学生讲解什么是毕业生档案，毕业后个人档案有哪些作用；制作PPT课件为学生讲解内容。

四、班会过程

（一）什么是学生档案

档案，是指过去和现在的机关、团体、企业事业单位和其他组织以及个人从事经济、政治、文化、社会、生态文明、军事、外事、科技等方面活动直接形成的对国家和社会具有保存价值的各种文字、图表、声像等不同形式的历史记录。原始记录性是它的本质属性。

学生档案：学生档案是学生在校期间形成的，反映学生个人学习经历、思想品德、专业技能、身体状况、诚信状况、家庭政治状况的个人档案材料。学生档案是学校考察、培养、教育学生过程中形成的第一手资料，是党和国家选拔录用人才的重要参考依据。

引出问题：你对档案的印象是什么？

（二）学生档案的重要性

大学毕业后的第一年最为关键，这一年对于人生的基本规划来说最为重要，原因涉及三项：《就业协议书》《报到证》（派遣证）、国家干部身份。

近年来，在紧张的就业过程中，很多高校毕业生在刚刚毕业的一两年内，就丢了自己的国家干部身份、人事档案、户口。先说说干部身份对于毕业生而言，有哪些作用。在我国，各行各业都会有职称评定，而且任何单位都希望有职称的人来工作。就算你工作的单位没有职称评定一说，你如果是高级工程师，你拿的钱也绝对比别人多。那么，什么人能评定职称呢？有干部身份的人。

（三）学生档案材料

1. 学生档案材料有哪些

（1）招生材料：招生录取材料（包括高中学籍材料，如高中毕业生登记表、学年鉴定表、成绩单、高考报名登记表、高考体检表等）；

（2）学习材料：教务处提供的主修、选修、辅修等各科类成绩单；

（3）学籍材料：教务处提供的休学、退学、转学、转专业、出国、死亡等材料证明；

（4）毕业材料：各院（系）和相关职能部门提供的学年鉴定表、毕业生登记表、学生体检表、毕业生就业报到证等各类材料；

（5）奖励材料：各院（系）和相关职能部门提供的学生在校学习期间、校级以上表彰奖励活动中形成的各种材料（三好学生、优秀学生干部、优秀团员、优秀团干部、优秀毕业生、专项奖学金等评审证明材料，如《奖励审批表》）；

（6）处分材料：学生工作处提供的学生在校期间违反校规、校纪，触犯国家法律而形成的各类处分材料；

（7）政治材料：院团委提供的入团志愿书；

（8）可供组织参考的其他材料。

2. 需要学生填写的档案材料

（1）新生入学登记表：证明学生入学经历的材料，入学后一个月内填写。

（2）军训鉴定表：证明学生参加军训的材料，在军训完成后填写军训鉴定表。

（3）公益劳动课鉴定表：证明学生参加公益劳动课程的材料，在完成公益劳动课程后填写。

（4）学生学年鉴定表（两份）：每一学年结束后填写。第三年为校外实习，不需要填写。

(5) 毕业生登记表：证明学生毕业的材料，在学生毕业前填写。

(四) 档案材料要求

(1) 档案材料必须是办理完毕的正式材料。材料必须完整、齐全、真实；文字清楚，对象明确，有承办单位或个人署名，有形成材料的日期。

(2) 档案材料，凡规定由组织审查盖章的，必须有组织盖章；规定要同本人见面的材料（如审查结论、复查结论、处分决定或意见、组织鉴定等）应有本人的签字。特殊情况下，本人见面后未签字的，可由组织注明。

(3) 档案材料须用16开型（长260毫米，宽184毫米）或国际标准A4型（长297毫米，宽210毫米）的公文用纸，填写时只能用碳素墨水，不得使用圆珠笔、铅笔、红色墨水、纯蓝墨水书写。

(4) 档案材料应是原件，特殊情况下存入复印件的，应在复印件上注明原件保管单位，并加盖公章。

(5) 填写要求

①填写档案必须如实填写，不得有任何造假行为；由本人亲自填写，不可打印或代写。

②字迹清晰，页面干净，不得有涂改痕迹，禁止使用涂改液等涂改工具，不得有错别字。

③填写时需用黑色水性笔（碳素笔），不得用其他颜色的笔填写，如蓝色、红色，不得用圆珠笔、铅笔、可擦笔等填写。

④若有档案材料需要贴照片，使用最近一寸正面半身脱帽照片。

(五) 档案材料填写的主要错误

(1) 错字与涂改：档案是原始材料，填写时页面必须干净整洁，严禁用涂改液涂改，不能有涂改痕迹。一旦有涂改痕迹，档案存疑，会影响档案的真实性。

(2) 日期错误：档案材料中的每一项日期都必须严格按照要求填写，档案材料内的日期是证明在某一时期内的活动记录，时间有涂改或者未填写，都会影响个人经历的真实性。

(3) 自我鉴定内容与自身经历无关：自我鉴定内容一定要根据自身学习实践情况填写，符合自己的个人经历状况。

(4) 个人信息填写错误：不能将自己的名字、曾用名、学校名称以及其他个人信息填写错误。

(六) 毕业生档案

1. 什么是毕业生档案

毕业生档案是在学生毕业前，将大学期间产生的档案材料收集整理存档，在学生毕业后根据学生情况，装入报到证，将学生的档案转寄到相关的单位或人才市场。（毕业生档案邮寄，除了相关的学籍材料，报到证、成绩单（学籍卡）、毕业生登记表三份材料缺一不可。

若是缺少，将无法邮寄，会被相关的单位或人才市场退回。）

2. 毕业之后个人档案的作用

（1）考研、专升本、升学等相关证明的办理。

毕业生档案是证明学习经历的材料，从建档开始，就包含了所有的学籍材料，在专升本和考研成功后，都会作为学籍材料转入新的学校，是不可或缺的升学材料。

（2）影响评职称和工作调动。

转正定级、职称评定等相关事宜都是由学籍档案转换成人事档案后才能进行。

（3）影响养老金的数额。

办理养老金领取的时候，要经过档案的审核，工龄、工资、待遇、职务、社保受保时间等都是以个人档案的记录为依据的。

（4）影响事业单位与公务员报考。

事业单位招聘与国家公务员的选拔都要审查档案，并以其记载的相关材料作为甄选人才的重要证据。

3. 毕业生档案邮寄

（1）签署三方协议并找到就业单位的学生。

学生如果签署了三方协议，并且单位具有保管和接收毕业生档案的资质，可以将单位作为毕业生档案邮寄的地址。

（2）未有就业计划的学生。

毕业生档案默认返回原籍，交由户口所在地的教育局或人才市场保管。值得注意的是，毕业生档案绝对不允许个人持有，否则档案会变为死档。建议找到工作后，单位需要接收档案时才提取档案，具体情况联系当地人才市场了解。

（3）其他情况。

学生若有服兵役、专升本等情况，需要将档案暂时存放在学校，应提前联系档案室在规定的时间登记。若是不登记，毕业生档案默认返回原籍。应当注意的是，档案不建议长期存放在学校，存放在学校就只是学籍档案，只能存放保管，而转正定级、职称评定等相关事宜都是由学籍档案转换成人事档案后才能进行。

五、价值引领

学生档案是学生学习、生活、参与社会实践活动的真实记录，能真实反映学生的政治思想情况、学习情况、社会实践状况、家庭背景、社会关系等多方面的情况，它为用人单位选拔录用人才提供重要依据。学生档案是干部人事档案的雏形，是干部人事档案的基础，它在学生升学、就业、出国、转正定级、职称评定、计算工龄、办理社会保险等方面起着十分重要的凭证作用。因此，高职院校应充分利用学生在校便利，找出学生档案管理中出现的问题，规范学生档案，以此来增加学生档案方面的知识，培养学生档案意识。

主题五　百善孝为先

班会模块	诚信·友善
适用学期	第二学期
班会形式	课堂讲授/情景重现/课堂活动/交流讨论

一、班会背景

中华民族自古以来就重视家庭、重视亲情。家和万事兴、天伦之乐、尊老爱幼、贤妻良母、相夫教子、勤俭持家等，都体现了中国人的这种观念。"孝为德之本，百善孝为先。"古往今来，孝道被看作子女孝敬父母的一种传统美德，历经数千年而不衰，深深融入中国人的血脉。孝文化作为中华文化的重要文化基因和文化传统，是我们不能、也无法割舍的重要文化传统。孝老爱亲，是家事，更是国事。

大学阶段是学生成长和价值观形成的关键时期，在此阶段进行国学教育，是帮助学生塑造正确价值观的负责行为。当代大学生大部分都是独生子女，在父母的呵护中长大，却很少去体谅父母的艰辛与不易，还常常埋怨父母的唠叨、麻烦。召开这次主题班会，就是要通过真情体验、感悟亲情，激发学生爱的情感，将孝顺父母落实在行动中。

二、学习目标

（1）传承中华优秀传统文化，培养大学生孝老爱亲的习惯；

（2）引导学生由"感谢父母"到"常存感恩之心"；

（3）在全社会提倡养亲、尊亲、敬老的道德风尚。

三、前期准备

（1）课前调查了解学生主体情况；

（2）上课前通过问卷调查了解学生的家庭背景，例如，是否为单亲家庭、监护人是谁、家庭人口数、家庭关系是否和谐等，并进行数据分析；

（3）搜集有关孝老爱亲的视频和图片，例如，离我们很近的典型事迹——张蕾事迹，或者学院其他同学的真实案例。还可从网络平台如学习强国、抖音中摘取有关孝敬父母的视频和图片；

（4）根据班级人数划分小组，指定任务，例如找图片、视频，排练小品、诗朗诵等。

四、班会过程

【课前准备】

包括概念图、练习准备和策略准备三个步骤。练习准备为完成任务前的预演练习过程，是对整个任务的模拟；策略准备是为完成任务所做的内容或语言形式上的准备。此外，概念图的作用是通过课堂活动，激活学生头脑中与主题相关的已有背景知识。

课前	步骤解释
概念图	头脑风暴：通过《游子吟》这首诗激活相关主题的背景知识。 课堂游戏：提供相关主题图片、视频，激活相关知识和学生的认知（图片来源：百度平台）。 小组讨论：激发兴趣，集中注意力，引起共鸣，进入上课状态
练习准备	以两人小组形式复述先前的《游子吟》，并讨论看过的视频和图片
策略准备	提供复述及讨论的感想的概要格式。例如：通过《游子吟》这首诗，我深切体会到父母的……；通过视频，我切实理解父母的……；"孝道"是中华民族的优良传统

【课中讲述】

课中阶段是一堂课的重要部分。要明确表达本次课的主题，并让学生领会，课中是关键。课中主要分为3个步骤，即具体体验（创建、整合经验）、观察反思（发现问题）、抽象概念（形成概念）。

课中	步骤解释
具体体验	通过课前准备的诗歌、图片和视频，让学生产生共鸣，再结合古代与现代典型的孝顺父母的故事，加深学生的亲身体会
观察反思	提出几个提纲挈领的问题，让学生谈谈什么是孝顺；询问学生，平日里如何表达自己的孝顺，是否有对父母说"我爱你"？并播放一些父母在外务工的各种艰辛画面视频
抽象概念	通过前面的教学，使学生对"孝顺"父母、长辈形成一个新的认知，并以小组的形式讨论如何对父母表达自己的"孝顺"，并选取几个细节描述父母的爱

【课后阶段】

在课后阶段，需要有老师的总结和学生的巩固，这堂课才算完成。在课后阶段，主要通过"实践行动（解决问题、经验重组）"来完成。

课后	步骤解释
实践行动	每人可列出不同的方式,来表达对父母的爱。例如,玩个小游戏,输的人在班上打个电话并扩音,对父母说"我爱你""我想你"。需要在假期实现的,待放假后,实现并拍照,发在班级群里

【诗导入】孝文化在中国源远流长,我们一起来品味这首诗,感受一下父母亲对孩子的爱和牵挂。同时,请大家仔细回味一下,每当你们来学校上学,你们的父母是否也像古诗中描述的那样——"慈母手中线,游子身上衣。临行密密缝,意恐迟迟归"呢?

【学生回答】妈妈总是往我行李里面塞满各种吃的,叮嘱一遍又一遍……

【教师总结】父母对孩子的爱是无私的。等到孩子长大、离家很远时,对此的感受就会更深刻。那么,你是怎样理解"孝"的?

(一) 孝文化

1. "孝"的含义

"孝"是中华传统文化中所提倡的行为,指儿女的行为不应该违背父母、家里的长辈以及先人的心意,是一种稳定伦常关系的表现。从"孝"这个字形来看,上老下子,老和子是融为一体的。子能承其亲,并能顺其意。故其本意为"善事父母者"。孝,即尽心尽力地奉养父母。

2. 孝文化

"百善孝为先"是中华传统美德之精髓。孝文化是中华民族延绵不绝的道统,是中华文化持久不衰的根脉,构建出现代的文明与和谐社会。孝文化在中国源远流长,是一种理念与精神,是人的立身之本,是社会责任意识的源头,是中华传统文化的重要组成部分。历朝历代都有许多,关于"孝"的故事。

【实例一】我们的"二十四孝"故事中,有"卖身葬父":"汉董永,家贫,父死,卖身贷钱而葬,及去偿工,途遇一妇,求为永妻。"汉朝时,有一个闻名的孝子,姓董名永。他家里非常贫困,他的父亲去世后,董永无钱办丧事,只好以身作价向地主贷款,埋葬父亲。丧事办完后,董永便去地主家做工还钱,在半路上遇一美貌女子,拦住董永,要董永娶她为妻。董永想起家贫如洗,还欠地主的钱,就死活不答应。那女子左拦右阻,说她不爱钱财,只爱他人品好。董永无奈,只好带她去地主家帮忙。那女子心灵手巧,织布如飞。她昼夜不停地干活,仅用了一个月的时间,就织了三百尺的细绢,还清了地主的债务。在他们回家的路上,走到一棵槐树下时,那女子便辞别了董永。相传该女子是天上的七仙女,因为董永心地善良,七仙女被他的孝心所感动,遂下凡帮助他。"孝顺"历来是中华民族的传统美德,人们歌颂她,赞美她。人们敬佩卖身葬父的董永,给董永的故事增加了仙女相助的美好传说。著名的黄梅戏《天仙配》便是依此创作的。据说,湖北省孝感市就是董永与七仙女相见和分别之处,市名"孝感"即由此而来。无论是唱不尽的名曲,还是用作地名,都是孝的赞歌。

【实例二】张蕾事迹：张蕾8岁那年，父亲因患青光眼，视神经萎缩无光感而完全失明，母亲不堪重负离家出走。村中长辈劝张蕾放弃读书，开始学会养家糊口。面对双目失明的父亲、年幼的弟弟，懂事的小张蕾流着泪点点头，第二天便扛着锄头下了地。那一刻，她的童年结束了。每天天蒙蒙亮，小张蕾就出发了，下地犁田、插秧；中午还要回家给父亲、弟弟做饭；夜晚11点才一身疲惫地回到家。怕年幼的弟弟吃不饱，平时吃饭，张蕾总是自己吃小碗，给父亲和弟弟吃大碗。虽然日子过得艰难，但张蕾内心仍十分渴望读书。失明的父亲读懂了女儿的心，会拉二胡的他决定，去沿街拉二胡卖唱乞讨，以便让自己的子女读书。辍学一年半后，在父亲张正学的坚持和青岛市妇联的资助下，张蕾又回到了学校继续学习。2004年，张蕾以优异的成绩考入了印江民族中学。为了不再让父亲出去卖艺乞讨，她在学校食堂里做起了临时工，还利用晚自习之后的时间到夜市去帮别人洗碗，靠每天十元钱的收入来维持父亲和弟弟的生活。2007年，张蕾终于实现了自己的大学梦，顺利考入铜仁学院中文系。在她的辅导和鼓励下，弟弟也于2008年顺利考上了贵州职业警官学院。此时，家中只剩下双目失明、疾病缠身的父亲。为了照顾父亲，年仅21岁的张蕾做出了一个常人难以想象的决定——带着父亲上大学，一边读书一边打工挣钱。2008年，张蕾在铜仁学院老校区后面租了一间面积不足8平方米、月租60元的简陋民房。为了照顾父亲的饮食起居，每天放学后，她都必须去给父亲做饭，徒步往返于新老校区之间，行程达10多公里。她还要利用晚上和周末的时间打工挣钱，给父亲买药治病。生活虽然艰苦，但她的学习成绩从未落后，还担任了学生会干部，并在2010年光荣地成为一名中共预备党员。2010年，她荣获第二届贵州省道德模范荣誉称号。

【学生思考】听完这两个事迹后，请谈谈你们的感受，也可以分享身边的孝老爱亲的事迹。

【教师总结】孝文化，是中华民族传统文化的重要组成部分。传承孝文化，能为现代文化提供丰富的历史养料；文化能够影响人的实践活动、认识活动和思维方式，倡导传统孝文化能提升公民的道德素养，在全社会形成自觉行孝的社会氛围，实现家庭和睦、社会和谐。

（二）新时代孝文化的特点

1. 继承性与和谐性

中华传统文化在某种意义上，属于孝文化。孝文化不仅是传统伦理文化的基石，而且是整个文化、社会、政治生活的基石。对于孝文化，应该结合时代精神，加以继承和创新，做到古为今用，不断推动社会主义精神文明建设。

2. 包容性与时代性

在社会主义现代化建设新时期，中国特色社会主义文化引领和整合着其他的各种文化。要与时俱进，发挥孝文化在社会主义现代化建设、构建和谐社会和实现"中国梦"中的重要作用。

3. 科学性与民主性

孝文化要想生存下去，必须不断地发展、创新。新型孝文化以科学理论为指导，且适应现代生活方式。

（三）孝道在现代社会的困境及原因

1. 孝道在现代社会的困境

孝道文化作为中华民族优秀传统文化的重要组成部分，面对中国政治经济文化社会发生天翻地覆变化的现实条件，影响力正在不断被弱化。传统"孝道"文化所依赖的社会基础和价值观念不适应现代社会的发展。快节奏的社会发展导致传统孝道观念淡化。子女对父母的孝道被扭曲为父母对子女事业发展的支持。

2. 孝道在现代社会面临困境的原因

第一，当代社会中，传统孝道教育的缺失。

第二，传统孝道文化自身的不足和缺陷。

第三，社会发展环境的影响。

（四）探索"爱"，感受"爱"

1. 分享爱的细节

请学生分享在生活中父母爱我们的小细节，以及自己感到的"最难忘的事"。

2. "真心话大冒险"

每组抽取个别同学完成以下任务：

说出父亲节和母亲节的日期；

说出父母的生日；

背出父母的电话。

回答不上来的同学，要在全班同学面前打电话给父母，并对父母说"我想你"或"我爱你"。

3. 让前期排练好小品的小组进行表演

（五）当代大学生应该如何践行孝道

大学生是社会的一个特殊群体，是社会主义现代化事业的建设者和接班人，是祖国的未来和民族的希望。面对新时期孝文化，大学生应该这样做：

1. 积极进取，给予父母精神上的慰藉

古语有云："百善孝为先。"孝是中华传统文化提倡的行为，每个人都是父母生命的延续，不善待父母就是不善待生命。"羊跪乳，鸦反哺。"动物尚且如此，更何况是人呢？作为新时代的我们更应继承中华文化的优良传统，感恩父母，孝敬父母。人在一生当中，与父母相处的时间一天一天地减短，尤其是在现代社会，读完书，大部分人就离开了自己的父母。其实，我们能跟父母相聚的时间是非常短暂的。人生在世，父母与我们最亲，对我们的

恩情也最深。只有努力学习侍奉父母的礼节，把孝道当成一项大事业，用心经营，才能立足于天地之间。

2. 要"智孝"，不要"愚孝"

孝顺父母，我们可以给父母买他们喜欢吃又舍不得买来吃的食物，可以给父母买他们喜欢的衣饰来穿戴，在外的我们可以多给父母打几通电话，可以抽时间多回家几趟，陪陪父母，这样行孝，父母会很开心的。

我们不应愚孝式地句句听从父母的、非得以父母为中心来过日子。身为子女的我们在接受当下时代的洗礼，年轻的我们有很多新潮的思想，可父母的思想已经停滞甚至退化，跟不上现代社会的节奏。所以，已是成年人的子女更应该独立处理自己的事情。

当下的我们不该愚孝，而应选择智孝。百善孝为先。我们不该把流传了几千年的传统美德孝道丢失，我们应该与时俱进、智孝父母！

3. **老吾老以及人之老**

自古以来，中国人就提倡孝老爱亲，倡导'老吾老以及人之老、幼吾幼以及人之幼'。我国已经进入老龄化社会，让老年人老有所养、老有所依、老有所乐、老有所安，关系社会和谐稳定。我们青年学生应该担负起时代赋予我们的神圣使命，不断增强社会责任感，勇挑时代重任，做社会主义建设事业的主力军。

五、价值引领

身立则家立，家立则国立。一个人若在家能孝顺父母，品行端正，言必信，行必果，则步入社会也会爱岗敬业，求真务实，明是非，知荣辱。传承良好家风，必然能形成良好社会风气，乃至清明政风。"孝为德之本，百善孝为先。"人人知道孝顺，人人懂得孝顺，但在现实生活当中，孝顺恰恰最容易让人忽略。通过此次课程，希望同学们思想得到进一步提升，永远不要有"树欲静而风不止，子欲养而亲不待"的遗憾。同时，国风之本在于家风，家风之本在于孝道。让我们积极传播并继承中国的优秀传统文化，坚定文化自信。

主题六 助学贷款莫失信

班会模块	诚信·友善
适用学期	第一至六学期
班会形式	课堂讲授/互动讨论/案例分析

一、班会背景

诚实守信是一个道德准则，是公民的第二个"身份证"，是日常行为的诚实和正式交流的信用的合称。诚信是社会主义核心价值观在个人层面的一个基本准则，更是一种无形、无价的财富。

诚信和遵守规范也是人与人交往的准则，是在人们在社会交往过程中所提倡的。在大学校园中，学生直接接触到的诚信问题之一就是助学贷款的还款问题。国家助学贷款旨在促进教育公平和提高整体国民素质，保证经济困难学生上大学的机会。助学贷款政策的实施有诸多好处，既可以使学生和家长不用为学费和生活费担忧，又可以培养学生自力更生的意志、经济意识及诚信观念。

助学贷款体现了党和国家的关怀，是一项信用贷款。但部分学生将国家助学贷款视为一种福利，信用意识淡薄，存在逾期还款甚至恶意欠款等违约现象，在社会上造成极为恶劣的影响。这一行为挫伤了银行办理助学贷款的积极性，阻碍了国家助学贷款的良性运行，凸显出了贷款还款中诚信缺失的问题。

这些问题不仅对大学生自身的学习、生活及就业产生了不利影响，也给高校的资助管理和社会的稳定带来负面影响。

二、学习目标

（1）强化学生诚信意识，使学生将诚信观念、感恩意识内化于心，外化于行；

（2）加强学生的诚信感知，使他们对助学贷款有进一步的思想领悟，强化其诚信观念；

（3）强化学生恪守诚信的责任感，减少贷款失信行为。

三、前期准备

（1）收集失信案例材料；

（2）进行教学课件的制作、互动讨论分组以及讨论问题的设置；

（3）收集有关征信网站的地址（如中国人民银行征信中心网址：http://www.pbccrc.org.cn/）。

四、班会过程

（一）概念界定：对助学贷款诚信的认识

大学生因助学贷款失信而带来的社会影响和个人征信记录问题已经成为一个需要关注的问题。对大学生贷款诚信进行主题教育，需要明确其内涵，以便理解其具体含义。

一般而言，大学生助学贷款指的是，为了让家庭情况相对困难的大学生能够更好地步入大学校园并接受高等教育而提供的一种助学贷款。它能够保证贫困大学生在学校期间的学费和生活费用。学生毕业有工作后，再归还助学贷款。大学生助学贷款诚信是指贫困大学生在助学贷款申请、使用和归还问题上的诚信问题，即家庭相对贫困的大学生为了接受高等教育、享受教育公平而在申请助学贷问题上能否做到诚实、不虚报申请；在接受完高等教育、步入社会开始创造价值的时候，能否诚实守信地将所欠助学贷款及时归还。

（二）深入解读：助学贷款政策

国家助学贷款是由政府主导、财政贴息，银行、教育行政部门与高校共同操作的专门帮助高校贫困家庭学生的银行贷款，采取的是生源地信用助学贷款的方式。

生源地信用助学贷款是指国家开发银行等金融机构向符合条件的家庭经济困难的普通高校新生和在校生发放的、在学生入学前户籍所在县（市、区）办理的助学贷款。生源地贷款为信用贷款，学生和家长（或其他法定监护人）为共同借款人，共同承担还款责任。

助学贷款额度及用途根据学费标准不同而略有差异。全日制普通本专科学生（含第二学士学位、高职学生）、预科生，每人每年申请贷款额度不超过8 000元，不低于1 000元；年度学费和住宿费标准总和低于8 000元的，贷款额度按照学费和住宿费标准总和确定；年度学费和住宿费标准总和高于8 000元的，按照8 000元确定。全日制研究生（含硕士研究生、博士研究生）申请贷款额度上限为12 000元，其他规定同全日制普通本专科学生。

（三）保障手段：诚信成为助学贷款实施的重要手段

诚信是人际交往中的重要品质，同时，一个人的是否诚信影响到其未来的人生走向。大学生作为国家的希望和建设的中坚力量，其品质的养成和诚信意识的培育至关重要。国家助学贷款本身不需要严格的担保和抵押，是以大学生的"人格"作为保障的信用贷款。受助学生的诚信问题直接影响到助学贷款能否顺利实施，并且在申请助学贷款时，学生们都表示会将诚实守信放在首位，在毕业后会按期还款。学生个人诚信的声明和保证成为助学贷款实施的重要条件。然而在现实生活中，很多大学生并没有深刻地认识到诚信的真实含义，在一些特殊条件下，其行为可能产生偏差，例如在贷款还款方面难以按期、按要求落实到位，产生了贷款违约现象。国家的个人征信系统在此基础上建立了更加完善的制度约束模式，让国家助学贷款真正让学生受益，实现有序管理、和谐管理。

（四）问题显现：助学贷款下学生主要的诚信问题

即使在诚信道德规范和国家征信约束下，生源地助学贷款学生在大学毕业之后拖欠助学贷款的情况也屡见不鲜。从助学贷款申请到还款整个环节来看，受助学生的诚信问题主要表现在以下三个方面。

1. **助学贷款诚信申请**

按照我国《国家助学贷款操作规程》的相关要求，学习成绩较好、诚实可信且无违纪违法行为的学生可以进行申请，却没有对信用标准做出明确说明，所以在实际工作中，某些大学生为了获取国家的贫困补助或是助学贷款，会刻意地隐瞒家庭的真实状况，利用一些"关系"让自身的家庭信息变得不够真实。高校本身无法对每一名学生的经济信息完全核实，且学生分散在不同地区，贷款指标的分配问题成为当前的重点问题。某些有资格申请的学生无法享受到应有权益或出现资质问题。

2. **贷款款项的诚信使用**

发放国家助学贷款的目的是帮助经济困难的学生完成学业，并且以其信用作为主要的担保对象。通过相关调查研究得知，大部分学生都比较讲诚信，同时对于一些欺诈行为表现出深恶痛绝的态度。然而贷款款项在很多情况下并没有完全用于学习，某些款项被用在娱乐或其他非日常消费上面，这显然不利于制度的开展和推进，甚至会影响今后贫困学生的正当权利，使学校工作受到影响。

3. **贷款款项的诚信还款**

国家助学贷款并不需要其他个人信息、贷款信用标准等，但某些贫困大学生诚信意识过于淡薄的现象仍然存在。例如，部分毕业生工作不稳定、工资低导致无力还款；有些毕业生甚至屏蔽还款信息，更换手机号码，更换工作，不告知当地学生资助中心，也不在贷款系统进行修改；还有部分学生借了贷款，入学后把自己的户口迁入大学所在城市，有意进行信息屏蔽，导致资助中心无法与其取得联系来催缴贷款；有些毕业生故意逃避贷款偿还、不清楚还款政策或由于个人疏忽而逾期还款。诸如此类的问题也让银行助学贷款业务出现了严重障碍，银行与学校之间的合作也随之受到影响。应该明确的是，既然签订了助学贷款合约，就应该遵守合约下的责任、权利、义务，将履行合约的诚信放在首位，不应该因为个人疏忽而忘记履行还款责任。

（五）失信后果：贷款违约的相关责任

1. **信用关键词**

学生的失信行为除应受到道德谴责外，还会被记录在个人征信系统中，造成相应的违约后果。对于具体违约行为，需要了解部分信用关键词：

（1）个人征信系统（个人信用信息基础数据库）。个人征信系统是我国社会信用体系建设的重要基础设施，用于采集、保存、整理个人信用信息。任何公民，只要与银行发生过借贷关系，就能在国内各商业银行信贷网点查到其个人信用报告。

（2）个人征信系统收集的个人信息包括身份识别信息（姓名、身份证号码、家庭住址、工作单位等）、贷款信息（贷款发放银行、贷款额、贷款期限、还款方式、实际还款记录等）和信用卡信息。

（3）个人信用报告。全面记录个人信用活动，反映个人信用状况。个人征信系统为个人积累信誉财富，也会曝光不诚实守信的借款人，使其在全国各地都难以办理住房贷款等个人信贷业务。

对于部分同学来说，国家助学贷款记录会是你的第一条信用记录。你的贷款情况和还款情况会以个人信用报告的形式展现。

2. 助学贷款违约后果

国家助学贷款获得者必须遵守《贷款通则》和《合同法》等法律法规，按照《国家助学贷款合同》的约定按时足额归还贷款本息。贷款人如果违约，将承担以下后果：

（1）失约惩戒：未按贷款合同约定按时归还贷款本金的，根据实际逾期金额和逾期天数计收罚息，罚息利率为正常借款利率的130%。

（2）失信惩戒：按照国家相关规定，开发银行将对多次逾期、恶意拖欠贷款的借款学生采取以下措施：

一是将违约学生信息及共同借款人信息载入人民银行个人征信系统。一旦不良信用记录被载入个人征信系统，将直接限制学生及共同借款人的个人信用卡、购房贷款、购车贷款等几乎所有与金融机构有关的金融产品的申请与使用；

二是将违约学生信息载入毕业生学历查询系统，并向违约学生及共同借款人就业单位通报违约情况。这将对违约学生的就业、参加各种社会招聘考试等活动产生较大影响；

三是违约情节严重的贷款人还将承担相应法律责任。

（六）案例还原：生源地信用助学贷款违约还款案例

案例1：2009—2013年，大学生刘某办理了四笔共24 000元的生源地信用助学贷款。2016年年底，刘某经过3年的自主创业，具备了购房能力。当刘某向中国银行某支行递交房贷申请时，支行通过查询个人征信系统发现，刘某的生源地信用助学贷款存在累计60次逾期记录，因此拒绝了刘某的房贷申请。刘某非常后悔自己过去的失信行为，并以此为例，警示其他申请助学贷款的学生，要吸取其惨痛教训，做个诚信的人，按时还款。

个人征信系统建立后，如果借款人逾期不还银行贷款，将被记录到个人征信系统中，各商业银行通过查询个人征信系统，能够掌握该借款人的贷款偿还情况。通常情况下，逾期不还的借款人无法再从各家银行获得新的贷款。

案例2：2010—2012年，大学生张某办理了三笔共165 000元的生源地信用助学贷款。他2012年毕业后，巴林左旗资助中心的工作人员多次试图电话联系他及其共同借款人。由于全家搬到外地，张某没有在国家开发银行学生在线服务系统及时更新个人信息，无法联系上。2016年，张某的爱人向工商银行提交房贷申请，工商银行查询个人征信系统时发现，张某办理的助学贷款曾出现累计51次逾期的情况。鉴于张某的拖欠记录，工商银行拒绝了张某夫妻双方的房贷申请。后来张某给巴林左旗学生资助管理中心打来电话，对此后悔不已,表示今后将像爱护自己的眼睛一样,珍惜自己的信用记录。

已婚人士贷款买房,夫妻任何一方的信用记录不良,银行都会拒绝放贷。因此,借款人过去的信用行为将对其未来的经济活动产生重大影响。借款人应重视维护自身信用,只有这样才能防止因失信而被惩戒。

案例3:2009—2013年,大学生王某办理了四笔共17 500元生源地信用助用贷款,毕业后,由于忙于找工作,复习考公务员,竟然忘记了偿还贷款,逾期达10余次。2016年,他以高分考上了某行政机关的公务员,但是政审时,由于个人的不良信用记录,最终没有被录取。

案例4:大学生田某2010—2011年办理了两笔共11 000元的生源地信用助学贷款。大学毕业后,他找到了很好的单位,但因没按时还清助学贷款,逾期34次,失去了一次出国深造的机会。由于信用记录不良,他连签证都没办到。

【互动讨论】

讨论1:个人征信系统的不良记录会对生活有什么影响?

参考答案:

1. 影响贷款。如果个人有不良征信记录,将无法在银行贷款。

2. 影响出行。如果有不良征信记录,之前逾期不还款的行为会被纳入征信系统,个人的出行也会受到影响,比如,无法乘坐飞机、火车等。

3. 影响就业。很多公司在应聘者入职前都会对应聘者进行背景调查,如果查到不良征信记录,可能会拒绝应聘者入职。

4. 影响家庭生活。不良征信记录除了对自己有影响外,对家庭也是有一定影响的,比如夫妻双方中的一方信用记录不良,那么另一个人想要贷款买房买车,也会被拒绝。

讨论2:如果你自己申请了助学贷款,会不小心出现违约行为吗?

五、价值引领

诚信是中华民族的传统美德,是大学生德育的重要内容,是体现大学生思想道德素质的重要品质。借贷学生能否诚实守信、按时还款、如期履约,是对他们的责任和义务观念、良知信用和人格的检验。如果对国家助学贷款逾期不还,不仅会造成贷款银行的经营风险,而且会损害学校的信誉,损害当代大学生的社会形象,妨碍国家助学贷款政策的顺利施行,最终也将损害自己的切身利益。

古人云:"人之有德于我,不可忘;我之有德于人,不可不忘。""不可忘"意味着对施恩者要有感恩和回报意识。助学贷款的申请使同学们接受了国家、银行的帮助和支持,同学们也应该有知恩图报、回报社会的感恩意识,最基本、最起码的感恩意识就是要有按时还款、如期履约的责任观、义务观,做诚实守信的大学生。

主题七　知恩于心，感恩于行

班会模块	诚信·友善
适用学期	第一学期
班会形式	课堂讲授/互动辩论/情景重现

一、班会背景

古人云："滴水之恩，当涌泉相报。"感恩，是中华民族的传统美德，是一种生活态度、一种品德、一种责任。但是在我们的日常生活中，很多现象值得我们反思：有的学生顶撞老师、怨恨家长甚至埋怨社会；有的学生对教师的教育不耐烦，甚至有抵触和怨恨情绪；有的学生不思进取，怨天尤人，颓废消极，对社会、对人生充满抱怨；有的学生对于他人的帮助，觉得理所当然，不知道感恩。

做人，要懂得感恩。感恩是一种真情回馈，是一种做人态度。懂得感恩的人，人品一定不会差，运气一定不会少，因为越感恩，越幸福；懂感恩，天眷顾。心存感恩，遇见美丽。加强感恩教育，让同学们以乐观积极的心态去生活。

二、学习目标

（1）帮助同学们换位思考，学会体验他人的内心世界和情感；
（2）培养学生的利他思维，能体谅他人、帮助他人，从而形成健全的人格；
（3）让大学生传承中华优秀传统美德，学会感恩，懂得感恩。

三、前期准备

（1）学情分析，包括学生的年级情况、年龄情况、男女比例情况、认知情况、存在感恩缺失情况，并预估主题班会后学生感恩之心的提升情况；
（2）查找感恩相关资料、案例。

四、班会过程

【开场白导入】

一个懂得感恩的人，他的身边是不缺朋友、不缺欢声笑语的。如今，很多人把别人对他的帮助和照顾当成理所当然，对于别人的帮助并无感恩之心。因此，感恩教育成为新时代高校教育的重要组成部分。大学生是社会主义的建设者和接班人，他们更应该学会感恩，将感恩践行到建设社会主义现代化国家的伟大征程中。作为一名大学生，我们应该感恩祖国、感恩老师、感恩父母、感恩朋友，并且时刻知恩于心，感恩于行。

（一）感恩国家

1. 纵览世界，感恩祖国给了我们和平幸福的生活

当前，世界仍不太平，叙利亚、阿富汗、利比亚等国家因战争导致上百万人死亡，几千万人流离失所沦为难民，弱国无外交，叙利亚战争更让我们清醒认识到了这一点。如今祖国强大了，我们庆幸自己生活在中国，感谢祖国，给我们带来岁月静好。我们要清醒地认识到我们并不是生活在一个和平的年代，只是生活在一个和平的国家，感恩强大的祖国给了我们幸福美好的生活。

2. 放眼当下，感恩祖国带给我们的健康平安

2020年突如其来的新冠肺炎疫情，让我们深刻认识到祖国的伟大、人民的伟大、中国共产党的伟大。党和政府始终把人民群众的生命安全和身体健康放在第一位，制定周密方案，组织各方力量开展防控，采取切实有效措施，坚决遏制疫情蔓延势头。生命重于泰山，疫情就是命令，防控就是责任，把疫情防控工作作为当前最重要的工作来抓。

在抗击疫情斗争中，我们看清了一切。我们感谢这个时代，感恩我们的祖国！

3. 追忆求学，感恩国家带给我们的精准资助

国家特别重视教育，不让一个学生因为贫困而辍学。国家建立了完善的奖、助、勤、贷、免、补的资助体系。在国家政策的帮助下，受助者应该心怀感恩，努力奋斗，发奋图强，把握求学时光，磨炼自己，做一个对社会有贡献的人，在日后可以帮助更多的人，让爱在互帮互助中永久传递。懂得感恩，才能让更多的人加入资助者的行列中来，才能让资助、受助成为良性循环。

（二）感恩教师

一支粉笔，两袖清风，三尺讲台，四季晴雨。教必有方，滴滴汗水，诲人不倦，点点心血，桃李满天下。无论是在我们的生活中还是学习上，老师都扮演着重要的角色。每一位老师都曾给我们带来很多的感动。他们是屹立的灯塔，年复一年坚守在自己的岗位上；他们是不灭的明灯，指引着我们前行的方向。

1. 毛主席尊老敬贤

毛泽东主席非常尊敬自己的老师。张干原是毛泽东在第一师范学校学习时的校长，曾开除过毛泽东。新中国成立后，张干生活十分困难，毛泽东知道后，几次寄钱，并出面让地方政府解决张干的工作，还邀请张干来京观光。徐特立是毛泽东的老师，徐老60岁生日时，毛泽东专门写了一封贺信，说道："你是我20年前的先生，你现在仍然是我的先生，你将来必定还是我的先生。"并对徐特立做了高度评价。新中国成立后，毛泽东又邀请徐特立到北京，做了几样家乡菜为老师洗尘。上桌前，徐老对毛泽东说："你是全国人民的主席，应该

坐上席。"毛泽东马上谦让道："您是主席的教师，一日为师，终身是父，您更应该坐上席。"他硬让徐老坐了上席。几日后话别，毛泽东将自己的一件呢子大衣送给徐老，并拉着老师的手，依依不舍，送了一程又一程。

2. **谭千秋老师的故事**

在 2008 年 5 月 12 日，下午 2 点多钟，谭千秋老师在教室上课。他正讲到高潮部分时，房子突然剧烈地抖动起来。地震！谭千秋意识到情况不妙，立即喊道："大家快跑，什么也不要拿！快！"同学们迅速冲出教室，往操场上跑。房子摇晃得越来越厉害了，并伴随着刺耳的吱吱声，外面阵阵尘埃腾空而起……还有四位同学已没办法冲出去了，谭千秋立即将他们拉到课桌底下，自己弓着背，双手撑在课桌上，用自己的身体盖着四个学生。轰隆隆——砖块、水泥板重重地砸在他的身上，房子倒塌了……

让学生思考：为什么老师要对你们的成绩和表现"步步紧逼"？为什么老师要对你们的某些行为一次又一次说教？为什么老师有时候会大动肝火地批评你们？作为大学生，大家是否还记得教师节？是否还和中小学时一样，通过贺卡、鲜花、电话、短信等多种方式，在这一天向自己的老师表达感恩之心呢？

讨论环节：让同学讨论自己与老师相处的点点滴滴。

教师总结：老师的心，和父母一样。父母给了你生命，老师给了你灵魂；父母给了你肉体，老师给了你思想。愿天下的孩子孝顺父母，愿天下的学子爱戴老师。

（三）**感恩父母**

【问题引入】

算一算父母一年在家的花费和自己每年在学校的花费。

说说自己在学校的花费以及开销的来源。

1. **知恩**

首先，我们接受的教育年限比较长，父母用在我们身上的教育花费更多；其次，现在大学生就业形势越来越严峻，父母好不容易等到孩子大学毕业了，就业难却又牵动着天下父母的心；再次，大学生买房子、结婚，父母还要操心；最后，等我们这些大学生都成家立业了，父母依然不能安享晚年。

2. **报恩**

学会独立生活，少让父母操心；尊重父母，理解父母；多和家里联系，常回家看看；珍惜大学生活，学有所成；及时行孝，回报父母。

3. **行动**

放假回家，每一位同学在家里帮父母做一件事（做饭、洗碗，帮他们捶背、按摩、洗衣服等），让他们感受到你的爱心。

（四）知恩于心，感恩于行

1. 让我们拥抱亲情，感恩父母

报答父母的养育之恩，就是要常常关心父母，处处体谅父母，时时孝敬父母。我们感恩父母，就要体会父母的艰辛，尊重父母的劳动，做到不浪费、不乱花钱，培养勤俭节约的好习惯。

2. 让我们认真学习，感恩老师

老师是我们成长过程中的引路人，作为学生，我们要学会感恩。自觉遵守校规校纪，课堂上积极举手发言，认真完成每次作业，遇到老师轻轻地问候一声"老师好"，努力拼搏，争取优异的成绩……这些都是对老师辛勤劳动的最好回报。

3. 让我们珍惜友情，感恩同学

我们每个人都渴望得到他人的帮助，渴望纯真的友情。那么请记住，怀着一颗感恩的心与同学交往吧！帮助过我们的，我们不能忘记。当同学遇到困难时，我们要伸出援助之手去帮助他们。与同学真诚沟通，才能维系珍贵的同窗友情。

4. 让我们帮助他人，感恩社会

我们要关注弱势群体，关心社会公益事业；常说感恩的话，常读感恩的书，积极宣传感恩的美德；用一颗感恩的心，做一些力所能及的事来回报社会。

5. 让我们爱护环境，感恩自然

我们要感谢大自然造就了青山绿水，赐予了阳光雨露；我们要感谢学校给了我们一个美丽、舒适的学习环境。让我们从爱护学校的一草一木做起，增强环保意识，珍惜大自然的养育之恩。

感恩于心，报恩以行。只要我们多一分宽容和理解，多一些关爱和真诚，人间就会多一些温暖与和谐。同学们，让我们行动起来，使我们的校园在这缕感恩的春风中变得更加文明、平安、和谐，让我们的未来变得更加灿烂和美好。让我们共同呼唤：感恩，与你我同行！

五、价值引领

感恩是积极向上的思考和谦卑的态度。当一个人懂得感恩时，便会将感恩化作一种充满爱意的行动，实践于生活中。一颗感恩的心，就是一粒和平的种子，因为感恩不是简单的报恩，它是一种责任，是自立和自尊，是一种追求阳光人生的精神境界！感恩是一种处世哲学，是一种生活智慧，更是成就阳光人生的支点。

感恩是一种文明，感恩是一种素质，感恩是一种品质。人有了感恩之心，人与人、人与社会、人与自然也会变得更加和谐，更加亲切。

主题八 三人行，必有我师焉

班会模块	诚信·友善
适用学期	第一、三、五学期
班会形式	课堂讲授/互动讨论/情景模拟

一、班会背景

子曰："三人行，必有我师焉。择其善者而从之，其不善者而改之。"学海无涯，知识是无限的，青年学生今天所学的知识只是在无边无际海洋中的一个岛屿，学会发现他人的长处，并虚心求教，才能不断进步。一个人的智慧有限，而知识无涯，因此，学习生活中总会碰到许多疑难问题。

习近平总书记在同各界优秀青年代表座谈时曾寄语青年："广大青年要坚持面向现代化、面向世界、面向未来，增强知识更新的紧迫感，如饥似渴学习，既扎实打牢基础知识又及时更新知识，既刻苦钻研理论又积极掌握技能，不断提高与时代发展和事业要求相适应的素质和能力。要坚持学以致用，深入基层、深入群众，在改革开放和社会主义现代化建设的大熔炉中，在社会的大学校里，掌握真才实学，增益其所不能，努力成为可堪大用、能担重任的栋梁之材。"要引导青年学生勤学、好问、修德、明辨、笃实，成为社会主义核心价值观的坚定信仰者、积极传播者和模范践行者。

二、目的意义

（1）引导学生正视自己的不足，虚心求教、不耻下问，养成"取其精华，去其糟粕"的学习习惯。以"人皆我师"的学习态度，在虚心求教中获得真知；

（2）帮助学生树立敢于钻研、勇于磨砺的心态，强化对工匠精神的认知，尊崇和弘扬工匠精神的优良传统。

三、前期准备

（1）收集整理关于"三人行，必有我师焉"的古文释义、古文出处及背景资料；

（2）收集整理典故，如《三个臭皮匠，顶个诸葛亮》《孔圉的故事》等；

（3）准备有关工匠精神的视频《大国工匠》。

四、班会过程

(一)"三人行,必有我师焉"的内涵和外延

【背景导入】

大教育家孔子是个善于学习的人,他勤思好学,不耻下问。有一次,孔子和学生们正在赶路,忽然一个小孩子挡住了他们的去路。原来,这个小孩子正在路上用砖瓦石块垒一座"城池"。孔子叫那个小孩让路,而小孩却说:"这世上只有车绕城而过的,还没有把城池拆了给车让路的。"孔子想:确实不能把这孩子摆的城池当成玩具。我这样想,可孩子不这样想啊。我倡导礼仪,没想到让孩子给问住了。孔子十分感慨地对他的学生说:"三人行,必有我师!这孩子虽小,却懂礼仪,可以做我的老师了。"

问题:孔子为什么会说路遇的这个小孩子能成为他的老师?

孔子被列为"世界十大文化名人"之首,也被尊为儒家始祖,相传弟子有三千人之多。这样知识渊博、受人尊崇的人都能够做到勤学多思、不耻下问,可见人总会有自己不了解的知识领域,在这些领域里,别人也能成为自己的老师。

1. **"三人行,必有我师焉"的内涵**

"三人行,必有我师焉",出自《论语·述而》。原文是,子曰:"三人行,必有我师焉。择其善者而从之,其不善者而改之。"意思是,孔子说:"别人的言行举止,必定有值得我学习的地方。选择别人好的方面来学习,看到别人的缺点,就反省自身有没有同样的缺点。如果有,就加以改正。"

2. **外延**

一方面,择其善者而从之,见人之善就学,是虚心好学的精神。另一方面,其不善者而改之,见人之不善就引以为戒,反省自己,是自觉加强修养的精神。同时体现了与人相处的一个重要原则。随时注意学习他人的长处,随时以他人的缺点引以为戒,自然就会多看他人的长处,与人为善,待人宽而责己严。这不仅是修养自身、提高自己的最好途径,也是促进人际关系和谐的重要条件。

(二)知古鉴今 古为今用

【名句导读】

虚心使人进步,骄傲使人落后。——毛泽东

当我们大为谦卑的时候,便是我们最接近伟大的时候。——泰戈尔

一个骄傲的人,总是在骄傲里毁灭了自己。——莎士比亚

【典故分享】

典故一:有一次诸葛亮带领军队准备过江,无奈江水实在是太过于湍急了,打头阵的过江的船队都因为不能控制好船的方向而被江水冲跑、触礁沉没了。诸葛亮非常着急,一时间

无法过江。但是，在江边的三个做牛皮生意的皮匠告诉诸葛亮，只要用牛皮吹鼓了当作筏子，就能顺利过江。诸葛亮听取了他们的建议，果然很轻松地带领大军过了江。之后，"三个臭皮匠，顶个诸葛亮"的故事被广泛流传于民间。(摘自百度百科)

典故二：春秋时期，卫国有个人叫孔圉，勤奋好学，而且很谦虚。他死了以后，卫国的国君为了表彰他，并让后人学习他的好学精神，就赐给他一个"文"的称号。所以，后来人们就尊称他为"孔文子"。孔子有个学生叫子贡，也是卫国人。他认为孔圉不像人们所说的那样，称他为"孔文子"，似乎是评价过高了。他想来想去，觉得不能理解，就去向孔子请教。子贡说："那个孔文子并没有什么了不起，凭什么要赐给他'文'的称号？"孔子回答说："孔圉聪明好学，勇于向地位和学识不如自己的人虚心请教，而不会感到丢脸，这是非常了不起的，所以要赐给他'文'的称号。"子贡听孔子这样一说，猛然省悟，感到心悦诚服。(摘自百度百科)

典故三：徐悲鸿是中国现代画家、美术教育家。据说有一次，徐悲鸿正在画展上评议作品，一位乡下老农上前对他说："先生，你这幅画中的鸭子画错了，你画的是麻鸭。雌麻鸭尾巴哪有这么大？"众人都认为老人十分冒失，而徐悲鸿却将老人扶上台，让他指出自己的不足。原来徐悲鸿展出的《写东坡春江水暖诗意》画中，麻鸭的尾羽大且卷曲如环。老农告诉徐悲鸿：雄麻鸭羽毛鲜艳，有的尾巴弯曲；雌麻鸭为麻褐色，尾巴是很短的。徐悲鸿接受了批评，并向老农表示深深的谢意。结果，徐悲鸿听了老人说的话，绘画技术更加高超了，他画出来的画精妙绝伦。(摘自百度百科)

古今中外，读书治学最终成大器者，大多十分注重结交学友。宋代大文学家范仲淹写诗时，经常邀请名士同床共读，以致油灯的烟把蚊帐顶熏得漆黑。孔子也说："三人行，必有我师焉，择其善者而从之，其不善者而改之。"其实就是强调学习应该注重交流碰撞。对个人而言如此，对一个国家、一个民族、一种文化来说，同样是这样。习近平总书记指出："文明因交流而多彩，文明因互鉴而丰富。"从埃及文明、两河文明到希腊文明，从亚洲文明、非洲文明到美洲文明，中国应该以学习借鉴的态度，取长补短、择善而从，把跨越时空、超越国度、富有永恒魅力、具有当代价值的优秀文化弘扬起来。

(三) 虚心使人进步，骄傲使人落后

【视频导入】

观看视频：《大国工匠》(摘自央视网)

1. 虚心学习成就大国工匠

《大国工匠》是2015年"五一"开始由央视新闻推出的系列节目，讲述了不同岗位的劳动者用自己的灵巧双手，匠心筑梦的故事。裴永斌就是其中的一位。练就"金手指"、铸就大工匠的裴永斌，是哈电集团电机公司水电分厂的一名卧车车工。他30余载专注于技术，不断挑战技术极限，练就了一手加工弹性油箱的"绝活儿"，并研究开创了弹性油箱的智能制造加工技术，实现了几代操作者的梦想。裴永斌是哈电集团哈尔滨电机有限责任公司的首席技师，是黑龙江技术工匠的杰出代表，曾获全国劳动模范、国务院国资委优秀共产党员、全国技术能手、全国首届十大质量工匠、全国机械行业有突出贡献技师等荣誉称号，享受省政府特殊津贴。

1985年，裴永斌从部队转业，来到哈尔滨电机厂，抱着"无论做什么工作，干哪一行，都要把它做到极致"的心态，投入车工岗位上，从初到工厂的新人逐渐成长为全国劳模、大国工匠，一干就是三十几年。在多年一线工作中，他练就了一身过硬的技术本领，曾参与三峡、乐滩、溪洛渡、向家坝、厄瓜多尔CCS等多个国内外大型水电站的产品加工任务，创造了诸多骄人业绩，在哈电集团甚至整个电力装备制造领域都有极高的知名度。

这群不平凡劳动者的成功之路，不是进名牌大学、拿耀眼文凭，而是默默坚守、孜孜以求、勤奋好学、不耻下问，在平凡岗位上，追求职业技能的完美和极致，最终脱颖而出，跻身"国宝级"技工行列，成为一个领域不可多得的人才。

而当代大学生所热烈追捧的优质偶像，不仅有着帅气的外形，还有勤奋努力的工作态度、谦逊好学的吃苦精神。只有这样，才能让自己变得越来越优秀，得到更多人的认可。由此可见，一个人无论懂得多少知识，都应该时刻保持谦逊的品格，善于发现他人的长处，取长补短。唯有如此，方能收获成功。

2. 虚心铸就榜样

榜样就是前进的方向。李昌生，勇立时代潮头，主动接受前沿科技的洗礼，扑下身子一心破解创效密码，以创新思路萃取化繁为简的"良方"，育种蹲苗，让创新的种子生根发芽、开花结果，用一项又一项技术的突破为企业赢得了先机。他说："虚心是进步的唯一秘诀。""产品设计的过程中提意见的人越多，对产品的把握就越大。设计人员要多开阔眼界，多在实践中摸索，并且不断提升自己的理论知识水平，别人提出意见时个人才会有所触动，才能集思广益。"

成长的每一个细节都是从虚心学习开始的。要时刻保持一颗谦逊之心，谦逊是成功的必要条件。正确地认识自己，以热情的态度学习他人的经验，取长补短，不断完善自己，才能踏上成功的云霄。

（四）青年的使命与传承

1. 学会谦虚

谦虚是一种态度。面对困难，无力面对之时，需要的是谦虚请教他人，而不是做无用功。学会谦虚，才能够获得成功的人生。心高气傲、自以为是、自命不凡，只会令自己一事无成。只有端正了态度，学会谦虚，才能做出一番成就。谦虚是一种品质，龟兔赛跑的故事中，兔子拥有先天条件，却不知加以利用；乌龟虽然先天不足，但它通过后天努力也获得了成功。毛泽东主席说："虚心使人进步，骄傲使人落后。"无论处在多么不利的环境中，只要谦虚谨慎，终会做出一番成就。

2. 勇于磨砺

无论是优质偶像还是大国工匠，他们文化水平不同、年龄有别，但都拥有几个共同的闪光点——热爱本职、敬业奉献、虚心求教、谦逊有礼。作为工匠，他们技艺精湛，有人能在牛皮纸一样薄的钢板上焊接而不出现一丝漏点，有人能把密封精度控制在头发丝的五十分之一以内，还有人检测手感像 X 光般精准。那些演艺工作者刻苦钻研演技，不断提升自我。他们之所以能够匠心筑梦，凭的是好学和钻研，靠的是专注与磨砺。那些热爱本职、脚踏实地、勤勤恳恳、兢兢业业、尽职尽责、精益求精的人，都有可能在自己的领域里取得成功，成为别人的老师。术业有专攻，虚心求教别人，不断壮大自己的力量，才可能成就一番事业，才有望拓展人生价值。

【情景模拟】

邀请两组同学，针对这堂课的学习收获演绎两种不同的态度：一种是谦逊的态度，另一种是不谦逊的态度，并请其他同学进行感受点评。

五、价值引领

在名人事迹中不难发现，越是成功的人，越是经历丰富。见识过不同的人，才知道要学习的东西很多，永远在追求知识的路上。人无完人，没有一个人能懂得世间所有的知识，只有不断学习别人的长处，充实自己的知识库，才会越来越靠近成功。如果能认识到他人的长处，虚心求教，不耻下问，则更能获得真知。只有谦虚的人才能经常发现自己的不足，从而得到各方面的指导和帮助，使自己不断进步。

主题九　明礼知耻，崇德向善

班会模块	诚信·友善
适用学期	第一学期
班会形式	课堂讲授/互动讨论

一、班会背景

中华民族是礼仪之邦，中华文化源远流长，中华美德世代传承。知道礼数，明白廉耻，崇尚德行，心向善良。明礼知耻、崇德向善是营造美好社会风气的必要保证，良好的社会风气不仅给他人、给社会带来愉悦，也给个人带来快乐与幸福。作为新时代大学生，我们应继承和发扬中华民族的传统美德，不可"以耻为荣"，更不可"以荣为耻"。要树立正确的荣辱观，积极践行社会主义核心价值观。正确区分是与非、善与恶、美与丑的界限，明礼知耻，崇德向善。

二、学习目标

（1）培养学生"明礼知耻、崇德向善"的理念；
（2）帮助学生树立日常文明礼仪意识。

三、前期准备

（1）通过网络等途径收集整理以"明礼知耻、崇德向善"为主题的资料；
（2）收集整理典故，如《黄香温席》《子路借米》等；
（3）准备与"明礼知耻、崇德向善"有关的视频：《共和国勋章获得者——黄旭华泪目讲述自己家庭与国家的抉择》《背母上学孝子重返大山——专访最美教师刘秀祥》。

四、班会过程

【前言】

社会主义核心价值观基本内容：
国家层面：富强、民主、文明、和谐；
社会层面：自由、平等、公正、法治；
公民层面：爱国、敬业、诚信、友善。
践行社会主义核心价值观，把这些美好的道德准则融入社会生活中，是家庭美德；融入社会劳动中，是职业道德；融入社会关系中，是社会公德；对于学生自己而言，是自我完善；当遇到问题和困难时，便可以明是非、知善恶、辨美丑，保有感恩、进取之心，进而减少错误，安心学习，茁壮成长。

（一）"五礼"的内涵

1. 仁

中国古代一种含义极广的道德范畴。本指人与人之间相互亲爱。孔子把"仁"作为最高的道德原则、道德标准和道德境界。他第一个把整体的道德规范集于一体，形成了以"仁"为核心的伦理思想结构，它包括孝、弟（悌）、忠、恕、礼、知、勇、恭、宽、信、敏、惠等内容。其中孝悌是仁的基础，是仁学思想体系的支柱之一。

2. 义

中国古代一种含义极广的道德范畴。本指公正、合理而应当做的。义是一个内容丰富的道德范畴，在中国伦理思想史上有着重要地位。

3. 诚

指对国家、对人民、对事业、对上级、对朋友等真心诚意、尽心尽力、没有二心。诚，代表着诚信、守信和服从。诚对我们来说并不陌生。中华民族悠久灿烂的古代文明为后世留下了取之不尽的精神财富。

4. 敬

尊重，有礼貌地对待。先辈们的人格魅力和品格素养经过千年的积淀，形成了今天中华民族伟大的品格，其中所倡导的恭敬就是一种优良的品格。

5. 孝

孝道就是感恩。感恩是一种力量，感恩是一种责任，感恩是一种义务。"顺"是"孝"的具体体现。子女是父母生养，从出生开始，喂养抚育，洗浆补丁。子女对父母尽孝是一种基本道德，是社会道德的基础。孝是天经地义的人类本性。

【典故分享】

典故一： 东汉时的黄香是历史上公认的"孝亲"典范。黄香小时候家境困难，10岁失去母亲，父亲多病。闷热的夏天，他在睡前用扇子赶打蚊子，扇凉父亲睡觉的床和枕头，以便父亲早一点入睡。寒冷的冬夜，他先钻进冰冷的被窝，用自己的身体暖热被窝后才让父亲睡下。冬天，他穿不起棉袄，为了不让父亲伤心，他从不叫冷，表现出欢呼雀跃的样子，努力在家中造成一种欢乐的气氛，让父亲开心，早日康复。（《黄香温席》，摘自百度百科。）

典故二： 子路，春秋末期鲁国人。在孔子的弟子中以勇敢、孝顺闻名。但子路小的时候家里很穷，长年靠吃粗粮野菜度日。有一次，年老的父母想吃米饭，可是家里一点米都没有，子路想：要是翻过几道山到亲戚家借点米，不就可以满足父母的这点要求了吗？于是小小的子路翻山越岭走了十几里路，从亲戚家背回了一小袋米。看到父母吃上了香喷喷的米饭，子路忘记了疲劳。邻居们都夸子路是一个勇敢孝顺的好孩子。（《子路借米》，摘自百度百科。)

(二)"五耻"的内涵

1. 懒

宋国有个农夫,正在田里翻土。突然,他看见有一只野兔从旁边的草丛里慌慌张张地窜出来,一头撞在田边的树墩子上,便倒在那儿一动也不动了。农民走过去一看,兔子死了。因为它奔跑的速度太快,把脖子都撞折了。农民高兴极了,他一点力气没花,就白捡了一只又肥又大的野兔。他心想,要是天天都能捡到野兔,日子就好过了。从此,他再也不肯出力气种地了。每天,他把锄头放在身边,躺在树墩子跟前,等待着第二只、第三只野兔自己撞到树墩子上来。农民当然没有再捡到撞死的野兔,而他的田地却荒芜了。因为没能再次得到兔子,农民自己沦为宋国人的笑柄。(《守株待兔的故事》,摘自百度百科。)

2. 贪

三国时,蜀国的皇帝刘备在驾崩之前,把皇帝的位置传给他的儿子刘禅,并请丞相诸葛亮来辅佐刘禅治理国家。刘禅有个小名叫作阿斗。阿斗当了皇帝后,每天只会吃喝玩乐,根本不管事。还好,有诸葛亮帮他撑着,蜀国才能一直很强盛。可是,当诸葛亮去世之后,魏国马上派兵来攻打蜀国。蜀国不但打不过魏国,阿斗还自愿投降,带着一些旧大臣到魏国去当"安乐公",继续过着吃喝玩乐的日子,完全忘记自己的国家已经灭亡了。有一天,魏国的大将军马昭请阿斗吃饭,故意叫人来表演蜀国的杂耍,想羞辱这些蜀国来的人。旧大臣们看到这些蜀国的杂耍,都非常的难过,可是,阿斗却高兴地拍着手说:"好耶!好耶!真是好看耶!"一点也没有伤心的样子。后来,司马昭故意讽刺阿斗说:"怎么样?在这里过得开心吗?想不想蜀国呀?"没想到,阿斗居然开心地说:"此间乐,不思蜀。"意思是说:"不会呀!在这里有的吃有的玩,我呀,一点也不想念蜀国呢!"司马昭听了以后,在心里窃笑:"真是一个扶不起的阿斗呀!难怪会让自己的国家亡掉!"(《刘禅的故事》,摘自百度百科。)

3. 奢

习近平总书记强调:"不论我们国家发展到什么水平,不论人民生活改善到什么地步,艰苦奋斗、勤俭节约的思想永远不能丢。艰苦奋斗、勤俭节约,不仅是我们一路走来、发展壮大的重要保证,也是我们继往开来、再创辉煌的重要保证。"严禁铺张浪费,不仅关系人民群众切身利益,更关系党和国家长远发展。铺张浪费会吞噬发展成果。"奢侈之费,甚于天灾。"如果不加珍惜,随意挥霍浪费,即使金山银山也会吃光挖净。铺张浪费会败坏社会风气。"俭,德之共也;侈,恶之大也。"铺张浪费不仅会毁掉有形的物质成果,更可怕的是对人精神的腐蚀。

4. 浮

古时候宋国(今为商丘)有个农夫,种了稻苗后,希望能早早收获。他总是觉得禾苗长不高。他等得不耐烦了,便将稻苗拔高几分。经过一番辛劳后,他满意地扛锄头回家休息,然后对家里的人说:"今天我可累坏了,我帮助庄稼苗长高一大截了。"他儿子赶快跑到地里去一看,禾苗全都枯死了。(《拔苗助长》,摘自百度百科。)

5. 愚

迷信、盲从产生于猎奇心理、情绪发泄和懒惰习惯,基本不做分析、判断。迷信和盲从,首先会令人接触不到真相,其次会帮助谣言滋生,助长愚弄和欺骗,成为迎合大众口味的虚假信息生产链的源头,再次会让人失去独立思考、分辨的习惯,久而久之,会减弱这个能力,而独立思考、判断,是每个公民都应具有和珍视的品质。

【观点碰撞】

问题一:如何看待某地拟规定,公交车上乘客不让座罚款50元?

问题二:在学校里捡到钱该不该还?

学生分组讨论,进行分享交流。

(三)"明礼知耻,崇德向善"源远流长

明礼知耻,崇德向善是维系社会关系和良好风气的丰厚营养,有它独特的内涵,闪烁着鲜明华丽的光芒。它犹如一种元素,融入了中华儿女的血液;更似一盏明灯,点亮了我们前行的道路。

明礼知耻,崇德向善。先贤用他们的思想和智慧为民族赢得了"礼仪之邦"的美称。然而,在经济飞速发展的今天,有些人丢弃了它,对待呕心沥血的师者,少了几分尊敬,多了几分挑剔;对身边有残疾的同学少了几分关怀,多了几分疏远;对他人的演讲,少了几分尊重,多了几分评头论足;每当集会结束时,场地上到处是垃圾,人们无视清洁工人辛苦劳作的背影。子曰:"见贤思齐焉,见不贤而内自省也。"在中华民族对于"明礼知耻,崇德向善"的传承中,无数的先贤前辈为我们做出了光辉的榜样。

【典故分享】

典故一:谦让团结,知错就改

渑池会结束以后,由于蔺相如劳苦功高,为赵国作出了卓越的贡献,被封为上卿,位在廉颇之上。廉颇很不服气,扬言要当面羞辱蔺相如。蔺相如得知后,尽量回避、容让,不与廉颇发生冲突。蔺相如的门客以为他畏惧廉颇,然而蔺相如说:"秦国不敢侵略我们赵国,是因为有我和廉将军。我对廉将军容忍、退让,是把国家的危难放在前面,把个人的私仇放在后面啊!"这话被廉颇听到,就有了廉颇"负荆请罪"。蔺相如见廉颇如此,连忙热情地出来迎接。从此以后,他们俩成为刎颈之交,同心协力保卫赵国。

典故二:尊师重道

杨时,将乐县人,四岁入村学习,七岁就能写诗,八岁就能作赋,人称神童。他十五岁时攻读经史,熙宁九年登进士榜。有一年,杨时赴浏阳县令途中,不辞劳苦,绕道洛阳,拜著名理学家、教育家程颐为师。时值冬季的一天,杨时因与学友游酢对某问题有不同看法、为求正解而一起到老师家请教。他们顶着凛冽寒风来到程颐家时,适逢先生坐在炉旁打坐养神。他们二人不敢惊动老师，就恭恭敬敬地侍立在门外，等候先生醒来。过了很久，程颐一觉醒来，从窗口发现侍立在风雪中的杨时和游酢。只见他们通身披雪，脚下的积雪已有一尺多厚了。程颐赶忙起身，迎他俩进屋。此后，"程门立雪"的故事就成为尊师重道的美谈。

典故三：爱国敬业

由于核潜艇研制过程中有严格的保密制度，长期以来，黄旭华不能向亲友透露自己是干什么的，也由于研制工作实在太紧张，从1958—1986年，他没有回过一次老家海丰探望双亲。直到2013年，他的事迹逐渐被"曝光"，亲友们才得知原委。1988年，南海深潜试验，黄旭华顺道探望老母，95岁的母亲与儿子对视却无语凝噎。30年过去了，62岁的黄旭华，也已双鬓染上白发。面对亲人，面对事业，黄旭华隐姓埋名30载，默默无闻，寂然无名。

（四）"明礼知耻，崇德向善"的意义

1. 中华民族优良传统的发扬

中华民族历来有"礼仪之邦"的美称。先人倡导仁爱和谐、正义奉公、尚礼守法、崇智求真、诚实守信等道德准则，成就了中国人民不屈的精神灵魂。中华民族追求和谐、谦和好礼、诚信克己、与人为善、勤俭廉政、刻苦耐劳和精忠报国的思想道德品质和文明素养。

正是在这样的传统文化的滋养下，中华民族走向繁荣昌盛。中华文化源远流长："路漫漫其修远兮，吾将上下而求索"，这是伟大爱国诗人屈原的气节；"至今思项羽，不肯过江东"，李清照羡慕项羽真豪杰；"安得广厦千万间，大庇天下寒士俱欢颜"，展现了杜甫的理想与抱负；还有"程门立雪"的尊师重教；有"孔融让梨"的尊长敬兄之美德；有"精忠报国"，岳飞之母为其刺字；有刘备"三顾茅庐"之恭敬；有"负荆请罪"中廉颇之谦让；有林则徐"苟利国家生死以，岂因祸福避趋之"的责任心；有周恩来"为中华之崛起而读书"的民族气节；有"好好学习，天天向上"，领袖毛泽东对少年儿童的题词等等。

2. 有利于实现人生理想

梁启超被公认为中国历史上一位百科全书式的人物。他是中国第一个在文章中使用"中华民族"一词的人。梁启超一生勤奋，著述宏富，每年平均写作达39万字之多，各种著述达1 400多万字。"少年智则国智，少年富则国富，少年强则国强……"梁启超的一篇《少年中国说》，照亮了中国，照亮了世界。家训传承，梁启超的儿子儿媳（梁思成和林徽因）及其后代也都非常优秀，是清华大学和北京大学的骄子！"红日初升，其道大光；河出伏流，一泻汪洋……美哉，我少年中国，与天不老！"他的诗文传诵至今，历久不衰。他是太阳，万丈光芒，必将影响一代代中华少年，给民族的未来播撒希望的种子。梁启超用高尚的道德情操作为底色，用自己伟大的人格描绘了自己不朽的人生，成为国家栋梁；作为榜样，为人类做出了重要的贡献！

3. 社会主义核心价值观引领社会进步的重要体现

教育遍地开花，明礼知耻、崇德向善、奋发向上的文明素养是社会主义核心价值体系的重要内容。在学生学习实践中，这些文明素养渗透于学校各种文化活动中，既能让学生有知

识可寻，也能让学校有发展方向可寻。伴随着社会主义核心价值观的深入人心，社会公德作为一种无形的力量，在很大程度上能够约束人们的日常行为。要对学生进行品德教育，让新时代的大学生自觉做到自我学习、自我反思、自我践行。

4. 推动社会主义精神文明建设

"知之弥深，持之弥久。有效践行社会主义核心价值观，需要系统深入的认知作为思想基础。"学生阶段是人生的关键时期，要学会在复杂的社会生活中辨别是非善恶，做出正确的选择，不跟随作恶，学会自我保护。针对各方面的社会信息，要在头脑中过滤筛选，运用良知的标尺加以判别。以一颗"明礼之心"对待身边所有的人，以"崇德向善"之思想约束自己的言行，做一个品德高尚之人。

（五）新时代大学生如何践行"明礼知耻，崇德向善"

1. 勿以善小而不为 勿以恶小而为之

通过丰富多彩的学习、宣传、教育活动，牢牢把握价值目标，深刻理解价值取向，自觉遵守价值准则。让积极向上的思想和精神在我们的心中扎根、开花、结果，从而转化为崇德向善、奋发向上的实际行动。努力弘扬中华民族的传统美德，而一切美德的基础就是爱。爱是生命的阳光。心存爱别人的心，去做力所能及的事。在校园内更是如此，从身边的小事做起，不乱扔垃圾、不骂人、尊敬师长、不做违纪的事。明礼知耻是中华民族几千年传承下来的重要精神，崇德向善是中华文明发展的结晶。要以明礼知耻、崇德向善的精神为引领。讲道德，树明礼向善之风，做正直友善的人；讲学习，树艰苦奋斗之风，做勤劳节俭的人；讲健康，树崇文尚洁之风，做健康开朗的人；树立和谐之风，做遵纪守法的人；树互助友爱之风，做热心志愿服务的人。

2. 主动培养家国情怀

明礼知耻，是促进社会文明发展的前提，崇德向善是促进人类进步的精神力量。重在坚持，培育明礼知耻、崇德向善的精神。对这种精神要崇尚和坚守。就个人而言，这是一种良好的品性习惯；就一个班级而言，这是一种健康向善的班风学风；就一所学校而言，这是一个和谐文明的精神家园。注重修身，才会有朝气蓬勃的生命，才会有不断出彩的人生。每个人心底要蕴藏着善良的道德意愿，建设我们共有的精神家园，所有大学生都应该自觉成为传统美德的传承者和良好社会道德风尚的建设者。

3. 知行合一

孟子曰："爱人者，人恒爱之；敬人者，人恒敬之。"明礼犹如一面镜子，你尊重他人，讲礼仪，他人自然会向你投来尊重的目光。在我们的生活中，文明礼貌的作用是巨大的：一声"对不起"，能化解剑拔弩张的冲突；一个友善的微笑，犹如一道阳光，温暖他人的心田；一次真诚的援助，便能唤醒世间的爱心。所以说，明礼知耻能使一个人变得更高尚，能使一个国家变得更强盛。能以一颗明礼知耻的心对待身边的人，生活的家园才会充满和谐与欢乐，思想才会光芒四射，民族才会屹立于世界民族之林。

五、价值引领

习近平总书记指出:"要坚持不懈培育和弘扬社会主义核心价值观,引导广大师生做社会主义核心价值观的坚定信仰者、积极传播者、模范践行者。"将培育和践行社会主义核心价值观与继承和发扬中华优秀传统美德相结合,在全社会积极倡导仁、义、诚、敬、孝,坚决反对懒、贪、奢、浮、愚,在社会交往中乐于助人,在危急时刻见义勇为,在社会活动中诚实守信,在职业工作中爱岗敬业,在家庭生活中孝老爱亲。将理论和实践相结合,使社会主义核心价值观内化为精神追求、外化为自觉行动,在全社会进一步形成"人人为我、我为人人"的人际关系和积极向上的精神风貌。在实践中增强道德荣誉感和道德判断力,进一步形成明礼知耻、崇德向善的社会氛围。

主题十　我是志愿者——社会实践我参与

班会模块	诚信·友善
适应学期	第二、四、六学期
班会形式	课堂讲授/案例解析/互动讨论

一、班会背景

我们身处一个伟大的时代，国家的国际地位日益提升，国民经济高速发展，人民生活水平大幅提高。人们对未来充满信心，希望能实现自身和民族的梦想。

在这样一个时代里，仍然有这样一群人，他们不求回报，甘于奉献，他们的足迹遍布大江南北，他们的身影活跃在扶弱助残、救灾抢险、环境保护、社区建设等各个领域。他们有一个响亮的名字，那就是——志愿者：他们高举着一面旗帜，那就是"奉献、友爱、互助、进步"的志愿者精神。

这个崭新时代需要志愿者精神，因为志愿者精神无论是对个人健康成长和全面发展，还是对社会的融洽和谐，都具有重要意义。大学生是社会主义事业的建设者和接班人，积极参加社会实践，服务社会，培养志愿者精神，恰如其分，理所当然。

二、学习目标

(1) 提升学生的精神境界，认识志愿服务，走进志愿服务，培养奉献精神；
(2) 充实业余生活，丰富生活体验，加深对社会的认识；
(3) 传递爱心，传播文明，培养社会责任感。

三、前期准备

(1) 观察了解班级学生对志愿服务的了解状况，有针对性地准备教学内容；
(2) 根据教学需求查找资料，拟写班会方案；
(3) 在班级进行宣传，邀请志愿者协会现身说法，提升同学参与的积极性。

四、班会过程

（一）走进志愿者

1. 什么是志愿者

Volunteer 一词来源于拉丁文中的"voluntas"，意为"意愿"。一般认为，志愿者是自愿贡献个人时间和精力，在不计物质报酬的前提下为推动人类发展、社会进步和社会福利事业而提供服务的人员。志愿服务（volunteer service）则是任何人自愿贡献时间和精力，在不计物质报酬的前提下为推动人类发展、社会进步和社会福利事业而提供的服务。

2. 志愿服务发展情况

志愿服务起源于19世纪初西方国家宗教性的慈善服务，志愿活动在世界上已经存在和发展了100多年。中国最早的志愿者来自联合国志愿人员组织。1979年，第一批联合国志愿者来到中国偏远地区，从事环境、卫生、计算机和语言等领域的服务。20世纪80年代中期，民政部号召推进社区志愿服务，天津和平区新兴街就是早期开展社区服务的典型。90年代初，中国青年志愿者协会成立。社区志愿者和青年志愿者是目前我们国内最大的两支志愿队伍，注册志愿者达1.9亿人。

3. 中国青年志愿者标志符号

"中国青年志愿者"标志的整体构图为心的造型，同时也是英文"青年"的第一个字母Y；图案中央既是手，也是鸽子的造型。标志的寓意为：中国青年志愿者向社会上所有需要帮助的人们奉献一片爱心，伸出友爱之手；面向世界，走向未来；表现青年志愿者"热情献社会，真情暖人心"的主题。

4. 青年志愿者行动口号

热心献社会，真情暖人心。

5. 中国青年志愿者服务日的由来

自1963年3月5日毛泽东等老一辈党和国家领导人号召"向雷锋同志学习"以来，3月5日成为社会各界特别是广大青年传统的学雷锋活动日。

团中央、中国青年志愿者协会下发通知，自2000年开始，把每年的3月5日作为"中国青年志愿者服务日"，组织青年集中开展内容丰富、形式多样的志愿服务活动。

6. 志愿者的类型

志愿者分为正式志愿者（注册志愿者）和非正式志愿者。

7. 青年志愿者誓词

我愿意成为一名光荣的志愿者。我承诺：尽己所能，不计报酬，帮助他人，服务社会。践行志愿，传播先进文化，为建设团结互助、平等友爱、共同前进的美好社会贡献力量。

8. 志愿者服务方向

志愿者服务方向很广，具体有：宣传、摄影、文化艺术、法律援助、环境保护、体育活动、策划及组织、劳动服务、捐赠、美术设计、心理咨询、赛会服务、调查、助残助老等。

（二）志愿者精神及价值

1. 志愿者精神

志愿者精神的内涵是：互助、友爱、团结、进步。志愿者精神是一种自愿的、不为报酬和收入而参与推动人类发展、促进社会进步和完善社区工作的精神，是公众参与社会生活的一种非常重要的方式，是公民社会和公民社会组织的精髓。志愿者精神的核心是服务，团结、共同的理想是使这个世界变得更加美好的信念。

2. 志愿者精神的价值

（1）传递爱心，传播文明。

志愿者围绕广大人民群众普遍关心的生活、环保、交通、治安等问题，从点滴入手，从身边做起，做了大量看起来很平凡却是很有意义的事情，让广大群众因志愿者的出现而减少忧虑，让全社会因志愿者的辛劳付出而充满温馨，让祖国大家庭因志愿者的无偿奉献而更加富有凝聚力。在奉献爱心的同时，志愿者也传播了文明，传播了追求、责任和理想，传播了"爱心献社会，真情暖人间"的精神。这种爱心和文明最终会汇聚成一股强大的社会暖流，温暖着社会大家庭里的每一个人。

（2）建立和谐的社会。

随着社会主义市场经济的不断发展，不少人在激烈的社会竞争和强烈的物质欲望中迷失了自我，人与人之间形成了一种互不信任、互不关心的冷漠态度，人际关系越来越趋向于沙漠化。青年志愿者活动为群众提供了互相帮助、互相关心的社交机会，加强了人与人之间的交往与关怀，减低了彼此间的疏远感，让人在为社会无偿奉献的同时，学会相互关怀，相互信任，从而形成一股人人为我、我为人人、团结互助的精神，有助于进一步改善社会风气，净化社会环境。

（3）促进社会进步。

社会的进步需要全社会的共同参与和努力。只有做到同呼吸、共命运，才能创造出伟大的业绩。我们掌握着先进的生产力、先进的文化方向，是实现社会主义物质文明和精神文明双丰收的创造者和先驱者，又有高尚的品德和为人民服务、造福社会的思想。志愿者行动正是鼓励越来越多的人参与到社会公益和社会保障事业中来，并从中获得学识和能力，更重要的是培养一种奉献精神，更加积极地投入现代化建设的大潮中去，从而促进社会的进步。

【案例品读】

雷锋的故事

雷锋出生于1940年，正是抗日战争时期，人民生活在水深火热之中。他的家庭被万恶的旧社会弄得支离破碎、家破人亡，在短短的四年多的时间里，他的爷爷、爸爸、妈妈、哥哥、弟弟五位亲人相继死去，小雷锋不满七岁就成了孤儿。

1959年12月，雷锋参军入伍。参加人民解放军后，他被编入工程兵某部运输连四班，任班长。他全心全意为人民服务，只要是对人民有利的事，他都心甘情愿地去做。他曾多次立功，被评为节约标兵和模范共青团员。1960年11月，雷锋入党，并被选为抚顺市人民代表。1962年8月，因公殉职。

1963年1月7日，国防部将他生前所在班命名为"雷锋班"。1963年3月1日，朱德题词:"学习雷锋,做毛主席的好战士。"1963年3月5日,毛泽东同志亲笔题词:"向雷锋同志学习。"刘少奇题词:"学习雷锋同志平凡而伟大的共产主义精神。"周恩来题词:"向雷锋同志学习:爱憎分明的阶级立场,言行一致的革命精神,公而忘私的共产主义风格,奋不顾身的无产阶级斗志。"此后,掀起全国人民特别是青少年向雷锋学习的热潮。每年三月五日便成了全民学雷锋的日子,也就是现在的中国青年志愿者服务日。雷锋是一位伟大的共产主义战士、全心全意为人民服务的楷模。

(三)志愿服务我参与

通过师生讨论的志愿者事例,鼓励学生向雷锋学习,向先进学习,身体力行地投身志愿服务,积极主动地参加系部、学院及社会组织的志愿服务、实践活动,为学院、为社会贡献自己的力量,并提高自己的综合能力。

同时告诉学生,志愿服务过程必须注意一些技巧和方法:

(1)在进行志愿服务前,我们要清楚工作的目的及性质,并考虑自己的能力与兴趣是否合适,对工作有充分的心理准备;

(2)遵守志愿服务组织的管理规定。上岗服务时,必须仪表端正,举止稳重,文明礼貌,在规定的场合必须穿志愿者服装。必须带志愿者证;

(3)服务要持之以恒,对承诺的服务必须尽心尽职完成,不得无理将工作半途而废。如因客观原因确实无法履行承诺的,应做好解释工作;

(4)尊重服务对象,保持互相帮助的平等精神,不应有"施予"的心理和"救世主"的态度;

(5)服务要充满热忱,不要斤斤计较利益,更不得假公济私;

(6)应尽量了解服务对象,明白其真正用意,设身处地为服务对象着想。在提供服务时,应尊重服务对象的意见,不应用自己的想法去套别人。

五、价值引领

同学们,相信大家已经对志愿服务有了一个全面的了解。从步入大学的那一刻起,我们就不再是温室里的花朵,而是要经过风吹雨打、社会磨炼,不断成长壮大的参天大树。作为新时代的青年,我们更应该肩负时代责任,主动参与志愿活动,在实践中展现新作为,弘扬奉献、友爱、互助、进步的志愿者精神,以实际行动书写新时代雷锋精神,为社会发展贡献自己的力量。

文明、热心、奉献、不求回报。我们努力一点,只为让这个社会更温暖。我们是年轻的一代,我们是责任担当的一代。

"有一件事是可以做一辈子的,那就是志愿者。""做志愿者不仅是在帮助别人,很多时候你获得的比付出的更多。"期待各位同学加入志愿者这个"奉献、友爱、互助、进步"的大家庭。

参考文献

[1] 吴银银. 中华优秀传统文化融入高校主题班会的路径探究 [J]. 阜阳职业技术学院学报, 2021 (1): 8-11.

[2] 郑婷婷. "三化"背景下高职院校辅导员工作室的探索与实践——以江苏省高职院校为例 [J]. 无锡职业技术学院学报, 2020 (6): 74-78.

[3] 王靖. 新时期以德育为核心的高校班级建设探索 [J]. 现代交际, 2020 (16): 5-6.

[4] 刘智, 杨军伟. "三全育人"理念下的大学生思想政治教育研究——以辅导员工作室运行为例 [J]. 学园, 2020 (21): 82-83.

[5] 梅晓芳. 高校辅导员工作室: 共同体视域下辅导员专业化发展的新向度 [J]. 江苏高教, 2020 (7): 120-124.

[6] 李锐. "双一流"背景下借助辅导员工作室模式培育双创人才研究 [J]. 时代汽车, 2020 (13): 43-44.

[7] 王思源. 高校辅导员工作室: 助力辅导员成长发展的重要载体 [J]. 牡丹江教育学院学报, 2020 (6): 60-62.

[8] 陈燕秋. 高校主题班会现状及策略探析——以某地方高校理工科专业为例 [J]. 农家参谋, 2020 (13): 226+242.

[9] 操龙德. 新时代高校主题班会育人的现实困境及对策分析——以引导大学生合理使用手机主题班会为例 [J]. 白城师范学院学报, 2020 (3): 25-30.

[10] 张峰. 高校主题班会课程化建设——以上海大学社区学院主题班会课实践为例 [J]. 西部素质教育, 2020 (10): 187-188.

[11] 张洋. 基于"辅导员发展中心"的辅导员工作效能提升与模式构建 [J]. 高教学刊, 2020 (8): 157-159.

[12] 牟宇. 推进高校辅导员工作室建设, 提升高校辅导员职业能力 [J]. 长江丛刊, 2020 (7): 150-151+186.

[13] 陈月龙. 高校主题班会建设中存在的问题及对策分析 [J]. 智库时代, 2020 (9): 84-85.

[14] 吴媛媛. 高校主题班会课程化建设研究 [J]. 创新创业理论研究与实践, 2020

（3）：166 - 167.

［15］马忠秋，周文琴，陈旦. 新媒体视阈下高校主题班会制度化、课程化建设探究［J］. 新西部，2020（2）：160 - 162.

［16］任凤桃. 基于积极心理学理论的高校主题班会创新研究［J］. 创新创业理论研究与实践，2019（22）：171 - 173.

［17］安平. 关于普通高等院校建设辅导员工作室的思考［J］. 才智，2019（33）：8 - 9.

［18］宋振海，李红雨. 高校辅导员名师工作室建设研究［J］. 风景名胜，2019（11）：137.

［19］梁钰. 中华优秀传统文化融入高校主题班会文化构建［J］. 理论观察，2019（9）：155 - 157.

［20］张宇欣. 新媒体背景下高校主题班会探析［J］. 智库时代，2019（35）：77 - 78.

［21］莫媛，张瑞，沈菲菲. 专家化发展方向下高校辅导员工作室培育与建设路径探析——以桂林理工大学为例［J］. 牡丹江教育学院学报，2019（7）：26 - 28 + 37.

［22］张倩，张朋刚. 高校主题班会课程化建设的探索与实践——以湖北汽车工业学院为例［J］. 现代商贸工业，2019（21）：210 - 212.

［23］张彬. 解析高校新生思想政治教育主题班会载体建设［J］. 陕西教育（高教），2019（4）：71 - 72.

［24］田怡，谢丽娟. 论高校"主题班会"的有效机制［J］. 昆明冶金高等专科学校学报，2018（6）：43 - 46.

［25］邱曦露. 高校主题班会课程化实现路径探究——基于"课程思政"视角［J］. 智库时代，2019（7）：86 - 87.

［26］李芳涵. 高校主题班会实效性形成及探索［J］. 现代经济信息，2018（15）：413.

［27］寇誉元. 高校主题班会课程化建设的现状研究［J］. 文化创新比较研究，2018（21）：189 - 190.

［28］司云云. 高校辅导员团队建设研究——以丽琼工作室为例［J］. 教育教学论坛，2018（18）：21 - 22.

［29］饶玉梅，阎卫萍. 高校主题班会与班级凝聚力现状分析与问题研究［J］. 内蒙古师范大学学报（教育科学版），2018（1）：51 - 54.

［30］宋亚文，谢雅鸿. 当前高校主题班团会建设中存在的问题及对策分析［J］. 民营科技，2017（9）：208.

［31］曹文芝，库热西·马木提汗，王蒙，艾斯卡尔·买买提. 新疆高校主题班会中存在的问题及对策研究［J］. 西部素质教育，2017（16）：104 - 105.

［32］潘国廷. 新媒体环境下高校主题班会实效性研究［J］. 山东理工大学学报（社会科学版），2017（2）：89 - 92.

[33] 肖婷. 高校主题班会课程化实践与探索 [J]. 教育现代化, 2016 (23): 94-95.

[34] 刘俊. 改善高校主题班会效果的思考 [J]. 高教学刊, 2016 (15): 199-200.

[35] 杨霞, 杨敏. 基于马斯洛需求层次理论的高校主题班会组织策略 [J]. 牡丹江教育学院学报, 2016 (4): 47-48.

[36] 严中. 高校主题班会课程化建设探究 [J]. 亚太教育, 2016 (5): 33.

[37] 陈思杭, 丁佳俊. 新时期高校主题班会建设研究 [J]. 商, 2016 (3): 286-287.

[38] 严中, 钱云楼. 新媒体时代高校主题班会课程化建设的必要性与实施方案 [J]. 商, 2015 (45): 297.

[39] 钱鑫. 高校主题班会课程化实施的问题与对策 [J]. 亚太教育, 2015 (33): 206-207.

[40] 武夏林, 严晋, 钟天送. 高校主题班会"三化"创新研究 [J]. 海南广播电视大学学报, 2015 (2): 144-146.

[41] 王传辉, 刘飞. 高校主题班会项目化实践与探索 [J]. 广西青年干部学院学报, 2014 (4): 69-70+77.

[42] 聂久胜. 高校主题班会系列化、规范化、课程化建设的效用研究——基于安徽中医学院两年来主题班会的实践探索 [J]. 高校辅导员学刊, 2012 (4): 29-32.